ŒUVRES COMPLÈTES
DE
CASIMIR DELAVIGNE
III

III — THÉATRE

Typographie Firmin-Didot. — Mesnil (Eure).

ŒUVRES COMPLÈTES
DE
CASIMIR DELAVIGNE
DE L'ACADÉMIE FRANÇAISE

NOUVELLE ÉDITION

THEATRE

III

Une famille au temps de Luther. — La Popularité
La Fille du Cid
Le Conseiller rapporteur. — Charles VI

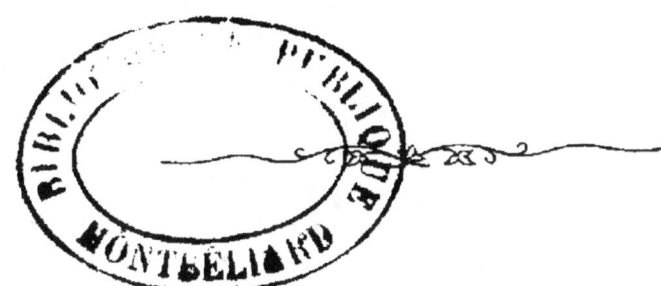

PARIS

LIBRAIRIE DE FIRMIN-DIDOT ET CIE

IMPRIMEURS DE L'INSTITUT, RUE JACOB,

1877

Réserve de tous droits

UNE FAMILLE
AU TEMPS DE LUTHER

TRAGÉDIE,

REPRÉSENTÉE SUR LE THÉATRE-FRANÇAIS LE 19 AVRIL 1836.

PERSONNAGES.

LUIGI DE MONTALTE.
PAOLO, frère de Luigi.
MARCO, vieux serviteur de la famille.
THÉCLA, mère de Luigi et de Paolo.
ELCI, fille de Luigi.
UN MESSAGER.

(La scène se passe aux environs d'Augsbourg.)

Une salle commune dans une métairie : d'un côté, une fenêtre donnant sur la campagne ; plus loin, une cheminée ; de l'autre, un escalier. Sur le devant, une table et ce qu'il faut pour écrire.

SCÈNE I.

LUIGI, *assis près de la table, une Bible ouverte devant lui ;* THÉCLA, *qui l'écoute en filant.*

LUIGI.

Bible, manne céleste, adorable parole,
Livre qu'on peut nommer le livre qui console,
Œuvre de vérité, dont chaque mot guérit
Une douleur de l'âme, une erreur de l'esprit,

Je jure d'accomplir tes préceptes austères
Et baise avec ardeur tes sacrés caractères!
THÉCLA.
Bien! Gloire à Dieu, Luigi! Du moins mon premier-né
Suit l'exemple pieux qu'à deux fils j'ai donné.
Puissé-je voir ton frère entrer dans cette voie,
Et comme Siméon je mourrai de ma joie.
LUIGI.
Cher Paolo!
THÉCLA.
Rougis de son aveuglement.
LUIGI.
J'en gémis.
THÉCLA.
Il s'y plaît, s'attache obstinément
A Rome, à ce cadavre, à cette chair impure
Qu'un souffle de Luther a mise en pourriture.
LUIGI.
Triste erreur!
THÉCLA.
Crime horrible envers le Dieu jaloux!
LUIGI.
Ce Dieu repousse-t-il Montalte, votre époux,
Mon père, qui, les yeux fermés à la lumière,
Mourut dans les liens de votre foi première?
Lui, si tendre, si bon!
THÉCLA.
Mais catholique!
LUIGI.
Aimé
Du pauvre qu'il aimait.
THÉCLA.
Catholique!
LUIGI.
Estimé,
Béni, pleuré de tous.

SCÈNE I.

THÉCLA.
Et digne qu'on le pleure,
Que je regretterai jusqu'à ma dernière heure ;
Mais catholique, enfin !

LUIGI.
Et ne l'étiez-vous pas
Quand un voyage heureux porta vers vous ses pas?
Gentilhomme romain, dans cette métairie
Il oublia pour vous sa brillante patrie.
C'est un prêtre romain qui vous unit tous deux ;
Une église d'Augsbourg fut témoin de vos nœuds.

THÉCLA.
Église alors, mon fils ; mais nos ardents hommages
Au ciel, en holocauste, ont offert ses images,
Ses marbres, ses tableaux, jusqu'à ce Raphaël,
Dont les lambeaux brûlants sont tombés sur l'autel.

LUIGI.
Hélas !

THÉCLA.
Point de soupir ! Laissez à l'Italie
D'un culte qui se meurt l'idolâtre folie.
Le courroux des élus fit œuvre de raison
Lorsqu'en brûlant un meuble il sauva la maison,
Et, sans votre séjour dans une autre Gomorrhe,
Vous n'auriez pas, mon fils, pour des arts que j'abhorre,
Des simulacres vains, sans vie et sans pouvoir,
Ces mollesses de cœur que j'ai honte à vous voir.

LUIGI.
Il est vrai, j'admirai dans mon adolescence
Et Rome, et son soleil, et sa magnificence :
Par Montalte avec moi mon frère y fut conduit ;
Quel œil de ses splendeurs n'eût pas été séduit?

THÉCLA.
Ce fut alors qu'au sein de son humble servante
Descendit du Seigneur la parole vivante ;

Mais par vous aux faux dieux Paolo confié
Ne suça point ce lait qui l'eût purifié.

LUIGI.

Un prélat lui promit honneurs, crédit, richesse...

THÉCLA

Et, prélat qu'il était, ne tint pas sa promesse.
L'Ecclésiaste a dit : « Tout n'est que vanité. »
Paolo se crut riche, et pauvre il est resté.

LUIGI.

Nous revînmes sans lui.

THÉCLA.

   Confiance imprudente!

LUIGI.

Qui l'excuse du moins. Son humeur sombre, ardente,
Ses désirs excités et jamais assouvis,
S'irritaient, s'enflammaient au fond des saints parvis :
Son cœur s'y consumait en extases mystiques,
Comme les pâles feux mourant sous leurs portiques,
Et dans les flots d'encens de leurs solennités
Vers les cieux s'exhalait, ivre de voluptés ;
Mais quels attraits divins lui paraient son idole !
Pompe auguste, rayons d'une triple auréole,
Gloire morte et vivante, œuvre des arts, beaux jours...
Ah! quand on les a vus, on y rêve toujours.

THÉCLA.

Au moment d'abjurer la loi qu'on y professe,
Vers sa fange, mon fils, quel regret vous rabaisse?

LUIGI.

Non, de Rome pour moi craignez peu le poison :
Ce qui charme mes sens y blesse ma raison.

THÉCLA.

Et vous la détestez en secouant sa chaîne?

LUIGI.

J'abjure sans regret, mais j'abjure sans haine.

SCÈNE I.

THÉCLA.

De la robe du Christ qui revêt la blancheur
Doit haïr le péché.

LUIGI.

Mais non pas le pécheur.

THÉCLA.

Jusqu'au pécheur lui-même, alors qu'il persévère,
Fût-ce un frère, le vôtre; oui, votre propre frère.

LUIGI.

Paolo!

THÉCLA

De mon cœur je le chasse aujourd'hui.

LUIGI.

Qui? vous?

THÉCLA.

Je l'en arrache, et je ne vois en lui
Qu'une âme par l'orgueil de lèpre dévorée,
Qu'une impure brebis d'Israël séparée,
Loin du bercail céleste errant à l'abandon,
Et pour qui je n'ai plus ni baisers ni pardon.

LUIGI.

Une mère!

THÉCLA.

Qui? moi! redevenir la sienne!
Jamais!... et c'est ainsi qu'une mère est chrétienne.

LUIGI.

Mais s'il vous tend les bras...

THÉCLA.

Je ferai mon devoir:
Jamais!

LUIGI, *vivement*.

Et cependant vous allez le revoir.

THÉCLA.

Qu'entends-je?... Il cède enfin à vos longues prières?

LUIGI.

De lui-même il revient.

THÉCLA.

Pour fermer mes paupières?
LUIGI.
Pour réjouir vos yeux.
THÉCLA.

L'absent revient à nous!
Ta servante, ô mon Dieu, t'en rend grâce à genoux.
LUIGI.
Ah! je vous reconnais.

THÉCLA.

Suis-je donc insensible?
Étouffer la nature, est-ce un effort possible?
Le voir après quinze ans! Mon fils!... il m'est rendu!
Je puis mourir : le fils que je croyais perdu
De sa vieille Thécla suivra les funérailles;
Lui, dont le doux fardeau fit frémir mes entrailles;
Lui, le sang de mon sang, le fruit de mes douleurs;
Lui... je... Ma voix expire et s'éteint dans mes pleurs.

LUIGI.
Les siens vont s'y mêler.

THÉCLA, *d'un air de reproche.*

Me le cacher!

LUIGI.

Sans doute
J'eus tort; mais...

THÉCLA.

Il arrive! et quand? par quelle route?
Comment?

LUIGI.

C'est aujourd'hui que nous l'embrasserons.
THÉCLA.
Et peut-être, Luigi, nous le convertirons.
LUIGI, *souriant.*
N'y pensons que plus tard.

SCÈNE II.

THÉCLA.
O joie inespérée!
Sa chambre d'autrefois est-elle préparée,
Celle où vos lits voisins se touchaient tous les deux?

LUIGI.
Je la lui destinais.

THÉCLA.
Il faut encor... je veux...
(Appelant.)
Marco! M'entendra-t-il? Marco!

SCÈNE II.

LUIGI, THÉCLA, MARCO.

MARCO.
J'accours, maîtresse.

THÉCLA.
Retrouve tes vingt ans, rajeunis d'allégresse:
Mon Paolo revient.

LUIGI.
Il le sait.

MARCO.
Tout est prêt.

THÉCLA.
Quoi! la maison entière était dans le secret?

LUIGI.
Jusqu'à ma fille Elci; sans la connaître, il l'aime.

MARCO.
Nous serons donc céans deux à penser de même.

THÉCLA, *regardant Marco sévèrement.*
Oui, catholique aussi!

LUIGI, *lui frappant sur l'épaule.*
Mais sage.

THÉCLA.

Ne va pas
Prendre avec lui les airs de nous blâmer tout bas.

MARCO.

Que chacun suive en paix le culte qu'il préfère ;
Choisir entre les deux n'est pas petite affaire.
Le tisserand d'Augsbourg, Frantz, qui s'en est mêlé,
En a l'esprit malade et le cerveau fêlé :
Le mien tient bon ; je fais ce que faisait mon père,
Et chrétien comme lui, je crois, j'aime et j'espère.

THÉCLA.

C'est bien ; mais à quoi bon vos hymnes, votre encens,
Vos cloches dont le branle assourdit les passants,
Vos saints qu'un cierge éclaire et que votre œil adore
Sur la toile enfumée où le ver les dévore ?

LUIGI, *bas à sa mère.*

Est-ce donc le moment de prêcher un vieillard ?

THÉCLA.

Pour corriger un fou jamais il n'est trop tard.

MARCO.

Fou ! tant qu'il vous plaira ! Sans crier anathème,
J'entends le son joyeux qui fêta mon baptême ;
Je sens comme un besoin d'être meilleur encor
Quand mon patron me luit dans son grand cadre d'or :
Mains jointes devant moi, ce saint que je contemple
M'encourage à prier en me donnant l'exemple.
Un bel alleluia m'épanouit le cœur,
Et je me fais plaisir quand je me mêle au chœur.
Ma voix chevrote un peu, mais son timbre résonne,
Et je ne vois pas, moi, sinon que je détonne,
Quel grand mal je commets lorsque dans le saint lieu
Je chante à plein gosier les louanges de Dieu.

THÉCLA.

Mais le jour du repos, vous le passez en fête.

LUIGI, *à sa mère.*

Assez !

SCÈNE II.

THÉCLA.

De vos refrains vous nous brisez la tête.

MARCO.

Je crois très-fermement qu'au mépris de l'autel,
Travailler le dimanche est un péché mortel;
Et puissent me punir Rome et son saint collége,
Si j'ai quelque accointance avec ce sacrilége!
Mais des actes permis le rire est-il exclus?
Vous et les dissidents...

THÉCLA, *avec colère.*

Marco!

MARCO.

Non! les élus:
Froids, recueillis, muets, vous craignez, je suppose,
D'éveiller de si loin Dieu quand il se repose.
Dieu vous approuve, soit; mais en chantre zélé,
Pour sa gloire au lutrin lorsqu'on s'est signalé,
Défend-il de noyer au fond de quelque tonne
La soif qu'il nous causa dans le vin qu'il nous donne?
Le refrain vient de source; et chez maître Martin,
Les coudes sur la table, autour du broc d'étain
Qui passe en se vidant et repasse à la ronde,
Nous célébrons celui qui fit l'homme et le monde,
Et croyons qu'en buvant, qu'en chantant le vin vieux,
Nous le glorifions dans ce qu'il fit de mieux.

THÉCLA.

Ai-je mis à l'entendre assez de patience?

LUIGI.

Montrez pour Paolo cette même indulgence.

THÉCLA.

En aurai-je besoin?

LUIGI.

Cachez-lui qu'avant peu
Je fais de mes erreurs l'éclatant désaveu.

THÉCLA.

Le cacher!

1.

LUIGI.

        S'il repart, ce coup toujours pénible,
Mais reçu loin de nous, lui sera moin sensible :
S'il reste, laissez-moi par mes ménagements
D'un cœur qui va saigner adoucir les tourments.

THÉCLA.

Peur terrestre, Luigi ! La vérité qui blesse,
Je l'entends sans colère et la dis sans faiblesse.

MARCO.
(*Vivement.*)

Et s'il vous disait, lui... ce que je ne dis point...

THÉCLA.

Quoi ?

MARCO.

Que mon maître et vous errez sur plus d'un point ?

THÉCLA, *avec violence*.

Merci de Dieu ! Marco, voulez-vous qu'on vous chasse ?

MARCO, *à part*.

Voilà comme elle entend la vérité.

LUIGI, *à sa mère*.

                De grâce,
N'allez pas sur un mot prendre feu sans sujet ;
Le pieux Mélanchton approuve mon projet :
« Au fiel de ces débats qu'en famille on agite,
« L'amitié perd, dit-il, sans que la foi profite. »

THÉCLA.

De notre grand Luther l'apôtre préféré
Des lumières du siècle est sans doute éclairé ;
Mais ne demandez pas à sa science humaine
Ce courroux vigoureux, cette ferveur de haine
Où son maître puisa l'âcre sincérité
Qui débordait en lui contre l'iniquité,
Quand pour l'aveugle même il a rendu visible
Jusqu'où pouvait faillir la parole infaillible,
Et qu'il a mis à nu, de ses viriles mains,
Tout ce ramas honteux de mensonges romains.

SCÈNE II.

Mélanchton, qui n'a point cette franchise amère,
Eût-il pu rien détruire?

LUIGI.

Il peut fonder, ma mère:
Dieu réserve à chacun l'œuvre qu'il accomplit;
La violence abat, la douceur établit.
Mais de vos deux enfants si l'intérêt vous touche,
Par pitié, par amour, qu'il vous ferme la bouche.

THÉCLA.

Ah! faible que je suis!

LUIGI.

Cédez.

THÉCLA.

Pénible effort!

LUIGI.

Vous vous l'imposerez.

THÉCLA.

Si je puis; mais j'ai tort.
A ta langue, Marco, tu feras violence!

MARCO.

Mon amour pour la paix garantit mon silence.
(*A part.*)
L'anneau de Salomon me répondrait du sien,
Je ne m'y fierais pas.

THÉCLA.

Que murmurez-vous?

MARCO.

Rien.

Mais j'aperçois Elci.

SCÈNE III.

LUIGI, THÉCLA, MARCO, ELCI.

######THÉCLA.

Venez, petite fille :
Vous étiez contre moi du complot de famille.
######ELCI.
Contre vous, bonne mère ! Ah ! dites mieux, pour vous.
Un plaisir qui surprend n'en est-il pas plus doux ?
######LUIGI.
Avec l'aube naissante elle s'était levée.
######MARCO.
Pour aller de son oncle épier l'arrivée.
######ELCI.
Comment ne pas l'aimer ? Il m'aime, et tous les ans
Je reçois de sa part quelques nouveaux présents.
######LUIGI.
Oui, pauvre, il donne encor.
######THÉCLA.
                Ces cadeaux d'Italie,
Je les crains.
######ELCI.
Et moi pas ; ils me rendent jolie.
######THÉCLA.
Aussi, pour votre bien, je vous dis sans détours
Qu'un peu de vanité se sent dans vos atours.
######ELCI.
Rien qu'un peu ?
######LUIGI.
C'est permis.
######MARCO.
              L'Église, qu'elle imite,
En parure de fête à se parer l'invite.

SCÈNE III.

THÉCLA.

Pas aujourd'hui, Marco.

MARCO.

Mais le jour du Seigneur.
Chacun s'ajuste au mieux, et je m'en fais honneur :
Je tire l'habit neuf de l'armoire d'ébène,
Et suis beau sans remords une fois par semaine.

ELCI.

Et ces atours d'ailleurs, qui les rend plus mondains ?
Vous.

THÉCLA.

Moi ?

ELCI.

Ces bijoux d'or sont un don de vos mains :
Reprenez-les.

THÉCLA.

Prends garde.

ELCI.

Osez.

THÉCLA.

Tu ris, friponne.

ELCI, *qui lui donne un baiser.*

Vous n'oseriez.

LUIGI.

Eh bien ! tu n'as donc vu personne ?

ELCI.

Hélas ! pas lui, du moins.

LUIGI.

Mais, mon Elci, comment
L'aurais-tu reconnu ?

ELCI.

D'instinct, de sentiment :
Mon cœur m'eût dit : C'est lui ! De plaisir transportée,
En trois bonds dans ses bras je me serais jetée.

MARCO.

Au risque d'embrasser un passant tout surpris
D'un bonheur imprévu qu'il n'aurait pas compris.

ELCI.

Lasse d'attendre enfin, j'ai fait comme l'abeille,
Qui retourne au travail sitôt qu'elle s'éveille,
Et, parfumée encor des courses du matin,
Dans sa ruche en rentrant rapporte son butin.

(*Ouvrant son tablier.*)

Je n'ai pas épargné les blés du voisinage;
Ces touffes de bluets en rendent témoignage;
Mon oncle aimait ces fleurs.

THÉCLA.

Il est vrai, quand jadis
Le long des épis verts je suivais mes deux fils.

LUIGI.

Beaux jours!

ELCI, *secouant son tablier dans les mains de Marco.*

Prends pour orner la chambre qu'il préfère.

MARCO.

Voilà de quoi fleurir une chapelle entière.

LUIGI.

Aimable enfant, qui, tendre et folâtre à la fois,
Chante, saute et s'ébat comme l'oiseau des bois.

ELCI.

La gaîté vous plaît tant!

THÉCLA.

Souvent je la vois grave.

ELCI.

Vous aimez qu'on le soit.

LUIGI.

De tous nos goûts esclave.

THÉCLA.

Devinant tous nos vœux!

SCÈNE III.

MARCO.

Écoutant sans dédain
Les contes que je fais, quand elle est au jardin.

ELCI.

Mais du pauvre conteur les fruits sont au pillage.

MARCO.

Cueillez, coupez, pillez ; il en vient davantage :
C'est bénédiction.

LUIGI, *faisant asseoir Elci sur ses genoux.*

Ange, qu'il faut chérir ;
Oui, sa main bénit tout et fait tout refleurir.
Le bonjour dans les yeux, le souris sur la bouche,
Quand elle ouvre à demi les rideaux de ma couche,
De sa joie innocente elle vient m'égayer
Comme un reflet du ciel qui rit sur mon foyer.

THÉCLA.

Il ne lui manque plus que d'aller dans le temple
Honorer ma vieillesse en suivant votre exemple.

ELCI, *à son père.*

Ordonnez.

LUIGI.

J'aurais tort d'exprimer un désir.
N'obéis pas, choisis ; mais attends pour choisir,
Attends, pour abjurer le culte que j'abjure ;
Ce qu'il faut consulter, quand ton âme plus mûre
Aura pu s'éclairer par la comparaison,
Ce n'est pas mon exemple, Elci, c'est ta raison.

ELCI.

Ma résolution ne peut rester douteuse :
Je veux être avec vous heureuse ou malheureuse.

LUIGI, *en l'embrassant.*

Ma fille !

THÉCLA, *à Marco, d'un air de triomphe.*

Tu l'entends ?

MARCO.

Fait-elle bien ou mal?
Dieu le sait! mais son culte est l'amour filial.

LUIGI.

Brisons là.

THÉCLA.

Voici l'heure où, dans leur conférence,
Luther et Mélanchton font assaut d'éloquence :
De leur présence auguste ils veulent honorer
La fête qui bientôt doit vous régénérer :
Venez puiser d'avance une nouvelle vie
A ce banquet de l'âme où leur voix vous convie.

LUIGI.

C'est un devoir.

THÉCLA, *à Elci*.

Au temple ils prêcheront demain;
Y viendras-tu?

ELCI.

Peut-être.

MARCO, *à Elci*.

A l'office prochain
Je suivrai le bon oncle ; irez-vous?

ELCI.

C'est possible.

LUIGI.

Chacun veut la gagner.

THÉCLA, *à Luigi*.

Ce bras-là pour ma Bible,
L'autre pour moi! Partons.

LUIGI, *à Marco*.

Garde-toi de sortir,
Et de son arrivée accours nous avertir.

(*Thécla sort appuyée sur le bras de Luigi.*)

SCÈNE IV.

MARCO, ELCI.

ELCI.

Adieu, Marco!

MARCO.

Déjà?

ELCI.

Ma tâche est commencée :
J'habille du voisin la pauvre fiancée.
J'achèverai trop tard si je perds un moment,
Et donner à propos c'est donner doublement.

MARCO.

Hâtez-vous. Je descends jusqu'au bord de la source,
Pour voir si du ruisseau rien n'arrête la course :
Quand il suit son chemin il fait un bruit si doux!
Je veux que les amis, bras dessus, bras dessous,
Épanchent leurs deux cœurs près de ses ondes fraîches,
En caressant de l'œil le duvet de mes pêches.

ELCI.

Dieu bénisse, Marco, tes soins industrieux :
Va, qui travaille prie.

MARCO.

Et qui donne fait mieux,
Ange de charité!

(Elci sort.)

SCÈNE V.

MARCO.

Protestante ou fidèle,
Elle ira droit aux cieux ; mais pour s'emparer d'elle
Et l'y mener tous deux par différents chemins,

La messe avec le prêche ici vont être aux mains.
Non, ce cher Paolo par respect doit se taire :
Il était à cinq ans quelque peu volontaire.
Mon préféré, mon fils, ce petit révolté
Qu'à l'école autrefois malgré lui j'ai porté,
Je vais donc le revoir aujourd'hui, tout à l'heure,
L'embrasser le premier !...On vient...Allons, je pleure !
Tout ému que je suis, restons maître de moi :
Avant que de pleurer il faut savoir pourquoi.
Quel air sombre ! Est-ce lui ?

SCÈNE VI.

PAOLO, *suivi d'un messager à qui il a remis sa besace et son bâton de voyage, et qui reste au fond.* MARCO, *retiré dans un coin d'où il observe Paolo.*

PAOLO, *à voix basse en tombant sur un siége.*

      Dieu vengeur, je t'offense,
Mais, à l'aspect des lieux témoins de notre enfance,
Je me sens défaillir sous l'horrible dessein
Que, depuis mon départ, je porte dans mon sein.

MARCO, *qui s'approche.*
Mon ancienne amitié ne peut le méconnaître ;
Non, c'est toi, c'est bien toi !...

PAOLO.
Marco !

MARCO.
    C'est vous, mon maître !

PAOLO.
Dans mes bras !

MARCO.
Je n'osais.

PAOLO.
Encor !

SCÈNE VI.

MARCO.
                    Jamais assez !
PAOLO.
Mon bon, mon digne ami !
MARCO.
                    Vous me reconnaissez?
PAOLO.
Malgré tes cheveux blancs.
MARCO.
                    J'ai vieilli.
PAOLO.
                                        Mon visage
Plus pâle que le tien a vieilli davantage.
MARCO.
Qu'est-ce? un peu de fatigue?
PAOLO.
                    Un mal plus grand.
MARCO.
                                        L'ennui
Qu'un triste pèlerin traîne en route avec lui?
PAOLO.
Non; les veilles, Marco, le jeûne, une pensée...
            (*Portant la main à son front.*)
Elle est là.
MARCO.
            Pourquoi donc ne l'avoir pas chassée ?
PAOLO.
Mais toi, toujours dispos, l'œil vif, le teint fleuri,
Satisfait de ton sort!
MARCO.
                    Bien vêtu, bien nourri,
Je suffis, sans fatigue, aux soins du jardinage.
L'hiver j'ai du loisir; l'été je me ménage.
Si mes melons ont soif, je suis leur sommelier ;
Mais quand j'ai soif aussi, je me sers le premier.

PAOLO.

Et ta religion?

MARCO.

Je la suis.

PAOLO.

En fidèle?

MARCO.

Mais en vieillard.

PAOLO.

Comment?

MARCO.

A ma façon.

PAOLO.

Laquelle?

MARCO.

Vous jeûnez; moi, je tiens que, passé soixante ans,
On peut en prendre à l'aise avec les Quatre-Temps.
Pour les veilles, néant; hors si Noël arrive,
Vu que le réveillon me met sur le qui-vive.
Quant à mon confesseur, ses avis sont ma loi;
Mais le vieux que j'ai pris dit toujours comme moi;
Et si, par grand hasard, il me prêche abstinence,
C'est chose de santé plus que de continence.
Je ne blâme personne et ne m'émeus de rien;
Doux pour moi, bon pour tous, je ris et mène à bien,
Sans faire l'esprit fort, ni trancher de l'apôtre,
Ma joie en ce bas monde et mon salut dans l'autre.

PAOLO.

Et tu vis d'un œil froid nos autels profanés?

MARCO.

Non.

PAOLO.

Leurs trésors détruits?

MARCO.

Non pas.

SCÈNE VI.

PAOLO.

         Abandonnés
Au pillage, aux fureurs d'un peuple frénétique?

MARCO.

Et que pouvait contre eux un pauvre domestique?
J'ai crié, mais tout bas; car, à ne point mentir,
Je n'eus jamais en moi l'étoffe d'un martyr.

PAOLO.

Je devais donc trouver cette tiédeur de zèle
Dans le vieil héritier de la foi paternelle!
Et de ces insensés il n'est pas le plus grand :
Le moindre crime ici, c'est d'être indifférent.
Luigi?...

MARCO.

  Vous hésitez !

PAOLO.

  Mon bon frère...

MARCO.

       Il vous aime.

PAOLO.

Comme autrefois, oui ; mais...

MARCO.

      Il est toujours le même.

PAOLO.

Oui, pour moi ; mais... pour Rome?

MARCO.

      Expliquez-vous.

PAOLO.

        Eh bien!
On assure, et je crois... non, non, je ne crois rien.
S'il était vrai!

MARCO.

  Parlez.

PAOLO.

    Je ne le puis ; je tremble.

Oh! non; je maudirais le jour qui nous rassemble;
Luigi, traître à son Dieu!

MARCO.

Qui répand ce bruit-là?

PAOLO.

C'est faux?

MARCO.

Quelque ennemi!

PAOLO.

Tu l'affirmes?

MARCO.

Voilà
Comme on brouille les gens!

PAOLO.

Achève; je t'écoute.
J'arrivais convaincu; tu m'as parlé, je doute:
(*Le repoussant.*)
Je doute; ah! sois béni!... Mais puis-je croire en toi?

MARCO.

Eh! pourquoi pas?

PAOLO.

Chrétien incertain dans ta foi!

MARCO.

Incertain!

PAOLO.

Cœur glacé!

MARCO.

Souffrez que je m'explique.

PAOLO.

Tu te souviens encor que tu fus catholique;
Tu ne l'es plus.

MARCO.

Si fait.

SCÈNE VII.

PAOLO.

Tu ne l'es plus; va, fui.

MARCO, *à part.*

Je le suis trop pour elle et pas assez pour lui.

PAOLO, *montrant le messager*

J'ai besoin d'être seul; chez moi conduis cet homme:
Je veux lui confier une lettre pour Rome;
Je vais l'écrire.

MARCO.

Au moins...

PAOLO.

Qu'il la prenne en partant.

MARCO.

Au moins voyez la chambre où vous vous plaisiez tant.

PAOLO.

Non, sors!

MARCO.

Des deux côtés voilà qu'on me soupçonne:
Soyez donc modéré, pour ne plaire à personne.

(*Au messager en lui montrant les degrés qui conduisent à la chambre de Paolo.*)

Montez.

SCÈNE VII.

PAOLO.

Dieu me l'a dit; Dieu m'a dit: « Je le veux. »
J'ai senti sur mon front se dresser mes cheveux;
Il m'a répété: « Marche! » et, plein d'un saint courage,
J'ai pris, pour obéir, mon bâton de voyage;
J'ai marché; me voici!... Mais devant l'attentat
Qui sans vie à mes pieds doit jeter l'apostat,
Mon bras peut hésiter si Dieu ne le décide.
Apostat? lui, jamais! plutôt moi... fratricide!

Et puisque j'ai failli malgré tous mes efforts,
Je ne puis me lier par des nœuds assez forts :
Écrivons.

(*Il s'assied près de la table.*)

« Au révérend frère Anastasio, pénitencier de
« Sainte-Marie-Majeure.

« Mon père, »

Ma main tremble.

« Peut-être le bruit répandu sur l'apostasie de mon
« frère n'est qu'une œuvre de mensonge, ou, du
« moins, je pourrai par mes paroles raffermir sa fo
« chancelante. Tel est le devoir que je me suis im-
« posé en m'éclairant de vos conseils, et qu'il me
« sera donné de remplir si votre pieuse inspiration
« m'anime. »

Inexprimable ivresse !
Mon cœur se rouvrirait, et des pleurs de tendresse,
Des pleurs rafraîchissants, par la joie arrachés,
Jailliraient vers mon Dieu de mes yeux desséchés !

« Mais il est une autre mission connue de moi seul
« et que j'ai reçue d'un plus grand, d'un plus saint
« que vous, du Tout-Puissant, qui ne veut pas que
« je sois séparé de mon frère durant cette vie dont
« les joies ou les tourments seront sans fin. Priez
« donc, oh ! priez à genoux, pour qu'il ne se fasse
« pas, en s'obstinant à se perdre, une vertu de l'en-
« durcissement ; car, je l'ai juré à Dieu, et je vous
« écris pour vous le jurer à vous-même, la veille de
« son abjuration... »

La veille ! et si demain... Ah ! qu'il cède, qu'il vive,
Qu'il vive, et que jamais cette veille n'arrive !

« La veille de son abjuration, je supplierai le ciel,
« les mains jointes et le front contre terre, de ré-

« pandre sur lui les grâces d'un dernier repentir, et,
« dût mon âme se déchirer..., je sauverai la sienne. »

SCÈNE VIII.

PAOLO, MARCO, *qui descend suivi du messager*.

MARCO.

Je cours vers votre frère.

PAOLO, *se retournant brusquement*.

Hein! quoi? qui m'a parlé?
Où vas-tu? Que veux-tu? T'avais-je rappelé?
Que m'as-tu dit?

MARCO, *intimidé*.

Pardon!

PAOLO.

Vers mon frère!

MARCO.

Sans doute,
Et je vais, j'en suis sûr, le trouver sur ma route,
Qui, les deux bras tendus, et de larmes baigné...

PAOLO, *avec douceur*.

Va, Marco!

MARCO, *sortant*.

Je m'y perds.

SCÈNE IX.

PAOLO, LE MESSAGER, *au fond*.

PAOLO, *reprenant la plume*.

Achevons.

« Si je reviens parjure, montrez-moi cette lettre,
« et que la malédiction de mon souverain juge pèse

« sur moi dans ce monde et dans l'autre ; je l'accepte.
« En signant ce que je vous écris, je mets mon nom
« au bas de mon éternelle condamnation. »

(Il se lève.)
J'ai signé.

(<i>Au messager.</i>)

Piétro, rends cette lettre à celui qui m'envoie.

(Le messager sort.)

J'aurai consommé l'œuvre avant qu'il me revoie.

THÉCLA, du dehors.

Il est ici !

LUIGI, de même.

Mon frère ?

PAOLO.

Ah ! qu'entends-je ? à ce cri,
Ce cri qui m'est si doux, frissonnant, attendri,
De joie et de douleur je sens mon cœur se fondre :
Nos bras vont s'enlacer, nos sanglots se confondre,
Et j'ai signé !...

SCÈNE X.

PAOLO, THÉCLA, LUIGI, MARCO.

THÉCLA.

Mon fils !

LUIGI.

Ah ! mon frère !

THÉCLA.

Seul bien
Qu'au ciel je demandais !

LUIGI.

Mon Paolo !

SCÈNE X. 27

THÉCLA.
Le mien,
Le mien, qui m'est rendu !
LUIGI.
Doux retour ! que de charmes
Je goûte à te revoir !
PAOLO.
Où suis-je?
THÉCLA.
Sous les larmes,
Les baisers maternels.
LUIGI.
Sur le sein d'un ami.
THÉCLA.
Parle-moi.
LUIGI.
Réponds-nous.
PAOLO.
Ne vivant qu'à demi,
Chancelant sous le poids d'un bonheur qui m'oppresse,
Puis-je trouver des mots pour en peindre l'ivresse !
LUIGI.
Nous te regrettions tant !
THÉCLA.
J'ai tant gémi sur toi !
PAOLO, *à Thécla.*
Moi, sur vous !
THÉCLA.
Je n'étais que malheureuse.
PAOLO.
Et moi,
J'étais coupable?
LUIGI.
Non.
THÉCLA, *froidement,*
Vous plaindre, est-ce une offense?

PAOLO.

Je vous plaignais de même ; est-ce un crime ?

LUIGI, *vivement.*

Je pense
Que nous avions raison de nous plaindre tous trois ;
L'absence est si cruelle !

THÉCLA.

Ah ! c'est vrai.

MARCO, *à part.*

Cette fois,
Il a paré le coup.

THÉCLA.

Grâce à la Providence,
Tu trouveras ici la gaité, l'abondance,
L'union.

MARCO, *à part.*

Qu'elle y reste !

LUIGI.

Oui, tout m'a réussi,
Frère, j'ai prospéré.

THÉCLA.

Mais c'était juste aussi ;
Dieu protége les siens.

PAOLO.

Comment les siens ?

LUIGI.

En père,
Il nous protége tous.

THÉCLA.

Cependant l'un prospère ;
Mais l'autre...

PAOLO.

On le châtie.

LUIGI.

Eh ! de quels torts ?

SCÈNE X.

PAOLO.

                        Pourquoi?

THÉCLA.

Je m'entends.

PAOLO, *prenant la main de son frère.*

      L'un et l'autre ils ont la même foi.

THÉCLA.

Qu'à l'esprit qui s'obstine un jour le ciel pardonne!
C'est mon vœu.

PAOLO.

        Comme un jour au cœur qui l'abandonne!
C'est le mien.

THÉCLA.

      Pour l'aveugle à quoi sert la clarté?

PAOLO.

A qui poursuit l'erreur que fait la vérité?

THÉCLA.

L'erreur!

PAOLO.

    L'aveuglement!

MARCO, *à part.*

                Ah! la voilà partie!
Le démon de Luther se met de la partie.

LUIGI.

Ma mère, Paolo, ne pensons qu'au bonheur
D'être unis tous les trois dans la paix du Seigneur.

THÉCLA, *à Paolo avec effusion.*

Unis, toujours unis, en priant l'un pour l'autre!
Oublions tout... Ta main!

LUIGI, *en la mettant dans celle de Thécla.*

                Elle cherchait la vôtre.

THÉCLA, *à Paolo.*

Embrassons-nous, mon fils, et de bonne amitié.
Je vous quitte; Marco ne fait rien qu'à moitié.

(*A Marco.*)

J'aurai du soin pour deux. Que le foyer pétille;

2.

Grand feu! fête au logis et banquet de famille!
Après un si long deuil que la joie ait son tour,
Puisque l'enfant prodigue est enfin de retour.

MARCO, *bas, en riant, à sa maîtresse.*

Fausse comparaison, maîtresse; car j'estime
Qu'il n'a pu, n'ayant rien, manger sa légitime.

THÉCLA, *sévèrement.*

Respect à l'Écriture! en rire, c'est pécher.

MARCO.

Bon! Dieu fera le sourd pour ne s'en pas fâcher.

THÉCLA.

Silence! et suivez-moi.

MARCO, *à part.*

Le premier choc fut rude;
Mais quand de disputer ils auront l'habitude...

(*Il suit Thécla.*)

SCÈNE XI.

PAOLO, LUIGI.

LUIGI, *à part.*

Ménageons sa faiblesse.

PAOLO, *de même.*

Un cœur prêt à faillir
Avec cet abandon n'aurait pu m'accueillir:
On m'a trompé.

(*Haut, avec émotion.*)

Luigi.

LUIGI.

Frère!

PAOLO.

Je crois renaître;
Une ineffable paix se répand dans mon être.
Ah! mon ami!

LUIGI, *montrant le fauteuil de famille.*

C'est là que, se penchant vers nous,

Celui qui manque ici nous prit sur ses genoux.
Frère, tu t'en souviens?
            PAOLO.
                C'est là qu'à ma demande,
De quelque saint martyr il contait la légende,
Et que ma mère... alors elle invoquait les saints;
Ma mère, pour prier, joignait nos jeunes mains.
Tu t'en souviens, Luigi?
            LUIGI.
              L'été, sous la feuillée,
Rappelle-toi nos jeux.
            PAOLO.
              Comme de la veillée
Les heures fuyaient vite à ces pieux récits!
            LUIGI.
Quels plaisirs nous goûtions l'un près de l'autre assis!
            PAOLO.
Qu'ils étaient purs!
            LUIGI.
              Ces jours reviendront, car tu restes?
            PAOLO.
Nous connaîtrons encor ces voluptés célestes...
Car tu n'es pas changé?

     LUIGI, *l'attirant vers la fenêtre ouverte.*
              Regarde.
            PAOLO.
                  Où donc?
            LUIGI.
                      Là-bas,
Près du pommier, témoin de nos joyeux combats...
            PAOLO.
Lorsque ses fruits vermeils, qui pendaient jusqu'à terre,
Présentaient aux deux camps des armes pour la guerre.
            LUIGI.
Une maison s'élève.

PAOLO.
Oui.
LUIGI.
Bâtie à mon goût;
Bien modeste.
PAOLO.
A la tienne elle ressemble en tout.
LUIGI.
Dis-moi quelle est des deux celle que tu préfères?
PAOLO.
Elles sont sœurs, Luigi.
LUIGI.
Comme nous sommes frères.
PAOLO.
Qui l'habite?
LUIGI.
Un ami va bientôt l'habiter,
Et tu le connaîtrais si tu devais rester.
PAOLO.
C'est ton vœu?
LUIGI.
Le plus cher.
PAOLO, *à part*.
Il craindrait ma présence,
S'il n'était devant moi fort de son innocence :
On m'a trompé.
LUIGI.
Consens!
PAOLO.
Me promets-tu qu'un jour,
Comme à seize ans, pour Rome épris d'un pur amour,
A celui qui de Dieu sur la terre est l'image...
LUIGI.
Tu consens?
PAOLO.
Nous irons rendre un dernier hommage?

SCÈNE XI.

LUIGI.

Eh! comment ferais-tu pour ne pas consentir?
Tu verrais sur le seuil, si tu voulais partir,
Les souvenirs vivants de notre premier âge,
En te tendant les bras, t'arrêter au passage.
Reste! Ton ciel natal, Paolo, le voici!
Ce toit, c'est ton berceau; ce vieux foyer noirci,
Où nos tremblantes mains se réchauffaient ensemble,
Nous réunit enfants, vieillards, qu'il nous rassemble.
Nos deux chiffres, c'est là que tu les as laissés;
Comme d'anciens amis se tenant embrassés,
Il sont unis encor; pourrions-nous ne plus l'être?
Reste! Eh! par où nous fuir? Dans cet enclos champêtre
Tu ne peux faire un pas, regarder, respirer,
Sans qu'un parfum connu qui revient t'enivrer,
L'allée où, chancelant, tu courais sur ma trace,
Le fleuve où de la mort tu m'as sauvé, la place
Où, plus âgé que toi, je vengeai ton affront,
La croix qui si souvent vit s'incliner ton front,
L'eau qui fuit, l'air qui passe ou le vent qui soupire,
Emprunte, en s'animant, une voix pour te dire:
« Reste! aime encor ton frère aux lieux où tu l'aimais;
« Es-tu sûr, si tu pars, de le revoir jamais? »

PAOLO.

Et toi, si tu me suis dans la ville éternelle,
Pourras-tu l'admirer sans oublier pour elle
De ton pays natal le soleil éclipsé,
Sans rajeunir de joie en rêvant au passé?
Il a brillé pour toi, son ciel, où ta prière
Ne montait qu'à travers l'azur et la lumière;
Son pavé triomphal a tressailli sous toi;
Ses débris t'ont parlé; du cirque, où pour ta foi
De ses héros chrétiens mourut la sainte armée,
Tu sentis palpiter la poussière animée.
Quand Rome en deuil suivit son Sauveur au tombeau,
Tu pleurais! Mais quel jour! qu'il fut grand, qu'il fut beau!

Qu'il t'enivra, ce jour où des voiles funèbres
Rome, en ressuscitant, déchira les ténèbres !
Tous les chants, tous les bruits à la fois renaissants,
Ces cortéges sacrés, ces nuages d'encens,
Ces palmes qui du Christ couronnaient la victoire,
Un homme, un prêtre, un Dieu, qui planait dans sa gloire
Entre Rome et les cieux, et, des cieux entr'ouverts,
Répandait les pardons sur Rome et l'univers ;
Quel spectacle !... O Luigi, les transports qu'il inspire
N'ont-ils pas à leur tour une voix pour te dire :
« Viens ! le grand jour approche ; ah ! viens, venez tous deux,
« Pleins de la même foi, brûlés des mêmes feux
« Qu'il versait par torrents dans votre âme embrasée,
« De ses divins pardons recueillir la rosée ! »

LUIGI.

Paolo !...

PAOLO.

Tu viendras ! Et quand nous sentirons
La grâce à flots sacrés s'épancher sur nos fronts,
Puissent nos cœurs noyés dans cette joie intime,
Dans ce bonheur de croire où la raison s'abîme,
Mourir, et, confondus, voler d'un même essor
Au sein de l'Éternel pour s'y confondre encor.
Oui, réunis aux cieux !... Tu pleures !... Ah ! mon frère,
On te calomniait ; mais qu'un aveu sincère
Me punisse du moins de t'avoir soupçonné.
Toi que je jugeais mal, toi que j'ai condamné,
Apprends...

SCÈNE XII.

PAOLO, LUIGI, MARCO.

MARCO, *à Luigi, d'un air de mystère.*
Mon maître...

LUIGI.

Eh bien !

SCÈNE XII.

MARCO.

     Un mot!

PAOLO, *à l'écart.*

      Quelque surprise
Qu'on veut me ménager!

MARCO, *bas à Luigi.*

     Cet homme à barbe grise,
Ce moine, qui jamais ne parle sans prêcher,
Et même quand il prie a l'air de se fâcher,
Il est en bas.

LUIGI, *bas.*

  Luther!

MARCO.

     La diète, qui l'exile,
Entend que sous deux jours il cherche un autre asile;
Mais il veut en partant vous bénir de sa main,
Et la cérémonie est fixée à demain.

LUIGI.

Ciel! que m'annonces-tu, Marco?

MARCO.

      Ce qui se passe,
Et ce qu'à ma maîtresse il contait à voix basse.
Mais s'il allait monter...

LUIGI, *vivement à Paolo.*

    Je sors et je revien:
Tu le permets?

PAOLO.

    Va, frère; avant cet entretien
Pour moi la solitude était un long supplice;
Seul, je puis maintenant rêver avec délice.
Va, je suis sûr de toi.

LUIGI, *à Marco.*

    Cours chercher mon Elci.

MARCO.

Je viens de l'avertir.

PAOLO, *à Luigi.*
Ta fille, elle est ici?
Et je l'attends encor! Loin de moi que fait-elle?

LUIGI, *sortant.*
Tu vas la voir.

SCÈNE XIII.

PAOLO, MARCO.

PAOLO.
Elle a de la Vierge immortelle
L'angélique douceur, l'aimable pureté!
Le moindre de ses dons, Marco, c'est la beauté,
N'est-ce pas?

MARCO.
Sur ce point m'en croirez-vous?

PAOLO.
Pardonne.
Qui peut douter d'un frère a-t-il foi dans personne?
J'étais bien malheureux; car j'aurais mieux aimé
Le trouver au retour sanglant, inanimé,
Mort, que traître à son culte et frappé d'anathème;
Oui, mort.

MARCO.
C'est d'un bon frère.

PAOLO.
Et toi, Marco, toi-même,
Si tu sentais fléchir ton zèle chancelant,
N'aimerais-tu pas mieux qu'un ami, t'immolant,
Dans ta bouche entr'ouverte arrêtât ton parjure
Que de le proférer?

MARCO.
L'alternative est dure.

SCÈNE XIV.

PAOLO.

Quoi ! tu balancerais ?

MARCO.

Je ne dis pas cela ;
Mais je n'ai pas d'ami qui m'aime à ce point-là.
(*A part.*)
Heureusement !

PAOLO, *avec gravité.*

Peut-être.

MARCO, *effrayé.*

En tout cas je proclame
Que je suis bon chrétien, chrétien de cœur et d'âme,
Pour que vous le sachiez et le fassiez savoir
Aux amis trop ardents que je pourrais avoir.
Mais votre nièce accourt ; je vous laisse avec elle.

SCÈNE XIV.

PAOLO, MARCO, ELCI.

PAOLO.

Venez, vous que ma voix, vous que mon cœur appelle.

ELCI.

Mon oncle en m'écrivant ne me disait pas : Vous.

PAOLO.

Non, toi, chère Elci, toi !

MARCO.

Dans ces sentiments doux
Qu'elle inspire si bien, que le ciel vous maintienne !
(*A part.*)
Adieu !... Comme il entend la charité chrétienne !
Quel homme !

(*Il sort.*)

SCÈNE XV.

PAOLO, ELCI.

PAOLO.

Toi, ma fille !

ELCI.

A la bonne heure ; au moins
Vous me donnez mon nom.

PAOLO.

Oui, ton nom.

ELCI.

Par mes soins
Je veux vous retenir en cherchant à vous plaire ;
Je veux vous enchaîner.

PAOLO.

Je me laisserai faire.

ELCI.

Pour toujours !

PAOLO.

Son regard, ses traits, ses blonds cheveux,
Rappellent la madone à qui j'offrais mes vœux.

ELCI.

Dont vos mains sur l'ivoire ont reproduit l'image?

PAOLO.

Que je te destinais.

ELCI.

Admirant votre ouvrage,
Pour vous, soir et matin, je priais.

PAOLO.

Comme moi,
J'admirais le modèle et je priais pour toi.

ELCI.

Je disais : Qu'il revienne et me chérisse en père !

SCÈNE XV.

PAOLO.

Moi : Quelle soit heureuse autant qu'elle m'est chère,
Belle, pure, adorable!

ELCI.

Et j'obtiens...

PAOLO.

J'ai trouvé...

ELCI.

Plus que je n'espérais.

PAOLO.

Mieux que je n'ai rêvé.
(*Il s'assied en l'attirant vers lui.*)
Quoi! tu ne craignais pas ma piété sévère,
Qui peut blesser ici quelqu'un que je révère?

ELCI, *tantôt debout près de son oncle, tantôt assise
sur le bras de son fauteuil.*

Non, car je comptais bien mettre la paix ici
Entre vous et quelqu'un que je révère aussi.

PAOLO.

Sois donc par ta douceur l'ange qui nous rapproche;
Sois mon conseil.

ELCI.

Comment?

PAOLO.

Veux-tu?

ELCI.

Jusqu'au reproche
Vous écouterez tout?

PAOLO.

Avec humilité :
Des lèvres d'un enfant descend la vérité.

ELCI.

Alors je vais remplir mon grave ministère.

PAOLO.

Déjà :

ELCI.
Vous avez peur?

PAOLO.
Moins que toi.

ELCI.
Si ma mère
Traite certain sujet avec un peu d'aigreur,
Vous serez indulgent?

PAOLO.
Comme on l'est pour l'erreur.

ELCI.
Sans répondre?

PAOLO.
Pourtant...

ELCI, *d'un air suppliant.*
Sans répondre.

PAOLO.
Sa grâce
Me désarme d'avance.

ELCI.
Et c'est convenu?

PAOLO.
Passe:
Je saurai me contraindre.

ELCI.
En cercle, quand le soir
Tous quatre autour du feu nous viendrons nous asseoir,
Ne vous offensez pas si je prends soin moi-même
De placer sous ses yeux le seul livre qu'elle aime.

PAOLO.
Lequel?

ELCI.
La Bible.

PAOLO.
Elci, c'est un livre sacré.

SCÈNE XV.

ELCI.

La Bible... de Luther.

PAOLO, *se levant à demi.*

Qu'entends-je? Et je verrai
Sans le mettre en lambeaux...

ELCI, *qui le fait rasseoir en lui passant ses bras autour du cou.*

Pendant cette lecture,
Vous me regarderez.

PAOLO.

Charmante créature!

ELCI.

Nous causerons de Rome.

PAOLO.

Oui.

ELCI.

Nous lirons tous deux.

PAOLO.

Saintement.

ELCI.

Mais bien bas, sans nous occuper d'eux.

PAOLO.

D'eux!... Comment? que dis-tu?

ELCI.

C'est chose naturelle
Qu'il ait sa liberté, s'il veut lire avec elle.

PAOLO.

Qui donc, Elci?

ELCI.

Mon père.

PAOLO.

Eh quoi?...

ELCI.

Ne craignez rien:
Il respecte mon culte en pratiquant le sien.

PAOLO.

Le sien !

ELCI.

Bon comme lui, vous suivrez son exemple,
Et le jour du Seigneur, quand ils iront au temple...

PAOLO, *se levant.*

Au temple !

ELCI.

Qu'avez-vous?

PAOLO.

Aurait-il abjuré?

ELCI.

Pas encor.

PAOLO.

Mais cet acte, il n'est que différé?

ELCI.

De quelques jours.

PAOLO.

Mon frère!... au temple!... Est-il possible?

ELCI.

Ne me regardez pas avec cet œil terrible.

PAOLO.

Affirmer qu'il abjure, et c'est vous qui l'osez !

ELCI.

Je tremble.

PAOLO.

Savez-vous de quoi vous l'accusez?

ELCI.

Moi !

PAOLO.

D'un crime.

ELCI.

Qui? moi !

PAOLO.

C'est faux : j'en ai pour gage
Sa voix, ses traits émus et son touchant langage,

Ses pleurs que sur mon front je crois encor sentir ;
C'est faux, c'est un mensonge.
ELCI.
Aurais-je pu mentir?
PAOLO.
Ah ! cet accent si vrai, qui m'éclaire et me tue,
Anéantit l'espoir de mon âme abattue.
Malheureux !
ELCI.
Et par moi !
PAOLO, *avec violence*.
Mais il ne le peut pas ;
Mais je me jetterais au-devant de ses pas ;
Mais je mettrais ma main sur sa bouche infidèle ;
Mais, non ; mais de ses bras l'étreinte fraternelle,
Lui comprimant le cœur dans un dernier adieu,
Étoufferait sa voix prête à blasphémer Dieu !
Il ne le peut pas ; non, renier sa croyance,
Non, renier son Dieu n'est pas en sa puissance.

SCÈNE XVI.

PAOLO, ELCI, THÉCLA.

TÉCLA, *à Paolo*.
Et qui vous rend ici l'arbitre de sa foi?
PAOLO.
Celui dont vos leçons m'ont enseigné la loi.
THÉCLA.
Que dit-elle?
PAOLO.
D'aimer, de secourir son frère.
THÉCLA.
Mais, avant tout, mon fils de respecter sa mère.

PAOLO.

Je n'en ai plus.

THÉCLA, *à Elci*.

Sortez.

ELCI.

De grâce!...

THÉCLA.

Faites voir
Que ce respect pour vous est encore un devoir.

ELCI.

J'obéis.

SCÈNE XVII.

PAOLO, THÉCLA.

PAOLO.

Mon retour ne me l'a pas rendue.
Perdue en cette vie, et pour jamais perdue,
Celle qui nous disait : Enfants, restez unis ;
Croyez ce que je crois, et vous serez bénis.

THÉCLA.

Vain souvenir d'un temps où je fus idolâtre!

PAOLO.

Fidèle.

THÉCLA.

Nuit d'erreur !

PAOLO.

Jour pur !

THÉCLA.

J'étais marâtre.

PAOLO.

Vous étiez mère.

THÉCLA.

Alors, les égarant tous deux,
Je perdais mes enfants.

SCÈNE XVII.

PAOLO.

Vous les sauviez.

THÉCLA.

L'un d'eux
Va se rouvrir le ciel.

PAOLO.

L'un n'ira pas sans l'autre.

THÉCLA.

Quittez donc votre culte.

PAOLO.

Abandonnez le vôtre.

THÉCLA.

Il est fatal.

PAOLO.

Plus bas!

THÉCLA.

Sacrilége.

PAOLO.

Plus bas!
Mon père vous entend.

THÉCLA.

Et ne vous voit-il pas?

PAOLO.

Il m'approuve du moins.

THÉCLA.

Est-ce de faire outrage
A tous les droits sacrés qu'avec lui je partage?

PAOLO.

L'Éternel qui m'envoie, et Rome d'où je viens,
Font céder au devoir les terrestres liens.

THÉCLA.

Retournez donc à Rome, où l'esprit d'imposture
Triomphe et foule aux pieds les lois de la nature.

PAOLO.

J'irai, mais non pas seul.

THÉCLA.

Lui, vous suivre ?

PAOLO.

Priez.
Priez pour qu'il me suive.

THÉCLA.

Ah ! plutôt à mes pieds
Que le courroux du ciel !...

PAOLO.

Arrêtez ! vœu funeste,
Que vous ne formez pas, que votre cœur déteste,
Il appelle la mort, il tue... Ah ! gardez-vous
De tenter par ce vœu le céleste courroux.

THÉCLA.

Ne l'as-tu pas toi-même arraché de ma bouche ?
Va donc ; fuis, porte ailleurs ta piété farouche.
Rome te tend les bras ; fuis les miens, fuis ces lieux ;
Mère, frère, pays, fuis tout ; dans ses adieux,
Celle qu'un fils ingrat traite ici d'étrangère
N'a plus de fils en lui, puisqu'il n'a plus de mère.

SCÈNE XVIII.

PAOLO, THÉCLA, LUIGI.

LUIGI.

Que dites-vous ? grand Dieu !

THÉCLA.

Vous avez entendu.
Qu'au plus saint des devoirs par vous il soit rendu ;
Qu'il dompte son orgueil ; qu'il force sa colère
A respecter en moi ce qu'en lui je tolère ;
N'exiger rien de plus, c'est me contraindre assez ;
S'il ne le peut, qu'il parte, ou je pars : choisissez.

SCÈNE XIX.

(*La nuit vient par degrés pendant cette scène.*)

LUIGI, PAOLO.

LUIGI.

Condamné dans ton cœur, j'ai droit de me défendre, Paolo.

PAOLO, *voulant s'éloigner.*

Laissez-moi.

LUIGI.

Demeure ; il faut m'entendre.
Maintenant ou jamais.

PAOLO, *faisant un pas pour sortir.*

Jamais.

LUIGI.

Séparons-nous.

PAOLO, *qui revient et s'arrête sans le regarder.*

Qu'avez-vous à me dire et que me voulez-vous?

LUIGI.

Plaise au ciel que ma voix jusqu'à ton âme arrive!
Car pour notre amitié cette heure est décisive.

PAOLO.

Parlez.

LUIGI.

En ennemi tu détournes les yeux:
Regarde-moi, mon frère, et tu m'entendras mieux.

PAOLO, *avec émotion, en le regardant.*

Ah! Luigi! ta croyance est-elle encor la mienne?

LUIGI.

Je ne te répondrai que ma main dans la tienne.

PAOLO, *lui serrant la main.*

Réponds.

LUIGI.

Instruit de tout, devrais-tu l'exiger,
Cet aveu qui me coûte et qui va t'affliger?

PAOLO, *qui s'éloigne de lui.*

Tu l'as donc résolu? C'est vrai? Tu me déclares
Que pour l'éternité de moi tu te sépares?

LUIGI.

Calme-toi.

PAOLO.

Je le veux : rien encor n'est perdu.

LUIGI.

On supporte avec peine un coup inattendu...

PAOLO.

Puis, l'espoir qui renaît nous le rend moins sensible.

LUIGI.

Le temps adoucit tout.

PAOLO.

A Dieu tout est possible.

LUIGI, *qui se rapproche de son frère.*

Indulgents l'un pour l'autre, on s'apaise en sentant
Que, sans penser de même, on peut s'aimer autant.

PAOLO, *de même.*

L'opinion de l'un, l'autre enfin la partage,
Et l'on est étonné de s'aimer davantage.
Un de nous doit errer.

LUIGI.

Qu'importe?

PAOLO.

Si j'ai tort,
J'en conviendrai, Luigi.

LUIGI.

Pour vivre en bon accord,
N'est-il pas des sujets qu'il faut nous interdire?

PAOLO.

Aucun.

SCÈNE XIX.

LUIGI.

Tu crois?

PAOLO.

C'est sûr.

LUIGI.

Quoi que nous puissions dire,
Nous resterons amis?

PAOLO, *avec tendresse.*

Toujours !

LUIGI.

De quel fardeau
Tu soulages mon cœur !

PAOLO, *l'embrassant.*

Amis jusqu'au tombeau.
(*Il s'assied et invite du geste son frère à l'imiter.*)
Parlons donc franchement. Cher Luigi, je m'étonne,
Mais sans m'en irriter, que mon frère abandonne
L'humble paix du chrétien qui n'a jamais douté
Pour l'orgueilleux plaisir de l'incrédulité.

LUIGI.

Moi, ce qui me surprend, sans que je m'en offense,
C'est qu'un esprit si droit par habitude encense,
Avec un vieux respect qui n'est plus de saison,
Des abus avérés que proscrit la raison.

PAOLO.

Triste fruit des discours, des livres d'un sectaire!

LUIGI.

Les as-tu lus?

PAOLO.

Moi! non.

LUIGI.

Fais-le donc.

PAOLO.

Pour le faire,
Je les méprise trop.

LUIGI.
Avant de condamner,
Tu conviendras pourtant qu'il faut examiner.
PAOLO.
Quoi? les rêves d'un fou?
LUIGI.
Que plus d'un sage écoute.
PAOLO.
Le lire ou l'écouter, c'est admettre qu'on doute.
LUIGI.
Douter, c'est faire un pas.
PAOLO.
Vers le mal.
LUIGI.
Vers le bien.
PAOLO.
Nous différons d'avis.
LUIGI.
Tu crois tout.
PAOLO.
Et toi, rien.
LUIGI.
Je crois sans fanatisme.
PAOLO.
On est donc fanatique
En ne se traînant pas aux pieds d'un hérétique?
LUIGI.
Voilà votre grand mot!
PAOLO.
C'est le mot juste.
LUIGI.
Non.
PAOLO, *se levant.*
Eh bien! d'un apostat, pour lui donner son nom

SCÈNE XIX.

LUIGI.

Luther! tu vas trop loin.

PAOLO.

Pas assez : je proclame
Que c'est un être vil.

LUIGI.

Ah! prends garde!

PAOLO.

Un infâme!

LUIGI.

Lui!

PAOLO.

Le dernier de tous.

LUIGI.

C'est un prêtre inspiré.

PAOLO.

Par l'enfer.

LUIGI.

Par le ciel.

PAOLO.

Pour qui rien n'est sacré.

LUIGI.

Mais...

PAOLO.

S'il écrit il ment, et s'il parle il blasphème.

LUIGI, *se levant aussi.*

Mais l'insulter chez moi, c'est m'insulter moi-même.

PAOLO.

Chez toi! Comme ta mère es-tu las de m'y voir?

LUIGI.

Le droit de m'y braver, penses-tu donc l'avoir?

PAOLO.

J'ai le droit d'accabler, d'écraser sous l'injure
L'imposteur déhonté qui te pousse au parjure;
Le misérable!...

LUIGI.
Arrête, ou...
PAOLO.
Quoi?
LUIGI.
Je me contien.
PAOLO.
Quoi ! tu me chasserais ? Ose le dire ?
LUIGI.
Eh bien !
Admets que je l'ai dit.
PAOLO, *après un silence.*
Je m'y devais attendre.
Luther te saura gré d'une amitié si tendre.
LUIGI.
Encor !
PAOLO.
Mon Dieu ! je pars; mais j'ai la liberté
De reprendre chez toi ce peu que j'apportai.
Tu m'en laisses le temps ?
LUIGI, *avec embarras, en arrêtant son frère au bord de l'escalier.*
Voici la nuit.
PAOLO.
Qu'importe ?
LUIGI.
Le ciel est orageux.
PAOLO.
En refermant ta porte,
Sous ce toit fraternel, où je n'ai pas dormi,
Tu te riras des vents; et qui sait? un ami,
Ton moine, s'il survient, prendra ma place vide;
Mais que ton frère absent dehors marche sans guide,
Trouve un gîte dans l'ombre ou doive s'en passer,
Le bienvenu Luther t'en voudrait d'y penser.

LUIGI.

Toujours!

PAOLO.

De l'eau du ciel, des coups de la tempête,
Quelque portail d'église abritera ma tête,
Et sur la froide couche où tu m'auras jeté,
Par celui qui voit tout je serai visité.
Nul ne viendra du moins me disputer la pierre
Où cet hôte divin fermera ma paupière :
On est sûr de l'abri qu'on cherche dans ses bras;
Lui vous reçoit toujours et ne vous chasse pas.

LUIGI.

Tu peux jusqu'à demain retarder ton voyage.

PAOLO.

Comment! le cœur te manque? Allons, reprends courage.
Au reste, près d'ici prolongeant mon séjour,
Je veux de ton triomphe attendre le grand jour :
Il est fixé sans doute, et la veille... Pardonne,
Car j'abuse du temps que ta pitié me donne.
Adieu, parjure!

LUIGI.

Adieu.

(*Paolo monte les degrés qui conduisent à sa chambre.*)

SCÈNE XX.

LUIGI.

Des hauteurs de sa foi
Doit-il fouler aux pieds la vertu devant moi,
Étouffer la raison sous l'erreur qu'il préfère?
Non, certes ; j'ai bien fait : je ne pouvais mieux faire.
Qu'il parte!...Ah! dans nos jeux, lorsque nous nous quittions,
C'était pour revenir, enfants que nous étions :
Point de torts qu'à douze ans ne répare un sourire.
Ce temps n'est plus ; le mot que je viens de lui dire

Au cœur d'un vieil ami n'entre pas à moitié,
Et reste dans la plaie en tuant l'amitié :
Elle est morte.

SCÈNE XXI.

LUIGI, THÉCLA, ELCI et MARGO, *apportant des flambeaux et préparant la table pour le repas du soir.*

THÉCLA.

A mon fils dois-je céder la place ?

LUIGI.

Ma mère, demeurez.

THÉCLA.

Il met bas son audace ?

LUIGI.

N'en redoutez plus rien.

THÉCLA.

Son orgueil a fléchi ?

LUIGI.

Du joug qu'il m'imposait je me suis affranchi.

THÉCLA.

Gloire à vous !

LUIGI.

Diffamer une vie exemplaire !
Flétrir l'élu du ciel dont la raison m'éclaire !

THÉCLA.

Et sous votre courroux vous l'avez terrassé ?
Et vous l'avez fait taire ? Et vous...

LUIGI.

Je l'ai chassé.

THÉCLA, *tombant sur un siége près de la table.*

Chassé !

SCÈNE XXI.

ELCI.

Qui? votre frère!

MARCO.

Après quinze ans d'absence!

LUIGI, *à Marco.*

Pas un mot, ou sortez!

ELCI.

Ah! c'est cruel.

LUIGI, *à sa fille.*

Silence!
Pour me blâmer ici tout le monde est d'accord.

ELCI.

On le plaint.

LUIGI.

On m'offense.

MARCO.

Allez, qui n'a pas tort
Sans s'offenser de rien souffre qu'on lui réponde :
Mécontent de soi-même on l'est de tout le monde.

ELCI.

Vous ne m'avez jamais parlé si durement.

LUIGI.

C'est qu'on n'a jamais vu pareil aveuglement;
C'est que chacun s'obstine à me trouver coupable;
Prend parti contre moi, me méconnaît, m'accable;
Excepté vous, ma mère.

THÉCLA, *avec désespoir, en se levant.*

Et vous ne l'avez pas,
Quand il a dit : « Je pars, » retenu dans vos bras!

LUIGI.

Vous aussi!

THÉCLA.

Le chasser des lieux qui l'ont vu naître!
De chez vous, de chez lui! Sous ce toit dont le maître

A cette heure de paix nous bénit tant de fois,
Nous devions une nuit reposer tous les trois.
>LUIGI.

Indigné pour Luther, j'eus tort de le défendre?
>THÉCLA.

Non ; je ne dis plus rien.
>LUIGI.

> Paolo va descendre.
>ELCI.

Il est encore ici?
>LUIGI.

> Qu'il me tende la main,
Je fais pour l'embrasser la moitié du chemin ;
Sinon, il partira.
>ELCI.

> Quoi! le jour qu'il arrive?
>THÉCLA.

Sans qu'une fois du moins il soit notre convive?
>MARCO, *à Luigi.*

Adieu! puisqu'à choisir le ciel me réserva,
Je suis le serviteur de celui qui s'en va.
>LUIGI.

Libre à toi.

SCÈNE XXII.

LUIGI, THÉCLA, ELCI, MARCO, PAOLO,
qui descend lentement les degrés.

>ELCI, *bas à Thécla.*

Le voici.
>THÉCLA.

> Je me tais et je pleure.
>ELCI, *de même à son père.*

Vous lui direz un mot!

SCÈNE XXII.

LUIGI.
Non.
MARCO, *à Luigi.*
Faites qu'il demeure,
Ou vos nuits sans repos commencent aujourd'hui,
Et vous aurez chassé le sommeil avec lui.
LUIGI, *à sa mère.*
M'honorer d'un adieu lui semble une bassesse.
THÉCLA.
Il est vrai.
LUIGI.
Puis-je alors l'aborder sans faiblesse?
ELCI.
Vous ne le verrez plus.
LUIGI.
C'est lui donner raison;
(*Plus bas, à lui-même.*)
Et je ne puis pas, moi, lui demander pardon!...
MARCO, *à Luigi, tandis que Paolo, qui est descendu, s'éloigne sans détourner la tête.*
Il part.
THÉCLA.
Tout est fini!
LUIGI.
Tout!
ELCI, *qui s'est mise à genoux sur le seuil de la porte, à Paolo.*
Pardon pour mon père!
PAOLO.
Elci!
ELCI.
Vous resterez.
PAOLO, *faisant effort pour sortir.*
Laisse-moi ma colère:
Il a rompu les nœuds dont Dieu nous a liés.

ELCI.

Rien ne pouvait les rompre.

PAOLO.

Il m'a dit...

ELCI, *qui lui met la main sur la bouche en s'élançant à son cou.*

Oubliez!

LUIGI.

Mon frère!

THÉCLA.

Mes enfants!

PAOLO.

Oui, j'oublierai, j'oublie;
Mais, par pitié pour toi, pour moi, qui t'en supplie,
Cesse de m'arrêter; je veux fuir : dans ce lieu
Je vois planer sur nous les vengeances de Dieu ;
La foudre gronde.

LUIGI.

Ah! viens.

PAOLO.

C'est le deuil que j'apporte.

THÉCLA.

Le bonheur.

MARCO.

S'il le faut, je garderai la porte.

ELCI.

Et moi, mon prisonnier.

PAOLO, *à sa nièce, qui l'entraîne vers la table.*

Que fais-tu, chère Elci?
J'aurais dû résister.

THÉCLA, *à Paolo, en le faisant asseoir.*

Toi, là ; ton frère, ici ;
Votre mère entre vous.

ELCI, *à Paolo.*

Près de vous votre fille!

SCÈNE XXII.

MARCO.

Et personne d'absent au banquet de famille!

LUIGI.

Grâce au ciel!

THÉCLA.

Un de moins, tous étaient malheureux.

PAOLO, *à Elci, qui s'empresse de le servir.*

Tu ne penses qu'à moi.

ELCI.

C'est penser à nous deux.

MARCO, *à Paolo.*

Laissez-la vous choyer; je vous dis à l'oreille
Que vous pourrez chez vous lui rendre la pareille.

PAOLO.

Ai-je un chez moi?

LUIGI.

Marco, tu trahis mon secret.

PAOLO.

Comment?...

LUIGI.

Cette maison que mon frère admirait,
C'est la sienne.

PAOLO.

De grâce!...

LUIGI.

Ou tu m'en veux encore,
Ou tu l'accepteras.

PAOLO.

Dieu, que pour lui j'implore,
Tu l'entends!

THÉCLA, *à Paolo.*

Prends, mon fils.

ELCI, *à Paolo.*

Ces fruits, ils sont à vous;
Car dans votre verger je les ai cueillis tous.

PAOLO.

Toi !

MARCO.

Quand mettrai-je à bas vos blés qui sont superbes?
Je suis prêt.

LUIGI, *à Paolo.*

De mes mains j'irai lier tes gerbes.

THÉCLA.

Moi, les compter.

ELCI.

Et moi, me mêlant aux glaneurs,
De vos épis tombés leur faire les honneurs.

PAOLO.

Mon cœur est inondé d'une ivresse inconnue.

LUIGI, *à son frère, en lui montrant Marco.*

Tu permets qu'un vieillard boive à ta bienvenue?

MARCO, *à Elci qui lui verse à boire.*

Jusqu'aux bords !

LUIGI, *qui se lève, ainsi que tous les convives.*

A l'ami qui s'est fait désirer,
Mais dont rien désormais ne peut nous séparer !

THÉCLA.

Par qui de mes beaux ans la verdeur va renaître !

ELCI.

Que j'appris à chérir avant de le connaître !

MARCO.

A l'enfant bien-aimé pour qui j'ai fait des vœux,
Lorsque l'eau du baptême a mouillé ses cheveux !

PAOLO.

Qu'à son banquet céleste ainsi Dieu nous rassemble!

MARCO, *exalté.*

Oui, tous les braves gens y trinqueront ensemble :
Vous et lui.

SCÈNE XXII.

PAOLO, *sévèrement.*
Tu le crois?
MARCO.
Quand je me porte bien;
Indisposé, j'ai peur et n'affirme plus rien.
Mais un beau jour d'octobre, où la récolte donne,
Vient-il me ranimer, plus gaillard, je raisonne;
Comment? en jardinier. Je me dis : Les humains
Ressemblent aux fruits mûrs qui tombent dans nos mains,
Nous jetons les mauvais; pour les bons, qui s'informe
S'ils diffèrent de goût, de couleur et de forme?
Ainsi de nous, le jour où comme eux nous tombons,
Dieu ne fait que deux parts : les mauvais et les bons.
PAOLO.
Ta morale, Marco, me semble peu sévère.
ELCI, *vivement.*
La faute en est au vin dont j'ai rempli son verre.
THÉCLA, *en regardant Marco d'un air mécontent.*
Soit; mais...
LUIGI.
Un voyageur a besoin de sommeil :
Va reposer, mon frère.
THÉCLA, *à Paolo.*
Adieu jusqu'au réveil.
ELCI.
Ici pour vous revoir je serai la première.
THÉCLA, *à Luigi.*
J'y viendrai, cette nuit, le front dans la poussière,
Conjurer le Seigneur d'être avec toi demain.
PAOLO, *à part.*
Demain, grand Dieu!
MARCO *à Paolo, en lui indiquant sa chambre.*
Faut-il vous montrer le chemin?
PAOLO.
Je le sais; va dormir.

MARCO.

De grand cœur ; jamais homme,
Si l'homme heureux dort bien, n'aura fait meilleur somme

SCÈNE XXIII.

PAOLO, LUIGI, *qui prend un flambeau pour se retirer.*

PAOLO.

Luigi !...

LUIGI.

Que veux-tu, frère ?

PAOLO.

Un dernier entretien.

LUIGI.

Crois-moi ; pour mon repos autant que pour le tien,
Il vaut mieux l'ajourner.

PAOLO.

Non, car je le redoute.

LUIGI.

Tu me pardonneras un refus qui me coûte :
Je ne dois sur mon lit me jeter qu'un instant ;
A minuit je me lève, et c'est en méditant
Que j'attendrai le jour.

PAOLO.

Pourquoi ?

LUIGI.

De te l'apprendre
Le temps n'est pas venu.

PAOLO.

Reste ; un mot peut me rendre
La paix dont j'ai besoin pour que du haut des cieux
Le sommeil qui me fuit descende sur mes yeux.

SCÈNE XXIII.

Si ce mot consolant expire dans ta bouche,
Passer toute une nuit si voisin de ta couche,
Je ne le puis ; j'ai peur d'y faire un rêve affreux :
Je sortirai d'ici ; j'y serais ..

LUIGI.

Malheureux ?
Peux-tu l'être avec nous ?

PAOLO.

Bien malheureux, sans doute,
Désespéré, Luigi.

LUIGI.

Ta main est froide.

PAOLO.

Écoute !...
N'as-tu rien entendu ?

LUIGI.

Rien qui m'alarme.

PAOLO.

Eh ! quoi !
Aucun avis du ciel n'est venu jusqu'à toi ?

LUIGI.

J'entends les vents gémir dans la cime des hêtres,
La pluie à coups pressés bat contre les fenêtres ;
Un orage en passant trouble la paix des nuits.

PAOLO.

Rien d'étrange pour toi ne se mêle à ces bruits ?
Mais les vents, quand leur souffle, autour des sépultures,
Prête à l'arbre des morts de si tristes murmures ;
La foudre, quand ses feux, en sillonnant les airs,
Blanchissent les tombeaux de leurs pâles éclairs ;
Non, la foudre et les vents, dans l'horreur des ténèbres,
Sans un ordre de Dieu, n'ont pas ces voix funèbres.

LUIGI.

Rappelle ta raison.

PAOLO.

Ma raison ! devant lui
Qui peut mettre sa force en un si frêle appui?
La foi nous soutient seule; et tu trahis la tienne.
Mais ce mot où j'aspire, il faut que je l'obtienne;
Je veux te l'arracher : dis-moi, tu le diras,
Que sous l'œil irrité de ce Dieu dont le bras,
En suspens pour frapper, choisit déjà la place,
Tu sens s'évanouir ta sacrilége audace.

LUIGI.

Ce serait t'abuser.

PAOLO.

Réponds, jure qu'au moins
Ce jour où du forfait les cieux seraient témoins,
Ce jour, déjà mortel même avant qu'il arrive,
Qui soulève mon sein d'une horreur convulsive,
Décolore mon front, fait fléchir mes genoux,
Ce jour de désespoir est encor loin de nous.

LUIGI.

Il est prochain.

PAOLO.

Qu'il n'ait ni lendemain, ni veille;
Qu'il ne soit pas, ce jour ! Si sa clarté m'éveille,
Ce sera pour gémir, pour te pleurer absent.
O mon bien-aimé frère ! ô mon ami ! mon sang !
Toi, frappé sur l'autel ! par qui ? c'est impossible !
Repens-toi; tu le veux !... Il le veut; Dieu terrible,
Ne le condamnez pas. Faut-il pour t'attendrir,
A ton cou suspendu, de mes pleurs te couvrir ?
Repens-toi ; tu les sens inonder ta poitrine;
Faut-il, pour amollir ton orgueil qui s'obstine,
Que, navré de douleur, que, palpitant d'effroi,
Je me traîne à tes pieds? M'y voici : repens-toi,
Repens-toi; n'attends pas que Dieu, qui te menace,
Marque ton front maudit du sceau que rien n'efface,

SCÈNE XXIII.

Et, laissant choir le coup que sa pitié retient,
Dise à l'éternité : Prends ce qui t'appartient !
Ah ! repens-toi, Luigi.

LUIGI.

Ton espoir n'est qu'un songe ;
Dois-je, en le confirmant, m'abaisser au mensonge ?
Je n'y descendrai pas.

PAOLO.

Tu te perds.

LUIGI.

Mon erreur,
Je la désavoûrai sans remords, sans terreur...

PAOLO.

Mais tu te perds, te dis-je !

LUIGI.

Et ce grand sacrifice,
Qu'impose à ma raison la céleste justice,
Que ne peut retarder aucun effort humain...

PAOLO.

Tais-toi.

LUIGI.

Je l'offrirai...

PAOLO.

Ne dis pas quand !

LUIGI.

Demain.

PAOLO, *tombant sur un siége.*

C'est demain !

LUIGI.

Tu sais tout. S'il est vrai que tu m'aimes,
Après l'acte accompli, nous resterons les mêmes :
Si je te fais horreur, j'aimerai seul, et Dieu
Jugera qui de nous suit son précepte. Adieu,
(*Revenant sur ses pas pour lui serrer la main.*)
Ou plutôt à revoir !

4.

SCÈNE XXIV.

PAOLO.

Demain! Ce mot funeste
A de ma vie éteinte anéanti le reste,
Et, brisé sous le coup, mon cœur sans battement
A semblé de terreur s'arrêter un moment.
Relevez, ô mon Dieu, ma force défaillante.
Demain!... La voilà donc cette veille sanglante!
Elle avance dans l'ombre; elle expire à minuit :
Qu'aura-t-il fait ce bras quand finira la nuit?
Il tombe inanimé. Dois-je fuir?... Je l'ignore.
Celui que j'aimais tant, que j'aime plus encore,
C'est là qu'il s'est assis au banquet du retour;
Là, je l'ai vu, pleurant, souriant tour à tour,
Épancher de son cœur la gaîté familière;
Là, ma coupe a touché sa coupe hospitalière;
J'ai rendu vœux pour vœux à sa vieille amitié,
Et du pain qu'il m'offrait j'ai rompu la moitié.
   (*Se levant.*)
Arrière! loin de moi cet acte horrible, infâme!
Fuyons; sauvons sa vie; ah! fuyons...
     (*S'arrêtant tout à coup.*)
       Mais son âme!
Il la perd; il se damne; et le ciel, qui pour lui
Se fermera demain, peut s'ouvrir aujourd'hui...
Je ne sais quel pouvoir agit sur tout mon être;
L'ardeur d'un vin fumeux bouillonne en moi peut-être :
Par le jeûne affaibli, devais-je à ce poison
Redemander ma force et livrer ma raison!
 (*Avec terreur, après s'être recueilli un moment.*)
Ce n'est pas sa vapeur qui dans mon sein fermente;
Je lutte contre Dieu dont l'esprit me tourmente;

Oui, c'est Dieu, je m'épuise en efforts impuissants;
Dieu qui m'abat sous lui!
>   (*Se laissant tomber à genoux.*)
>   C'est Dieu même!... Je sens
Passer dans mes cheveux son souffle qui me glace;
Il va venir, il vient me parler face à face,
Et je tremble, agité de ce frémissement
Dont nous tremblerons tous au jour du jugement.
Paolo!... Par mon nom je l'entends qui m'appelle.
Si j'obéis, Seigneur, doit-il mourir fidèle?
Pour le régénérer il suffit d'un remord :
Dites que son salut doit sortir de sa mort.
« Frappe et sauve! »
>   (*Se relevant.*)
>   Il l'a dit : voici l'heure!... Ah! pardonne :
Colère du Très-Haut, si ta voix me l'ordonne,
A ta voix frissonnant, si je suis plein de toi,
Un ordre encor! un signe! et marche devant moi.
>   (*S'avançant vers la chambre de Luigi.*)
Marche et je te suivrai, marche, sainte colère,
Consume et purifie, immole, régénère.
Mais, un signe! un seul mot!... Si l'ordre est répété,
Je ne le verrai plus que dans l'éternité.
Ciel! ma mère.

SCÈNE XXV.

PAOLO, *à la porte de la chambre de son frère;* THÉCLA, *les yeux attachés sur la Bible et absorbée dans sa lecture.*

>   THÉCLA, *après s'être assise.*
>   Prions pour Luigi qui sommeille.
Du sacrifice enfin c'est aujourd'hui la veille :
Dieu, de t'offrir mon fils le moment est venu.
Meure en lui le pécheur qui t'avait méconnu...

PAOLO.

Que dit-elle?

THÉCLA.

Et vers toi que le chrétien s'élance!
Tu l'entends : ton oracle a rompu le silence.
Oui, ce livre inspiré, je l'ouvris au hasard,
Et le verset du texte où tomba mon regard
Me dit qu'en l'acceptant tu bénirais l'offrande;

(*Debout et avec exaltation.*)

Car voici, Saint des saints, ce que ta voix commande:

PAOLO.

J'écoute.

THÉCLA, *lisant la Bible.*

« Prends celui que tu aimes, ton unique sur la terre,
« et va me l'offrir en holocauste! »

PAOLO, *qui s'élance dans la chambre.*

J'obéis.

THÉCLA.

Couronnant mes efforts,
Achève, Dieu vainqueur, fais-moi boire à pleins bords
Les pures voluptés dont ta coupe est remplie :
Que je jouisse enfin de mon œuvre accomplie,
Dans la joie et l'orgueil de la maternité;
Achève et mets le comble à ma félicité!
Qu'entends-je?...Crainte vaine!...Il veillait, il médite;
(*Paolo sort à pas lents de la chambre et vient s'appuyer
sur la rampe de l'escalier.*)
D'une ardente ferveur l'émotion l'agite,
Et ces sons étouffés qui me glaçaient d'effroi...
Non, des gémissements arrivent jusqu'à moi.

LUIGI, *en dehors.*

Paolo!

PAOLO.

Je succombe.

####### SCÈNE XXVII.

THÉCLA.
Il appelle son frère.
Ah! courons; je frémis.

SCÈNE XXVI.

PAOLO.

Ombre de mon vieux père,
Murmure à son chevet des mots de repentir,
Et sauve en l'assistant l'âme qui va partir!
Je ne le puis.
(*Aux cris que pousse Thécla.*)
Où fuir cette voix déchirante?

SCÈNE XXVII.

PAOLO, ELCI, *qui s'élance vers lui au moment où il va sortir.*

ELCI.
Arrêtez!
PAOLO.
Encor vous!...
ELCI.
Calmez mon épouvante.
PAOLO.
C'est Dieu qui l'a voulu.
ELCI.
Quoi?
PAOLO.
C'est vous : sur le seuil
Ne vous ai-je pas dit que j'apportais le deuil?
ELCI.
Il est ici!

PAOLO.
La mort!

ELCI.
Elle a frappé!

PAOLO.
Sans crime;
Par devoir.

ELCI.
Qui?

PAOLO.
Priez!

ELCI.
Pour qui?

PAOLO.
Pour la victime

ELCI.
Quelle est-elle?

PAOLO.
Un pêcheur qui lutte près de nous
Entre l'enfer et Dieu.

ELCI.
Je frissonne.

PAOLO.
A genoux!
Priez, enfant, priez; l'éternelle clémence
Ne repoussera pas les vœux de l'innocence.

SCÈNE XXVIII.

PAOLO, ELCI, THÉCLA, *puis* LUIGI.

THÉCLA, *du dehors*.
Sanglant! frappé dans l'ombre!... Un meurtre!... Du secours!
(*En entrant.*)
Des secours!... Non!... mort!

SCÈNE XXVIII.

ELCI.
Mon père!

THÉCLA.
Elci, viens, cours!
Viens, mon fils, courons tous; qu'il rouvre sa paupière
Sous les embrassements de sa famille entière!

ELCI, *apercevant Luigi.*
Ah! que vois-je? c'est lui!

THÉCLA, *qui s'élance pour le soutenir.*
Ton père assassiné!

LUIGI.
Paolo! ton ami jusqu'à toi s'est traîné.

PAOLO, *à part.*
Mon ami!

ELCI, *à son père.*
Mes baisers vous rendront à la vie;
Ils vont vous ranimer.

LUIGI, *se laissant tomber sur un siége.*
La force m'est ravie.

THÉCLA, *à Paolo.*
Vois mes pleurs, vois le sang qui coule de son sein!
Cours, Paolo; poursuis, punis son assassin;
Venge-nous tous.

LUIGI, *à Paolo.*
Demeure; un mourant te l'ordonne;
Pardonne à l'assassin comme je lui pardonne.

PAOLO.
Ah! Luigi!...

LUIGI.
Dans tes bras presse-moi, mon Elci!
Des ombres du tombeau mon regard obscurci,
Sur ces traits adorés que la douleur altère,
Cherche encore un rayon du bonheur de la terre.
Enfant, je vais dormir de mon dernier sommeil,
Je ne te verrai plus me sourire au réveil.

THÉCLA.

Pense au ciel et renie un culte abominable!

PAOLO.

Crains ton juge et reviens à la foi véritable!

THÉCLA.

Abjure et sois chrétien!

PAOLO.

Crois et sois enfanté
Par une mort chrétienne à l'immortalité!

ELCI.

Non, ne me quittez pas!

LUIGI.

La peur de ta colère
N'affaiblit point, Seigneur, la raison qui m'éclaire;
Et ce que j'aurais fait pour vivre sous ta loi,
Je le fais en mourant pour me rejoindre à toi:

(*Se levant soutenu par Elci et Thécla.*)

J'abjure.

THÉCLA.

Il est sauvé!

PAOLO.

Perdu!

ELCI.

Votre croyance,
Je l'embrasse, ô mon père! elle est mon espérance:
Je vous suivrai du moins.

PAOLO, *à lui-même.*

Dieu, tu m'as donc trompé?

LUIGI, *d'une voix éteinte.*

Nous devons nous revoir : le coup qui m'a frappé
N'a pu rompre les nœuds d'une amitié si tendre...
Je vous quitte ici-bas... mais... je vais vous attendre!

ELCI.

Il expire!

SCÈNE XXVIII.

THÉCLA, *relevant avec une morne douleur la tête de Luigi et lui donnant un baiser sur le front.*

Mon fils!...

(*Avec explosion.*)

Ah! que le meurtrier,
Rebut des siens, horreur de son propre foyer,
Fuyant sa solitude et partout solitaire,
Privé de l'eau, du feu, sans abri sur la terre
Où s'arrêter le jour, où s'étendre le soir,
Et sans repos, s'il vit, et s'il meurt, sans espoir,
Soit maudit par le prêtre à son heure suprême,
Maudit par tous, maudit par son père lui-même,
Maudit par celle enfin dont les flancs ont porté
Cet exécrable fruit de leur fécondité!
Cieux, entendez ce cri de ma douleur profonde;
Vengez-moi, justes cieux, moi, qui suis seule au monde,
Moi, qui n'ai plus de fils!...

(*Se tournant vers Paolo, en lui tendant les bras.*)

Ah! pardon! qu'ai-je dit?
Il m'en reste un encor.

PAOLO, *qui la repousse et s'enfuit épouvanté.*

Non, vous l'avez maudit!

FIN D'UNE FAMILLE AU TEMPS DE LUTHER.

APPENDICE

EXAMEN CRITIQUE

D'UNE

FAMILLE AU TEMPS DE LUTHER

PAR M. PROSPER POITEVIN.

Présenter au théâtre un ouvrage simple et sévère, une tragédie en dehors du cadre habituel et d'où l'amour, cette inépuisable source d'intérêt, fût exclu; peindre des passions qui ne sont plus les nôtres, des sentiments qui ne peuvent éveiller aucune sympathie; s'imposer, par le seul amour de l'art, la difficile tâche de reproduire des caractères entièrement effacés, c'était sans contredit, dans ce siècle de folles témérités, une tentative si sérieusement téméraire, qu'un grand succès pouvait seul la justifier.

Ce succès, *Une Famille au temps de Luther* l'a obtenu : nous en félicitons d'autant plus sincèrement M. Casimir Delavigne, que nous sommes convaincu que, dans la liste de ses nombreux triomphes, il n'assignera pas à celui-ci la dernière place. Mais, disons-le, ce succès, si honorable qu'il soit pour l'auteur, n'est pas moins honorable pour le public qui a su donner, en cette circonstance, une haute et incontestable preuve d'intelligence et de bon goût; car l'extrême simplicité du sujet, la sévérité de la forme, la couleur antique qui se reflète sur presque toutes les parties du drame, donnaient à cette tragédie un caractère si inaccoutumé, une physionomie si nouvelle, que le poëte devait craindre qu'habitué aujourd'hui à des émotions communes et vulgaires, le parterre ne lui tînt pas compte du mérite et de la hardiesse de son œuvre.

On a souvent répété que M. Casimir Delavigne entait prudemment ses succès sur des idées auxquelles il savait acquises d'avance les sympathies de la foule, et qu'il n'osait jamais au théâtre que ce qu'on y peut oser sans péril. A ces accusations étranges un autre se serait empressé de répondre par une préface; M. Casimir Delavigne a mieux aimé répondre par deux ouvrages : à chacun sa manière; mais à coup sûr celle-ci vaut au moins l'autre, et de toutes les réfutations, aucune n'eût pu être, selon nous, aussi formelle et aussi péremptoire que *les Enfants d'Édouard* et *Une Famille au temps de Luther*.

Quelles sont, en effet, les idées populaires ayant cours qu'ait flattées et caressées l'auteur dans la première? Quelles sont les inutiles traditions consacrées au théâtre dont il ne se soit pas affranchi dans la seconde? Et, dans ce temps, où est le poëte qui ait obéi à son inspiration avec plus d'indépendance, et qui ait su concilier, avec un dédain plus manifeste de règles vieillies, plus de respect pour ce qu'il y a d'immuable et d'absolu dans l'art?

M. Casimir Delavigne ose au théâtre tout ce qu'on y peut oser avec convenance; il se garde bien, et nous lui en savons un gré infini, de pousser la hardiesse poétique au delà. Un goût sûr, une profonde connaissance de la scène, le garantissent de ces inconcevables écarts auxquels le mauvais goût d'un temps ou d'un siècle peut bien applaudir, mais que condamne la raison qui, elle, est de tous les temps et de tous les siècles :

> Quelquefois dans sa course un esprit vigoureux,
> Trop resserré par l'art, sort des règles prescrites,
> Et de l'art même apprend à franchir leurs limites.

Oui, assurément, il est des licences que l'art lui-même conseille et autorise : le vieux et sévère législateur de notre Parnasse en convient. Il a trouvé fort naturel que, de son temps, Corneille et Molière aient, dans quelques-uns de leurs ouvrages, secoué le joug d'une poétique exigeante à l'excès et gênante pour eux hors de tout propos : et aujourd'hui personne ne blâmerait un auteur qui saurait, comme eux, se révolter avec intelligence contre la règle, et l'enfreindre au profit de l'art.

Mais, sous prétexte de suivre leur exemple, peut-on se permettre de fouler aux pieds toutes les idées reçues, et de s'abandonner sans frein à ses capricieuses et bizarres inspirations? S'il est des règles arbitraires dont on peut s'affranchir sans danger, n'est-il pas aussi des principes invariables qu'il faut nécessairement respecter, des lois qu'on ne peut enfreindre sans péril? Travailler de ses deux mains à briser tout entier le vieux moule comme s'il n'en pouvait plus sortir de chefs-d'œuvre, n'est-ce pas agir en Érostrate et faire de la profanation un moyen de célébrité?

Aucun homme de sens, aucun écrivain qui se respecte ne se montrera jaloux d'une pareille gloire. Il est beaucoup plus commode, nous en convenons, de se faire un rapide renom par la bizarrerie et l'incohérence des conceptions, par l'âpreté et la *sauvagerie* du style, que de se distinguer par des œuvres dont le fond soit simple et la forme noble et sévère : aussi peu d'écrivains se condamnent-ils volontiers au laborieux enfantement qu'exigent les ouvrages de ce genre. Il faut, pour lutter victorieusement contre les obstacles que l'art oppose, une étendue et une flexibilité d'esprit que la nature n'a pas accordées à tous, et ceux qui proclament la nécessité d'une réforme complète au théâtre trahissent, selon nous, à leur insu, le secret de leur impuissance.

M. Casimir Delavigne, dans sa tragédie d'*Une Famille au temps de Luther*, ne s'est pas certes montré l'esclave de toutes les règles en vertu desquelles les tragédies étaient habituellement conçues autrefois; mais il a respecté celles qu'il n'est permis à personne de violer : il a donc usé de son droit de poëte sans en excéder les limites. Il a su, à l'aide de moyens simples et naturels, produire au théâtre avec intérêt le duel entre deux croyances rivales, entre deux fanatismes haineux et implacables. Ce n'est pas par des effets multipliés de scène, par le choc des événements et des situations qu'il a voulu nous émouvoir, il a même négligé à tel point l'avantage qu'il eût pu tirer de ces ressources, qu'il nous initie franchement et tout d'abord au secret de son dénoûment, un des plus dramatiques et des plus terribles qui soient peut-être au théâtre. Mais quelle tendre émotion n'excite-t-il pas en notre âme par le seul développement des caractères, par la peinture savante des passions dont il a animé ses différents personnages! Que d'habiles contrastes, que d'oppositions heureuses dans les sentiments de ceux mêmes que réunit la communauté des croyances!

Les principes religieux de Thécla et de Luigi émanent de la même source; cependant quelle diversité de nuances entre le protestantisme de l'un et celui de l'autre! Luigi voit dans la réforme la tolérance, le retour à la raison; Thécla, un changement complet de doctrine, la substitution d'un enthousiasme à un autre. Qu'ils soient ou non ses coreligionnaires, l'un regarde tous les hommes comme des amis et des frères; tandis que l'autre, dans l'emportement et l'exagération de son zèle, va presque jusqu'à maudire la mémoire de son époux, mort sans avoir voulu abjurer sa foi première.

D'un autre côté, quelle différence encore entre le catholicisme de Paolo et celui du vieux Marco! Chez celui-ci, quelle raison éclairée, quelle douceur évangélique et chrétienne! Chez celui-là, quelle aveugle exaltation, quel ardent fanatisme! Marco ne divise pas les hommes en catholiques, protestants, musulmans ou juifs, mais en bons et mauvais, et il trouve dans son âme autant d'amour pour les uns que d'indulgence pour les autres. Mais Paolo, élevé à Rome, dans les sentiments d'une piété inflexible, ne verrait, lui, dans son bien-aimé frère, qu'un implacable ennemi, s'il abandonnait jamais l'étendard de la foi pour passer sous le drapeau de l'examen.

De ce conflit de croyances opposées et de sentiments extrêmes, quel intérêt puissant le poëte n'a-t-il pas su faire découler! La raison aux prises avec le fanatisme devait succomber : et en effet elle succombe; mais voyez l'art merveilleux avec lequel M. Casimir Delavigne prépare et amène sa terrible catastrophe.

Paolo ignore que son frère est décidé à abjurer ; s'il a quitté l'Italie, c'est qu'il a craint pour Luigi la funeste influence de Thécla ; il arrive donc avec la ferme résolution d'empêcher un pareil crime ; il entend n'être séparé de son frère ni dans ce monde ni dans l'autre ; la vie éternelle de Luigi lui est mille fois plus chère que sa vie mortelle et périssable, et il sent que pour sauver la première il trouverait, au besoin, dans son amitié et dans son zèle, le courage de faire à Dieu, sans hésitation, le sacrifice de la seconde.

La sanglante résolution de Paolo est irrévocable : lui révéler le secret qu'il ignore, c'est le pousser au fratricide. Qui donc lui apprendra la vérité ? Ce ne sera évidemment ni Luigi, ni Marco : le poëte aurait-il voulu faire peser sur Thécla la responsabilité de cette funeste révélation ? Est-ce elle qui, dans l'orgueil de son triomphe, dira à Paolo : Ton frère abjure demain ? Oh ! que M. Delavigne est bien trop habile pour commettre une pareille faute : un mot imprudent, une demi-confidence, même involontaire, eût rendu Thécla odieuse, il n'a pas voulu qu'on puisse reprocher à une mère le meurtre de son enfant. C'est Elci, simple et innocente jeune fille, qui, en implorant l'indulgence de son oncle pour sa grand'mère, apprend à Paolo, sans songer même qu'elle le lui révèle, un secret dont elle le croyait instruit depuis longtemps.

Cette scène charmante, et qui se termine d'une manière si dramatique et si inattendue, produit une péripétie complète dans les sentiments de Paolo : le frère disparaît à nos yeux pour faire place à l'ardent religionnaire : une querelle s'engage alors entre lui et Thécla qui survient, querelle violente des deux parts, car les deux fanatismes se trouvent en présence, et leur haine s'exhale et déborde avec la plus incroyable violence. Luigi arrive, mais trop tard ; car il entend sa mère adresser à Paolo ces paroles terribles :

> Va donc, fuis, porte ailleurs ta piété farouche ;
> Rome te tend les bras ; fuis les miens, fuis ces lieux ;
> Mère, frère, pays, fuis tout : dans ses adieux
> Celle qu'un fils ingrat traite ici d'étrangère
> N'a plus de fils en lui, puisqu'il n'a plus de mère.

C'en est fait désormais de ce bonheur que le retour de Paolo avait fait espérer à Luigi, de cette douce union de famille qu'il avait rêvée : cependant il cherche à calmer Paolo. Une discussion engagée amicalement alors entre les deux frères dégénère bientôt en une dispute vive et passionnée ; car Paolo fait intervenir le nom de Luther, et Luigi, qu'une attaque dogmatique eût trouvé calme, ne peut se contenir en entendant outrager celui qu'il regarde comme un réformateur inspiré. Il y a dans cet incident, bien simple en apparence, une grande preuve de tact de la part du poëte : il est en effet de notre nature de nous irriter bien plus à propos des hommes qu'à propos des choses dont ils sont la vivante expression.

Luigi s'emporte au point de chasser son frère, et Thécla, en apprenant ce qui s'est passé, redevient mère, et s'écrie avec désespoir :

> Et vous ne l'avez pas,
> Quand il a dit : « Je pars, » retenu dans vos bras ?

La scène de la réconciliation, scène neuve au théâtre, est d'une simplicité et d'une beauté tout à fait antiques : nous ne connaissons aucune situation d'un intérêt plus vrai et plus touchant.

La nuit arrive, et la famille, heureuse du rapprochement qui s'est opéré, se sépare... Mais Paolo retient Luigi, il veut savoir la vérité tout entière : celui-ci hésite d'abord, puis il avoue enfin qu'il doit abjurer le lendemain. A ces mots, Paolo frémit ; car il entend une voix qui lui crie : Sauve ton frère ! Il essaie donc, mais en vain, de le détourner de sa funeste résolution ; il conjure, supplie et pleure ; Luigi reste inflexible, et s'éloigne en adressant à Paolo ces paroles chrétiennes :

> ... Tu sais tout : s'il est vrai que tu m'aimes,
> Après l'acte accompli nous resterons les mêmes :
> Si je te fais horreur, j'aimerai seul et Dieu
> Jugera qui de nous suit son précepte... Adieu.

Mais le démon du fanatisme l'emporte. Paolo, croyant obéir à l'ordre de Dieu, frappe Luigi endormi. Toute la famille accourt aux cris de la victime, et là, fidèles à leurs caractères, Thécla et Paolo, dont le crime n'est pas soupçonné, se disputent le mourant au profit de leur croyance. Avant d'expirer Luigi abjure, et Paolo, souillé d'un crime inutile, s'enfuit chargé de la malédiction de sa mère.

Rien de plus simple assurément que cette action ; il fallait que le poëte fût bien sûr de lui pour oser la transporter en ce temps-ci au théâtre ; mais quel sujet si ingrat et si stérile ne serait pas pour M. Casimir Delavigne un moyen assuré de succès ? Et ici, quelle richesse de détails, quelle ravissante poésie ! Dans *Une Famille au temps de Luther* se trouvent réunies toutes les qualités qui caractérisent le beau talent de M. Delavigne : une grande sagesse de conception, un sentiment exquis des convenances, une merveilleuse flexibilité de style, une raison toujours élevée, et pour tout dire enfin, un esprit si franc et si vrai, qu'il n'est autre chose que la raison parée et embellie.

Comment s'étonner qu'avec un talent si fécond en ressources, chacun de ses ouvrages soit pour l'auteur une nouvelle occasion de triomphe ?

LA POPULARITÉ

COMÉDIE EN CINQ ACTES,

REPRÉSENTÉE SUR LE THÉÂTRE-FRANÇAIS, LE 1ᵉʳ DÉCEMBRE 1838.

A MON FILS.

Cher espoir de deux cœurs, comme leur doux tourment,
    A toi cette œuvre au théâtre applaudie !
Ces vers qu'à peine, ami, tu liras couramment,
    Ta mère veut que je te les dédie.

Lorsqu'au lever du jour la blanche épine en pleurs
    Aux pommiers blancs refleurit enlacée,
Que la Saint-Adjutor, toute blanche de fleurs,
    Rit au vallon comme une fiancée [1] ;

J'y rêvais, à ces vers, sur l'herbe où nous tremblons
    Pour un faux pas fait par toi quand tu joues,
Où tu viens méchamment tendre tes cheveux blonds
    A nos baisers qui cherchaient tes deux joues.

Maintes fois ce long mot, la popularité,
    Mes yeux t'ont vu l'épeler dans l'histoire,
Et grâce au doigt charmant sur la ligne arrêté,
    Grâce à ta mère, en sortir avec gloire.

Triomphant je riais ; elle, riait aussi.
    Tu lisais, toi, ce mot sans le comprendre :
Jeux, bruits, folâtres soins t'en ôtent le souci,
    Et de longtemps tu ne le voudras prendre.

Mieux te plaît, n'est-ce pas, glisser à ton réveil
    Tes doigts furtifs sous les feuilles humides,
Où le fraisier des bois cache un fruit moins vermeil
    Que l'incarnat de tes lèvres avides !

Mieux te plaît, cher démon, quand des papillons bleus,
    Nacrés, dorés, l'essaim brillant t'appelle,

[1] Fête du hameau de la Madeleine, au mois d'avril.

Sur les roses de mai te jouer avec eux
    Dans les rayons où leur vol étincelle,

Mieux encor, sur tes pas trainer en souverain
    L'énorme chien, qui, la tête pendante,
Souffre, géant soumis, que ta petite main
    Insulte aux crocs de sa gueule béante.

Esclave aussi terrible et plus souvent flatté,
    Le peuple est doux aux maîtres qu'il tolère,
Et ce qu'on nomme, enfant, la popularité,
    C'est son amour qu'un rien change en colère;

Amour plus fugitif que n'est la goutte d'eau,
    Ta gloire, à toi, quand ton souffle en colore
Le globe qui, tremblant au bout du chalumeau,
    Te semble un monde, éclate et s'évapore.

Amour dont cependant tu dois peut-être un jour
    Poursuivre aussi la faveur passagère;
Et, ce jour-là venu, bien verras à ton tour
    Qu'il n'est trompeur, cet écrit de ton père.

A l'heure de l'épreuve, ô mon fils, puisses-tu,
    Le relisant d'une voix attendrie,
D'un saint tressaillement frémir pour la vertu,
    D'un pur amour au nom de la patrie!

Puisses-tu!... Mais va, cours : sur ton front soucieux
    Je vois passer une ride légère,
Et, las de ton repos, en ouvrant de grands yeux,
    Tu sembles dire : Est-ce fini, ma mère?

Cours, jette aux vents l'ennui; sois fier, en me quittant,
    De ressaisir ta jeune indépendance.
Ces vers écrits pour toi valent-ils un instant
    Que je vole, mon fils, à tes beaux jours d'enfance?

Jours printaniers, jours frais, les plus aimés des jours,
    Dont les vieillards en pleurant se souviennent;
Qu'à peine on a sentis, qu'on regrette toujours,
    Et qui, passés, jamais plus ne reviennent.

LA POPULARITÉ

PERSONNAGES.

Sir Gilbert LINDSEY.
Édouard LINDSEY, son fils.
Lord DERBY.
Le chevalier CAVERLY.
MORTINS.
GODWIN.
Thomas GOFF.
WILLIAM, domestique d'Édouard.
Un Domestique de lord Derby.
Un Domestique de sir Gilbert Lindsey.
Lady STRAFFORD, nièce de lord Derby.
Électeurs, Chefs d'ateliers, de métiers, Administrateurs des hospices, Domestiques.

ACTE PREMIER

(Un salon chez Édouard Lindsey : trois grandes fenêtres au fond, deux portes latérales.)

SCÈNE I.

Sir GILBERT LINDSEY, ÉDOUARD, CAVERLY, MORTINS.

(On les entend d'une salle à manger voisine.)

ÉDOUARD.

A la gloire civile !

MORTINS.

Au peuple !

CAVERLY.

Au ministère !
(*Éclat de rire général.*)

SIR GILBERT.

Au pays !

SCÈNE II.

Sir GILBERT LINDSEY, *entrant;* ÉDOUARD, *qui le suit.*

SIR GILBERT.

Dans son toast, chacun son caractère :
Caverly, qui veut l'ordre avant la liberté,
Prône le ministère et porte sa santé ;
Radical dans le cœur, ton jeune camarade,
Mortins, nomme le peuple en vidant sa rasade ;
Moi qui vis tout changer, ministres, peuple et roi,
Je suis pour ce qui tient, pour le pays ; et toi,
L'aigle de nos débats, toi de qui la parole
Domine au parlement, tu bois à ton idole,
A la gloire.

ÉDOUARD.

Je l'aime.

SIR GILBERT.

Eh ! comment t'en blâmer ?
L'éloge excite un cœur qui s'en laisse charmer ;
Mais crains l'opinion : c'est une enchanteresse.

ÉDOUARD.

Je veux, tout en l'aimant, gouverner ma maîtresse ;
Et, pour y parvenir, ne suis-je pas resté
Exempt d'ambition comme de vanité ?
Premier des adlermans, sans faire un pas peut-être
J'étais lord-maire ; eh bien ! j'ai dédaigné de l'être.

D'un domaine aujourd'hui Londres m'enrichissant,
A souscrit malgré moi ce don reconnaissant,
Et je viens à mon tour d'en doter ses hospices.
En vain l'opinion veut payer mes services;
Elle me devra tout : que lui devrai-je? rien,
Rien qu'un pouvoir plus grand pour accomplir le bien.
Mais je saurai fixer sa faveur infidèle,
Je la dominerai; car je prends pour modèle
Ce vertueux Névil, que la chambre a perdu,
Qui, ferme sur l'autel, n'en est pas descendu,
Qui d'un deuil unanime a couvert nos murailles,
Et dont un peuple entier suivra les funérailles.
Oui, je veux, comme lui, des partis respecté,
Garder jusqu'à la fin ma popularité;
Et si, tout chargé d'ans, comme lui je succombe,
En immortalité la changer sur ma tombe.

SIR GILBERT.

Sublime honneur, mais rare! Adieu, ton déjeuner
M'a fait quitter mes champs, et j'y vais retourner.
(*Montrant la salle à manger.*)
Rejoins-les.

ÉDOUARD.

De flacons la table est bien garnie,
Et mes vins, mieux que moi, leur tiendront compagnie.
Nous nous voyons à peine.

SIR GILBERT.

A qui la faute?

ÉDOUARD.

Hélas!

SIR GILBERT.

Que ne viens-tu, mon fils, causer sous mes lilas?

ÉDOUARD.

Le puis-je?

SIR GILBERT.

Quoi! j'habite à trois milles de Londre,
Et de m'y visiter tu ne peux plus répondre.

ÉDOUARD.
De nos droits qu'on attaque assidu défenseur,
Je combats d'Harrington le pouvoir oppresseur.
Ce ministre aujourd'hui ne veut-il pas suspendre
Notre *habeas corpus*...

SIR GILBERT.
Il s'en flatte.

ÉDOUARD.
Et nous prendre
Quinze ou vingt millions avec la liberté,
Si nous votons son bill par les lords adopté?

SIR GILBERT.
La question est grave; et toi qui la décides,
Dois-tu lui refuser une arme et des subsides?
Le Prétendant triomphe, il marche; ses progrès
Peuvent à bien des cœurs préparer des regrets.

ÉDOUARD.
Erreur!

SIR GILBERT.
Tu crois?

ÉDOUARD.
Mortins, l'honneur de notre presse,
D'Harrington sur ce point a démasqué l'adresse;
On veut nous effrayer de ce coup hasardeux,
Qui, loin de l'ébranler, raffermit George Deux.

SIR GILBERT.
Puisqu'il en est ainsi, grave orateur, j'espère
Que sir Gilbert Lindsey, votre honorable père,
A sa table, demain, vous aura, s'il vous plaît,
Dût quelque bill nouveau vous saisir au collet.

ÉDOUARD.
A vous, et de grand cœur! Demain point de séance;
Le cabinet tremblant prévoit sa déchéance,
Et, pour gagner un jour, il suspend nos débats.
Qu'il revienne à la charge, et je parle, j'abats,

ACTE I, SCÈNE II.

J'écrase de sa loi le dernier paragraphe;
Il succombe, on l'enterre, et, quant à l'épitaphe,
Nous la ferons : Ci-gît qui n'est pas regretté,
Et qui ne valait pas ce qu'il nous a coûté.

SIR GILBERT.

Lord Derby rit pourtant de la crise où nous sommes.

ÉDOUARD.

Mais sous cape, je crois, vu qu'il est de ces hommes
A mettre tout en feu pour rentrer dans leurs droits,
N'était la peur qu'ils ont de se brûler les doigts.

SIR GILBERT.

Son père, en chevalier, refusa sous Guillaume
Le serment qu'ont prêté les ordres du royaume.
Exclu des nobles bancs, il s'en vanta partout;
Puis moins, puis moins encore; et le fils pas du tout;
Car lorsqu'il était franc, je veux dire au collége,
Je le vis quelquefois pleurer son privilége.

ÉDOUARD.

Ce marquis plébéien, alderman comme moi,
Espère à la Cité donner bientôt la loi,
Et, convoitant l'honneur d'un pouvoir éphémère,
Vise au trône vacant par la mort du lord-maire.

SIR GILBERT.

Il dérogerait donc jusqu'à prêter serment?
Et tu le nommerais.

ÉDOUARD.

Non.

SIR GILBERT.

C'est sûr?

ÉDOUARD.

Non, vraiment;
Mais la Cité pour lui peut n'être point ingrate.
S'il pense en jacobite, il parle en démocrate :
Ou liberté sans borne, ou pouvoir absolu;
Il ne sort pas de là. Le peuple a prévalu;

Gloire au peuple! il est peuple; il défend l'industrie;
Au progrès, des deux mains, il pousse la patrie,
Et, sans se compromettre, il voudrait la pousser
Tant et si fort qu'enfin il pût tout renverser.

SIR GILBERT.

C'est son portrait vivant. J'augure, à ce langage,
Que l'honnête Nelbroun obtiendra ton suffrage.

ÉDOUARD.

Nelbroun pour le ministre a voté quelquefois.

SIR GILBERT.

Comme je fis jadis, pour ou contre, à mon choix,
En homme indépendant, qui voit même bassesse
A craindre le pouvoir qu'à redouter la presse.
Dans l'intérêt de tous, et jamais dans le mien,
Du bill qu'on proposait adversaire ou soutien,
J'écoutais les raisons sans penser aux personnes,
Et votais pour les lois quand je les trouvais bonnes.

ÉDOUARD.

Et c'était le devoir d'un loyal citoyen.

SIR GILBERT.

D'un digne Anglais, morbleu! qui veut, qui fait le bien,
Sans système exclusif : et tu feras de même;
Tu nommeras Nelbroun, non parce que je l'aime,
Mais parce que Nelbroun est loyal comme moi,
Et qu'il a mérité d'être nommé par toi.

ÉDOUARD.

Quel feu!

SIR GILBERT.

C'est qu'entre nous le vieux marquis m'alarme.

ÉDOUARD.

Lui?

SIR GILBERT.

Quelqu'un qui t'écrit.

ÉDOUARD.

Sa nièce?

ACTE I, SCÈNE II.

SIR GILBERT.

Sous le charme
N'es-tu pas retombé?

ÉDOUARD.

J'aime lady Strafford.

SIR GILBERT.

Ta Julia!

ÉDOUARD.

Je l'aime, et le temps rend plus fort
Un attrait qui pour moi commença dès l'enfance,
Et contre elle, à vingt ans, me trouva sans défense.
N'avez-vous pas vous-même approuvé cet amour?

SIR GILBERT.

Il ne fut pas heureux.

ÉDOUARD.

Il le fut jusqu'au jour
Où, rejoignant les Stuarts sur la terre étrangère,
Elle épousa l'ami, le sauveur de son père.

SIR GILBERT.

Tu trouvais bien des torts à cet objet chéri.

ÉDOUARD.

Torts qu'elle a réparés.

SIR GILBERT.

En perdant son mari.

ÉDOUARD.

Ne raillez pas, de grâce! et rendez-lui justice :
Elle fit au devoir un cruel sacrifice;
L'âge de lord Strafford le dit, le prouve assez,
Et vous n'en doutez pas, vous qui la connaissez.
Elle est libre...

SIR GILBERT.

Et déjà votre correspondance
Traversant le détroit a comblé la distance.

ÉDOUARD.

Mais ce plaisir amer, ce bonheur dévorant,

Qui nous fait regretter ce qu'en rêve il nous rend,
J'en suis, depuis un mois, privé par son silence.

SIR GILBERT.

Veux-tu de tes chagrins tromper la violence,
Viens me les confier; avec moi viens t'asseoir
Sur ces gazons si frais où, du matin au soir,
Plantant pour tes vieux jours, je vis en solitaire,
Après avoir payé ma dette à l'Angleterre.
Dans ce bien qu'en mourant ta mère t'a laissé,
Viens; nous parlerons d'elle et du bonheur passé.
D'y fêter entre nous le jour de ta naissance
Je m'étais, pour demain, promis la jouissance,
Je voulais l'avoir seul; mais, à mon grand regret,
Caverly par plaisir, Derby par intérêt,
M'ont volé cette joie en s'invitant eux-mêmes.
Que m'importe après tout! tu seras là, tu m'aimes;
Et j'y puis dire encor ce que j'ai dit cent fois :
Je l'en vis sortir pur, et pur je l'y revois.

ÉDOUARD.

Vous le pourrez toujours; en doutez-vous?

SIR GILBERT.

          Écoute :
La popularité, que pour toi je redoute,
Commence, en nous prenant sur ses ailes de feu,
Par nous donner beaucoup et nous demander peu.
Elle est amie ardente ou mortelle ennemie,
Et, comme elle a sa gloire, elle a son infamie.
Jeune, tu dois l'aimer : son charme décevant
Fait battre mon vieux cœur, il m'enivre; et souvent,
Au fond de la tribune où ta voix me remue,
Quand d'un même transport toute une chambre émue
Se lève, t'applaudit, te porte jusqu'aux cieux,
Je sens des pleurs divins me rouler dans les yeux.
Mais, si la volonté n'est égale au génie,
Cette faveur bientôt se tourne en tyrannie.
Tel qui croit la conduire est par elle entraîné :

Elle demande alors plus qu'elle n'a donné.
On fait pour lui complaire un premier sacrifice,
Un second, puis un autre ; et quand à son caprice
On a cédé fortune, et repos, et bonheur,
Elle vient fièrement vous demander l'honneur ;
Non pas cet honneur faux qu'elle-même dispense,
Mais l'estime de soi, qu'aucun bien ne compense.
Ou l'honnête homme alors, ou le dieu doit tomber :
Vaincre dans cette lutte est encor succomber.
On résiste, elle ordonne ; on fléchit, elle opprime
Et traîne le vaincu des fautes jusqu'au crime.
De son ordre, au contraire, avez-vous fait mépris :
Cachez-vous, apostat, ou voyez à ses cris
Se dresser de fureur ceux qu'elle tient en laisse
Pour flatter qui lui cède et mordre qui la blesse :
Des vertus qu'ils n'ont plus ces détracteurs si bas,
Ces insulteurs gagés des talents qu'ils n'ont pas.
Elle excite leur meute, et les pousse, et se venge
En vous jetant au front leur colère et leur fange.
Voilà ce qu'elle fut, ce qu'elle est de nos jours,
Ce qu'en un pays libre on la verra toujours ;
Et s'il faut être enfin ou paraître coupable,
Laissant là l'honneur faux pour l'honneur véritable,
Souviens-toi qu'il vaut mieux tomber en citoyen
Sous le mépris de tous, que mériter le tien.

ÉDOUARD.
Ayez foi dans ce cœur où votre sang bouillonne.
Je ferai mon devoir, quoi que l'honneur m'ordonne.

SCÈNE III.

LES PRÉCÉDENTS, LE CHEVALIER CAVERLY, MORTINS,
tous deux un peu animés par le vin.

MORTINS, *qui s'arrête en entrant.*
Chevalier Caverly, de la sincérité !

CAVERLY, *de même.*
Disons, monsieur Mortins, toute la vérité.
MORTINS.
Vous, sur moi.
CAVERLY.
Sur moi, vous.
SIR GILBERT, *à Édouard*
Ton vin de France opère.
CAVERLY.
Et devant Édouard.
MORTINS.
Soit.
SIR GILBERT.
Je pars.
ÉDOUARD.
Non, mon père.
CAVERLY, *à sir Gilbert.*
Restez donc!
MORTINS.
Un moment, sir Gilbert, pour savoir
Si nous nous jugeons bien.
ÉDOUARD.
C'est folie.
CAVERLY.
Et pour voir
Si les partis sont francs quand ils sortent de table.
SIR GILBERT, *en riant.*
Soyons donc président de ce club respectable.
MORTINS.
Parlez, je ne crains rien.
CAVERLY.
Dites, j'entendrai tout :
Les auditeurs assis;
(*Montrant Mortins.*)
et l'orateur debout.

ACTE I, SCÈNE III.

MORTINS.

Caverly n'admet pas l'amour de la patrie :
Le professer, mensonge ; y croire, duperie ;
A toute illusion il a fait ses adieux,
Et la liberté même est un rêve à ses yeux.

CAVERLY, *qui se lève.*

Dites un cauchemar !

MORTINS.

    Quand l'or partout circule,
N'en point avoir sa part lui semble un ridicule.
Il est propriétaire ; aussi n'a-t-il voté
Qu'avec un saint amour de la propriété.
Mieux vaut qu'en politique on soit irréprochable ;
Mais, pour être excusé, trouvant tout excusable,
Contre les torts passés jamais il ne tonna :
Une tache !... Eh ! bon Dieu ! le soleil même en a.
Changer pour être mieux est un travers qu'il fronde :
Les révolutions désheurent tout le monde.
Qu'on soit bien, qu'on soit mal, il ne s'en trouble pas,
Si ses chers gouvernants roulent du même pas ;
Et rendrait volontiers leur voiture si douce
Qu'elle pût, sous leur poids, nous broyer sans secousse ;
Mais en sont-ils dehors, il plaint ces imprudents,
Et sourit aux heureux qui vont monter dedans :
Du reste, homme obligeant, célibataire aimable,
Qui vit bien, qui fait bien les honneurs de sa table,
Et plus souvent encor de la table d'autrui ;
Car il manque partout quand il dîne chez lui.

CAVERLY.

Eh bien ! ce portrait-là n'est pas sans ressemblance.

SIR GILBERT.

Vraiment !

ÉDOUARD.

Il en convient.

MORTINS, *à Caverly, en s'asseyant.*

    A votre tour !

CAVERLY, *qui se lève.*

Silence !
Mortins a le cœur pur, l'esprit vif, le sens droit...

MORTINS.

C'est le bien pour le mal.

CAVERLY.

Ce qu'il dit, il le croit ;
Mais, quand pour le progrès son démon le transporte,
L'imagination sur son bon sens l'emporte.
Comme il n'a pas failli, vu qu'il n'a pas vécu,
De ne faillir jamais il est très-convaincu.
Aussi pour l'âge mûr sa jeunesse est hautaine,
Et ceux qui, par malheur, passent la quarantaine,
Au néant, selon lui, trop heureux de rentrer,
N'ont plus par point d'honneur qu'à se faire enterrer.

MORTINS, *en riant.*

Penser cela de vous, ah, fi ! j'en aurais honte.

CAVERLY.

Et vous le penseriez que je n'en tiendrais compte.
Je porte fort gaîment mes cinquante ans passés,
Et prendrai le surplus sans jamais dire : Assez !
Je poursuis...

ÉDOUARD.

Non.

CAVERLY.

Mortins à parler m'autorise,
Et, si je suis trop long, pensez que j'improvise.
Selon lui, je possède et j'ai peur ; j'en convien ;
Pour qu'il ait peur aussi, que lui faut-il ? mon bien.
En révolution il s'est fait sa limite ;
Mais qui court dans ce sens bientôt se précipite.
Le meilleur va plus loin qu'il ne croyait aller,
Et peut-être Mortins verrait, sans se troubler,
Tout le corps social, battu par la tempête,
Rouler la tête en bas... s'il lui laissait la tête.
Chacun, ayant la sienne et voulant la garder,

Tient qu'avant de détruire il y faut regarder,
Et se souvient encor, prudemment monarchique,
Qu'on vit le peuple anglais en pleine république,
Retombant sous le joug de toute sa hauteur,
Changer un doux tyran pour un dur protecteur.
MORTINS, *qui se lève.*
Et je réponds...
ÉDOUARD, *vivement.*
La chambre est assez éclairée.
SIR GILBERT.
L'ordre du jour !
CAVERLY.
Eh bien ! parlons de la soirée
(*En montrant Édouard.*)
Offerte à notre ami.
ÉDOUARD.
Comment ?
CAVERLY.
Dans ce banquet,
Où de nos opposants pas un seul ne manquait,
A-t-il dit certains mots que certain journal cite ?
ÉDOUARD.
Le journal de Godwin ? Non.
SIR GILBERT.
Je t'en félicite.
MORTINS.
Pourquoi ?
CAVERLY.
Voyez :
(*Citant de mémoire.*)
... « L'excès de l'oppression nous affranchit désormais
de l'obéissance...
... « Le peuple a crié trop longtemps, qu'il agisse. »
SIR GILBERT.
Cela me paraît imprudent.

CAVERLY.

Surtout lorsqu'on s'agite au nom du Prétendant.

MORTINS.

Toujours le Prétendant! Eh! que peut pour sa cause,
Avec quelques Français, cette lady Montrose,
Qui, courant les châteaux et les clans montagnards,
Se perd comme une fée au milieu des brouillards?

CAVERLY.

Que la noble lady soit ou sorcière ou fée,
La flamme qu'elle attise est loin d'être étouffée.
Mais revenons au fait : Godwin a mal cité.

SIR GILBERT.

J'en suis ravi.

ÉDOUARD.

Godwin, dire la vérité?
Le peut-il? Au trésor employé sous Walpole,
Des diffamations il eut le monopole;
Et pour quelques méfaits justement supprimé,
Tranchant de l'homme libre, il s'est dit opprimé.
Il flagorne aujourd'hui ceux qu'il couvrait de boue,
Salit de son encens la liberté qu'il loue;
Le tout, pour un parti qui se travaille en vain
A prêcher l'anarchie au nom du droit divin.

CAVERLY.

Le démentirez-vous?

ÉDOUARD, *montrant un papier sur une table.*

Certe, et voici ma lettre :
Dans ta feuille aujourd'hui, Mortins, tu vas la mettre.

MORTINS.

A quoi bon t'excuser? le public te connaît.

CAVERLY.

On ne peut trop, monsieur, paraître ce qu'on est.
L'avis de sir Gilbert?

SIR GILBERT.

Mon fils le sait d'avance;

Je suis pour la droiture en toute circonstance.
  Bas à Caverly.)
Demain...

CAVERLY.

Comptez sur moi.

SIR GILBERT.

Je vous laisse.
(*A Édouard, qu'il prend à part, en s'en allant.*)
A propos,
Monsieur l'homme d'État qui me grevez d'impôts,
J'ai tant payé pour vous que je suis sans ressource;
Comme celle du peuple il faut traiter ma bourse.
  (*L'arrêtant.*)
Reste.

ÉDOUARD.

Je vous conduis.

SCÈNE IV.

CAVERLY, MORTINS.

CAVERLY.

Pour moi, je veux savoir
Quel avis, ce matin, vous donnez au pouvoir.
Un article de vous vaut bien qu'on se recueille,
Et je vais là dedans lire en paix votre feuille.

MORTINS.

Quel honneur!

CAVERLY.

Je le fais très-régulièrement.

MORTINS.

Pour votre instruction?

CAVERLY.

Pour ma santé.

MORTINS.

Comment?

CAVERLY.

Le docteur Walsingham m'en prescrit la lecture :
J'y suis parfois en butte à plus d'une piqûre,
Et, comme le café, qui rend le sang plus vif,
C'est après mon repas un très-bon digestif.

SCÈNE V.

MORTINS, *seul.*

Exerce à nos dépens ta froide raillerie;
D'autres cœurs que le tien battent pour la patrie :
Son jour vient!... Mais, là-bas, quand tout sert nos projets,
A l'insu d'Édouard, quand nos amis sont prêts,
Et vont remplir ici l'espoir qui me tourmente,
Souffrir que par sa lettre Édouard se démente,
C'est de son nom pour eux ternir la pureté,
C'est salir leur drapeau.

SCÈNE VI.

MORTINS, ÉDOUARD.

ÉDOUARD.
  Caverly t'a quitté?
MORTINS.
Pourquoi donc m'inviter avec ce personnage?
ÉDOUARD.
Je voulais rire un peu.
MORTINS.
  Doit-on rire à ton âge?
ÉDOUARD.
A trente ans!
MORTINS.
  A vingt-cinq, moi, je sens qu'on est vieux :
Nos successeurs déjà nous poussent devant eux;

C'est en courant qu'on vit dans le siècle où nous sommes,
Et les événements y dévorent les hommes.
Tu parles ce soir?

ÉDOUARD.

Oui.

MORTINS.

Dans deux jours, au convoi,
Tu parleras sans doute?

ÉDOUARD.

Encor moi!

MORTINS.

Toujours toi.
C'est à toi qu'appartient l'opinion publique :
Qui l'occupe te vole.

ÉDOUARD.

Ardente politique !
Jour et nuit, mes instants sont par elle envahis.

MORTINS.

Eh bien ! meurs à la peine et sauve ton pays.
Chaque jour il t'honore, il t'enrichit... J'y pense :
Cette terre, Édouard, ta juste récompense,
Elle est à toi; pourtant...

ÉDOUARD.

Achève.

MORTINS.

Selon moi,
On s'est un peu pressé de te l'offrir.

ÉDOUARD.

Pourquoi?

MORTINS.

Les affaires d'argent ne sont pas terminées.

ÉDOUARD.

Qu'est-ce à dire !

MORTINS.

Il s'en faut de sept mille guinées.

ÉDOUARD.

Me voilà ridicule.

MORTINS.

Eh! non.

ÉDOUARD.

Je le devien.

MORTINS.

On trouvera les fonds.

ÉDOUARD.

Qui donc?

MORTINS.

Toi.

ÉDOUARD.

De mon bien
Tu veux qu'en mon honneur aujourd'hui je souscrive?

MORTINS,

Pourquoi donc pas? la terre est belle, productive,
Et te rendra, mon cher, dix fois tes capitaux.

ÉDOUARD.

Mais je l'ai, cette terre, offerte aux hôpitaux.

MORTINS, *se jetant dans ses bras.*

C'est noble.

ÉDOUARD.

Désastreux.

MORTINS.

Que je t'embrasse encore!

ÉDOUARD.

Votre don m'appauvrit.

MORTINS.

Pauvreté qui t'honore!

ÉDOUARD.

Va m'endetter.

MORTINS.

Je veux t'embrasser de nouveau.

Beau trait!

ACTE I, SCÈNE VI.

ÉDOUARD.
Qui me ruine.
MORTINS.
Il n'en est que plus beau.
Voilà de ces vertus qu'on admirait dans Rome.
ÉDOUARD.
Laisse là les Romains et prête-moi la somme.
MORTINS.
Que ne l'ai-je, Édouard ! je te la donnerais,
Tu le sais ; mais ma plume a beau se mettre en frais,
L'enthousiasme est grand et l'argent toujours rare.
Thomas Goff, le brasseur, est du sien moins avare :
Que ne ferait-il pas pour toi, son député,
Toi son élu, sa gloire et sa propriété ?
Toujours prêt à boxer qui veut te contredire,
Il a l'air d'avoir dit ce que tu viens de dire.
Il prêtera l'argent.
ÉDOUARD, *avec dépit.*
Fais ce que tu voudras,
Et que tout soit fini lorsque tu reviendras.
MORTINS.
J'y cours.
ÉDOUARD, *le rappelant.*
Eh bien ! ma lettre ?
MORTINS.
A dessein je l'oublie.
ÉDOUARD.
Pour mon honneur, Mortins, je veux qu'on la publie.
MORTINS.
Et c'est pour ton honneur que je ne le veux pas :
Il a peur, dira-t-on, et revient sur ses pas.
ÉDOUARD.
On ne pourra le croire.
MORTINS.
On le rendra croyable.

ÉDOUARD.

Misérable Godwin!

MORTINS.

Soit, mais ce misérable
A des armes, dit-il, contre ton père et toi.

ÉDOUARD, *mettant la lettre dans la main de Mortins.*

Raison de plus : moi, craindre un ennemi sans foi!

MORTINS.

C'est vrai.

ÉDOUARD.

Sans nom.

MORTINS.

D'accord.

ÉDOUARD.

Sans talent.

MORTINS.

Qui le nie?
Mais pour calomnier faut-il donc du génie?

ÉDOUARD.

Tiens, la presse, Mortins, est le plus beau des droits
Qu'on puisse en honnête homme exercer sous les lois;
Des franchises de tous protectrice vivante,
Du faible elle est l'espoir, du puissant l'épouvante.
Honneur à l'écrivain qui dit la vérité
Au pouvoir menaçant comme au peuple irrité,
Les juge en souverain, sans faveur et sans crainte!
Car sa magistrature est périlleuse et sainte.
Mais je ne connais pas de moyen plus fatal
Que l'abus d'un tel bien pour consommer le mal;
Et je méprise moins le voleur dont l'adresse,
Dans l'ombre se cachant, à ma bourse s'adresse,
Il est moins vil pour moi que l'obscur intrigant,
Qui, fort d'un droit sacré dont il use en brigand,
Se cache aux yeux des lois dans son ignominie,
Pour me voler l'honneur par une calomnie.

MORTINS.
Pourquoi donc t'abaisser, mon cher, en démentant
Un de ces êtres vils que tu méprises tant?
Descendre à son niveau! le dois-tu? Non; diffère.
Raisonne avant d'agir : qui vas-tu satisfaire?
Ces froids approbateurs, muets dans nos débats,
Qui, même en admirant, ne parlent que tout bas!
Et tu blesses, qui? ceux dont la voix incisive
Mord sur l'opinion, la tue ou la ravive.
Les mots qu'on t'a prêtés ne t'ont pas compromis,
Et, sans t'en ôter un, te font beaucoup d'amis.
Si quelqu'un devant toi condamne ce langage,
Dis qu'il n'est pas le tien.

ÉDOUARD, *vivement*.
Je le ferai.

MORTINS.
C'est sage;
Mais laisse en paix les gens à qui le discours plaît.
Moi qui l'ai, dans ma feuille, approuvé tel qu'il est,
Puis-je me réfuter pour prendre ta défense?
Non; ce qu'on t'a fait dire, Édouard, je le pense.

ÉDOUARD.
C'est un tort.

MORTINS.
A tes yeux; aux miens, et j'y vois clair,
Se démentir...

ÉDOUARD.
Mortins!

MORTINS.
Ou même en avoir l'air,
C'est là le tort réel, le tort irréparable;
Car l'homme qu'on croit faible, on le juge incapable.

ÉDOUARD.
Mais Godwin saura-t-il jusqu'où va mon mépris?

MORTINS.
Par moi.

ÉDOUARD.

Pour sa personne ainsi que ses écrits?

MORTINS.

Sans doute.

ÉDOUARD.

Saura-t-il que je tiens pour outrage
Tout éloge de lui?

MORTINS.

Voilà du vrai courage!

ÉDOUARD.

Et tu le lui diras?

MORTINS.

Oui, je le lui dirai;
Mais quant au désaveu?...

ÉDOUARD.

Différé.

MORTINS, *qui met la lettre en pièces.*

Déchiré.

ÉDOUARD.

Au fait, c'était descendre.

MORTINS.

Adieu donc, je te quitte:
Le bruit de ce carrosse annonce une visite.

ÉDOUARD, *qui s'est approché de la fenêtre.*

C'est lord Derby.

MORTINS.

Qui vient te demander ta voix.
Sais-tu qu'en le nommant tu ferais un bon choix?

ÉDOUARD.

Vos deux opinions sont loin d'être les mêmes.

MORTINS.

Pas si loin que tu crois.

ÉDOUARD.

Ah! j'entends: les extrêmes...

MORTINS.

Se touchent, tu dis vrai. Vers moi qu'il fasse un pas,
J'en ferai deux vers lui : ne le rebute pas.

ÉDOUARD.

Je vote pour Nelbroun.

MORTINS.

Quoi! pour notre adversaire!

WILLIAM, *annonçant*.

Lord Derby.

SCÈNE VII.

LES PRÉCÉDENTS, LORD DERBY.

LORD DERBY, *à Edouard*.

Recevez mon compliment sincère;
Le discours qu'au banquet vous avez prononcé
Sur un terrain nouveau vous a vraiment placé :
C'est un pas...

ÉDOUARD.

Vantez moins quelques phrases d'usage.

LORD DERBY.

Un acte...

ÉDOUARD.

Moins que rien.

LORD DERBY.

Surtout ce beau passage.

ÉDOUARD.

Lequel ?

LORD DERBY.

Celui...

MORTINS, *en saluant*.

Milord est un juge excellent.

LORD DERBY, *de même*.

Monsieur Mortins, je crois?... deux rivaux de talent,

Qui de l'opinion se partagent l'empire!
L'un parle, l'autre écrit, et l'Angleterre admire.
    (*A Mortins.*)
Suivez donc votre ami parfois dans mon salon.
                    MORTINS.
Je l'y suivrai, milord.
            LORD DERBY.
                    Seriez-vous assez bon
Pour y venir ce soir?
            MORTINS.
                    Dès ce soir.
    LORD DERBY.
                    Et peut-être
Vous devancerez l'heure où la foule y doit être?
        MORTINS, *qui s'incline pour sortir.*
Je saurai mériter l'honneur que je reçoi.
        LORD DERBY, *qui s'incline plus bas.*
Vous vous moquez, monsieur, tout l'honneur est pour moi.

SCÈNE VIII.

ÉDOUARD, LORD DERBY

    LORD DERBY.
Par le vol qu'elle a pris la jeunesse m'étonne;
Et sa gloire, c'est vous.
            ÉDOUARD.
                    Parlons d'une personne
Qui m'occupait, milord, bien plus que mes succès.
Vous avez deviné celle à qui je pensais.
Quand la reverrons-nous? bientôt? vous l'écrit-elle?
        LORD DERBY.
Toujours, cher Édouard, aussi tendre que belle,
Parlant toujours de vous, mais ne me disant rien

De ce prochain retour, votre espoir et le mien!
Vous savez de quel œil je vois cette alliance?
ÉDOUARD.
Quels droits n'avez-vous pas à ma reconnaissance!
LORD DERBY.
Tout, près d'un bien si cher, m'est presque indifférent.
Cependant en ami, je puis dire en parent,
Je viens vous rappeler qu'on me veut pour lord-maire.
On me veut, c'est le mot, dois-je me laisser faire?
Certe il n'est point de voix dont je fasse mépris;
Une seule à mes yeux est pourtant d'un grand prix,
La vôtre! cher neveu, tirez-moi de mes doutes;
Je consens, pour l'avoir, à les accepter toutes.

ÉDOUARD.
Puis-je savoir, avant de débattre ce point,
Si le serment, milord, ne vous arrête point?

LORD DERBY, *plus froidement.*
Sur le serment, monsieur, chacun a sa doctrine;
La conscience alors est ce qui détermine.
En refusant le sien, mon père agit, je crois,
Moins en homme d'État qu'en martyr de ses rois;
Car, bien qu'un tel refus soit un acte héroïque,
Il vous rend inutile à la chose publique.
Or, tous les citoyens lui devant leur concours,
Puis-je la priver, moi, de mes faibles secours?
Pour le gouvernement j'ai peu de sympathie;
Mais il existe enfin : loin de prendre à partie
Un fait qu'il faut subir, je tiens qu'un homme droit
Peut accepter le fait sans admettre le droit.
Tranquille sur le but que mon cœur se propose,
Une formalité me semble peu de chose,
Et, la fin, dans ce cas, excusant le moyen,
Je redeviens sujet pour être citoyen :
Le tout avec réserve! Un serment politique,
Qu'est-ce? un pacte obligé, que... certain cas critique

Peut jusqu'à... certain point rompre... en certain moment,
Et qui n'engage pas comme un autre serment.
ÉDOUARD.
Milord me permettra de penser le contraire :
Ce qui touche à l'honneur ne peut être arbitraire,
Et, dût-il nous coûter, s'il est fait librement,
Un serment politique est toujours un serment.
Le prononce qui veut, et qui veut le refuse ;
Partant qui le trahit me paraît sans excuse.
C'est tuer les devoirs que les interpréter ;
Leur ascendant moral ne saurait exister
Avec ces faux-fuyants, avec ces différences
Qui feraient qu'un même homme aurait deux consciences,
Et que l'homme public agirait sans rougir
Comme l'homme privé serait honteux d'agir.
Il n'est point d'acte alors qui restât condamnable,
Point d'attentat hideux, de crime abominable,
Qu'en le sanctifiant l'intérêt n'ordonnât,
Et tout serait vertu jusqu'à l'assassinat.
Laissons donc aux devoirs leur rigueur despotique :
Ni liberté, ni lois, sans probité publique !
Quand l'élu du pays ne s'est point parjuré,
Il doit dormir en paix sur ce que j'ai juré ;
C'est par respect pour moi que j'y reste fidèle :
Et je ne comprends pas qu'une foi solennelle,
Échangée avec lui devant Dieu, devant tous,
Soit un contrat moins fort, un nœud moins saint pour nous,
Que la foi qu'un joueur engage à qui le vole
Dans un tripot de Londre en perdant sur parole.
LORD DERBY.
J'aime à vous voir, Lindsey, le prendre sur ce ton ;
C'est de la loyauté ! mais, je crois...
ÉDOUARD, *à William qui entre.*
Que veut-on ?
WILLIAM.
Monsieur m'excusera : cette lettre est pressée.

ÉDOUARD.

Sortez.

LORD DERBY.

Que vous avez mal compris ma pensée...

ÉDOUARD, *jetant les yeux sur la lettre.*

O ciel !

LORD DERBY.

Et si...

ÉDOUARD, *à part.*

C'est d'elle.

LORD DERBY.

Et si vous m'écoutez...

Mais lisez donc, lisez.

ÉDOUARD.

Vous me le permettez ?

LORD DERBY.

Je l'exige au besoin.

ÉDOUARD, *ouvrant la lettre.*

Que vois-je !

(*Lisant.*)

« J'arrive à Londres. Je passerai une heure chez
« ma vieille tante lady Martha. Je voudrais que ma
« première entrevue avec Édouard n'eût qu'elle seule
« pour témoin. Il a le choix de me revoir chez elle
« dans l'intimité, mais à l'instant même, ou ce soir,
« chez lord Derby, avec tout le monde. Qu'il vienne
« donc, si ses graves affaires le lui permettent, et
« s'il a encore quelque chose à dire à son amie
« d'enfance,

« JULIA. »

(*A part.*)
Elle est ici !

Milord me le cachait ou l'ignorait aussi.

LORD DERBY.

Ce billet vous émeut ?

ÉDOUARD.
J'en conviens.
LORD DERBY.
Une affaire
Vous réclame ?
ÉDOUARD.
Il est vrai.
LORD DERBY.
Hâtez-vous de la faire :
Le pays avant tout.
ÉDOUARD.
Je vous reconnais là.
LORD DERBY, *le retenant.*
Or, ma position, en deux mots, la voilà.
Si j'obtiens votre voix...
ÉDOUARD.
Observez, je vous prie,
Que...
LORD DERBY.
Vous devez d'abord songer à la patrie.
Allez !
ÉDOUARD.
Je suis confus.
LORD DERBY.
Ne vous gênez en rien :
Que l'intérêt public l'emporte sur le mien,
C'est trop juste.
ÉDOUARD, *appelant.*
William !
LORD DERBY, *le retenant de nouveau.*
Ainsi donc pour conclure,
Sûr d'avoir votre voix...
ÉDOUARD.
(*A lord Derby.*) (*A William.*)
Pardonnez.   Ma voiture!

LORD DERBY.

Eh non ! la mienne est là : je vous mène avec moi.

ÉDOUARD.

Impossible !

LORD DERBY.

D'où vient ?

ÉDOUARD.

J'abuserais...

LORD DERBY.

En quoi ?
Libre, je peux, Lindsey, vous mettre où bon vous semble,
Et d'intérêts publics nous causerons ensemble.

ÉDOUARD.

Non, je ne puis...

LORD DERBY.

Venez !

SCÈNE IX.

LES PRÉCÉDENTS, MORTINS.

MORTINS, *à Edouard.*

J'accours pour t'avertir...

(*Saluant lord Derby.*)
Milord !

(*A Edouard.*)

Que de ta rue on ne peut plus sortir.
Le peuple encombre tout. Ta conduite honorable
Excite les transports d'une foule innombrable.
Jamais discours de toi n'eut un succès pareil :
La Cité vient en masse avec tout l'appareil
D'un jour d'élection, l'éclat d'un jour de fête ;
Rayonnant de fierté, Thomas Goff marche en tête,
Car de te haranguer il se fait un bonheur.
Et ce sont des hourras poussés en ton honneur,

C'est un chorus d'ivresse, un tumulte, un délire,
C'est un enthousiasme impossible à décrire.

ÉDOUARD.

Reçois-les.

MORTINS.

A ta place ! ils s'en offenseront.
As-tu donc résolu de leur faire un affront ?

ÉDOUARD.

Milord, qui m'excusait, sait qu'il faut que je sorte.

LORD DERBY.

C'est vrai.

MORTINS.

Je les entends, ils sont presque à ta porte;
Tu ne le peux.

ÉDOUARD.

Si fait !

LORD DERBY.

Je l'emmène.

ÉDOUARD.

Non pas !

MORTINS.

Comme je pense à tout, j'ai donné l'ordre en bas
A tes gens rassemblés de se mettre en campagne,
Pour préparer le rhum, le rack et le champagne.

ÉDOUARD.

Je te dis....

SCÈNE X.

LES PRÉCÉDENTS, CAVERLY.

CAVERLY, *qui entre en se frottant les yeux, et le journal de Mortins à la main.*

Quel vacarme autour de la maison !
(*A Mortins, en lui montrant son journal.*)
Tenez; j'étais tout près de vous donner raison.

MORTINS.

Vous !

CAVERLY.

En rêve.

MORTINS.

Ah ! j'entends.

CAVERLY.

Et voilà qu'on m'éveille :
Vous parliez de champagne et j'ai prêté l'oreille.
Qu'est-ce ?... une ovation !

ÉDOUARD.

Je pars et je reviens.

CAVERLY, *l'arrêtant par le bras.*

Arrêtez ! vos amis sont loin d'être les miens :
Je ne peux pas, sans vous, recevoir leur visite.
Respect au droit des gens qu'à sa table on invite !
Chez vous je suis venu sur la foi des traités,
Et me cramponne à vous, mon cher, si vous sortez.

ÉDOUARD.

Mais c'est un fait exprès.

LORD DERBY.

Les voici.

SCÈNE XI.

LES PRÉCÉDENTS, THOMAS GOFF, ADMINISTRATEURS
DES HOSPICES, CHEFS DE MÉTIERS, D'ATELIERS, ETC.

THOMAS GOFF, *à Edouard.*

Par saint George !
Si l'attendrissement ne me prend à la gorge,
Je vous en dirai long : c'est un trait, voyez-vous...
Un trait, mon député !... quoi ! nous en pleurions tous.
Dieu sait si nous avons épargné les rasades !
Laissons cela : le fait, c'est qu'au nom des malades

Et ne parlait-on pas de vous les apporter?
Mais quelqu'un d'eux en route aurait pu déserter...
Le fait est que je viens, en leur nom comme au nôtre,
Non pas chez l'orateur... et pourtant plus qu'un autre,
Je crie : Honneur et gloire aux défenseurs des lois !
Car nos élus sont là pour protéger les droits,
Tous les droits, hormis ceux dont l'abus nous opprime;
Ainsi sur les boissons il faut qu'on les supprime...
Mais ce n'est pas la chose : au nom de la Cité,
Le fait est que je viens... je viens, mon député,
Pour vous dire en son nom que je... que nous... en somme,
Que... ma foi ! touchez là, vous êtes un brave homme.

ÉDOUARD.

De grand cœur, mon cher Goff !

THOMAS GOFF.

M'en suis-je bien tiré?

ÉDOUARD.

Au mieux.

THOMAS GOFF.

Et je n'avais pourtant rien préparé.

CAVERLY.

Quoi? rien?

THOMAS GOFF.

Foi d'orateur!

MORTINS.

Vous parlez à merveille.

THOMAS GOFF.

Eh! pas trop mal, mon brave. En rencontre pareille,
Un autre eût écrit; moi, j'improvise toujours :
(*Montrant Édouard.*)
Aussi, c'est qu'on se forme en lisant ses discours.

ÉDOUARD, *à la députation.*

Mes excellents amis !

THOMAS GOFF.

Je suis, et je m'en pique,
Son père, entendez-vous? son père politique :

Je suis son électeur, s'il est mon député,
Et s'il parle pour moi, pour lui, moi, j'ai voté.
  ÉDOUARD, *à Thomas Goff, en faisant un pas*
    pour sortir.
Vous m'excusez : un soin d'une grave importance...
  THOMAS GOFF, *qui le retient.*
Point d'affaires !
   (*A lord Derby.*)
    Bonjour, milord, et bonne chance !
  LORD DERBY, *qui s'incline.*
Monsieur Goff !
   THOMAS GOFF.
   Comme lui, touchez-moi dans la main.
Le peuple vous estime, et vous verrez demain
Qu'en fait d'élection je suis un honnête homme ;
Mais si mon député permet que je vous nomme.
  ÉDOUARD, *à part, avec impatience.*
L'heure passe.
  (*Plusieurs domestiques, portant des plateaux,*
   parcourent les groupes.
  MORTINS, *à Thomas Goff.*
   Le punch est-il de votre goût ?
   THOMAS GOFF.
Certes, quand il est bon.
  MORTINS, *aux domestiques.*
    Qu'il circule partout ;
Offrez !...
   THOMAS GOFF.
  La bière aussi, nous la boirons sans honte.
   CAVERLY.
Et monsieur le brasseur y trouvera son compte.
   THOMAS GOFF.
Vous nous raillez, je crois, monsieur du parlement ?
Car je vous connais bien.
   CAVERLY.
   Merci du compliment !

THOMAS GOFF.
En est-ce un par hasard?
ÉDOUARD, *à Thomas Goff.*
Songez qu'il est mon hôte!
THOMAS GOFF.
Je ne m'attendais pas à vous voir côte à côte.
MORTINS.
Et que tout opprimé, quel que soit l'oppresseur,
Quand je suis quelque part y compte un défenseur.
THOMAS GOFF.
Là! ne nous fâchons point; mais que le ministère
Boive au premier des lords de toute l'Angleterre!
LORD DERBY, *saluant.*
Vous me comblez!
THOMAS GOFF.
Pardieu, ce n'est pas vous, milord.
MORTINS.
Qui donc?
THOMAS GOFF.
Le peuple.
MORTINS.
Au fait!...
CAVERLY.
C'est du moins le plus fort.
THOMAS GOFF.
A lui vous allez boire, ou le ciel me confonde!
CAVERLY.
Mon très-cher monsieur Goff, je bois à tout le monde.
THOMAS GOFF, *ainsi que tous ceux qui sont présents.*
A la santé du peuple!
CAVERLY.
A sa santé!
MORTINS, *à Caverly, en riant.*
Bravo!

ACTE I, SCÈNE XI.

CAVERLY, *à Mortins.*

C'est urgent, car il a le transport au cerveau.

THOMAS GOFF, *entraînant Edouard vers la fenêtre.*

Parlez-leur !

(*Au peuple qui pousse des hourras à la vue d'Edouard, et l'interrompt par ses cris toutes les fois qu'il veut parler.*)

Taisez-vous !

ÉDOUARD, *à la fenêtre.*

Mes chers amis...

THOMAS GOFF, *furieux.*

Les diables !

ÉDOUARD.

Je suis...

THOMAS GOFF.

Vit-on jamais des enragés semblables ?

ÉDOUARD.

Je suis touché.

THOMAS GOFF.

Sur eux j'ai perdu mon crédit ;

(*A Mortins.*)

Mais vous imprimerez tout ce qu'il aurait dit.

ÉDOUARD, *à Thomas Goff.*

Il y faut renoncer.

(*On jette par les fenêtres des couronnes et des branches de laurier.*)

THOMAS GOFF.

Couronne sur couronne !

Encor ! toujours !

ÉDOUARD, *à Thomas Goff.*

Pardon, si je vous abandonne ;

Ma voiture m'attend.

THOMAS GOFF, *vivement.*

Avec vous nous irons.

ÉDOUARD.

Mais...

THOMAS GOFF.

Nous vous conduirons.

ÉDOUARD.

J'ai...

THOMAS GOFF.

Nous vous traînerons.

ÉDOUARD.

Promis...

THOMAS GOFF.

Pour les narguer...

ÉDOUARD.

Que je...

THOMAS GOFF.

Pour les confondre, Nous vous promènerons aux quatre coins de Londres.

ÉDOUARD, *à Thomas Goff*.

Mon cher!...

MORTINS, *à Edouard*.

Descends.

ÉDOUARD.

Mortins!

MORTINS.

Du moins il faut les voir.

ÉDOUARD, *à part*.

Quel supplice!

THOMAS GOFF, *l'entraînant d'un côté*.

Il le faut.

ÉDOUARD, *qui cède*.

Allons!

MORTINS, *l'entraînant de l'autre*.

C'est un devoir.

(*Ils sortent tous, en poussant des cris, excepté lord Derby et Caverly.*)

SCÈNE XII.

LORD DERBY, CAVERLY, *assis près d'un bol de punch brûlant, dont il boit un verre.*

LORD DERBY, *qui s'est approché de la fenêtre.*
Ils entourent Lindsey : quels transports, quel tapage!
Les voilà, malgré lui, dételant l'équipage.

CAVERLY, *vidant son verre.*
Parfait !

LORD DERBY.
Le gros brasseur, ma foi, l'y portera :
Il s'en défend.

LE PEUPLE, *en dehors.*
Hourra !

LORD DERBY.
Mais c'est en vain.

LE PEUPLE.
Hourra !

Hourra !

LORD DERBY.
Sous les harnais ils trépignaient d'avance,
Et la foule en criant au grand galop s'élance.
(*Après une pause.*)
Il est beau d'être ainsi traîné par ses égaux.

CAVERLY, *en sortant.*
Pour aller où je veux j'aime mieux mes chevaux.

ACTE DEUXIÈME

(*Un salon chez lord Derby; deux portes latérales; une porte au fond.*

SCÈNE I.

GODWIN, *assis près d'une table;* LORD DERBY, *qui entre.*

LORD DERBY, *entouré de deux domestiques, et s'adressant à deux d'entre eux.*

Je vous chasse tous deux.
      (*Au premier.*)
      Me regarder en face!
 (*Au second.*)
Jusqu'à prendre ce ton pousser chez moi l'audace!
Hors d'ici! vous, monsieur, pour m'avoir entendu
Sans me répondre, et vous, pour m'avoir répondu.
 (*Aux autres.*)
Ne confondez jamais votre espèce et ma race,
Ou je saurai, d'un mot, vous mettre à votre place,
Sur le pavé, comme eux. Allez.
      (*Les domestiques sortent.*)

SCÈNE II.

LORD DERBY, GODWIN.

LORD DERBY.
      Godwin, bonjour;
Vous m'attendiez?

GODWIN.
Milord se fâche à son retour?
LORD DERBY.
Oui, l'opposition gagne mon antichambre;
Du parlement aussi chacun d'eux se croit membre.
GODWIN.
De notre député milord est mécontent?
LORD DERBY.
J'ai vu cela tout jeune, et d'un air important
Cela tranche; cela vous prêche, vous gourmande :
Pour que cela vous porte il faudra qu'on s'amende.
GODWIN.
On vous a mal reçu?
LORD DERBY.
Non, pas précisément;
Mais on vient m'objecter le devoir, le serment,
Je ne sais quel honneur qu'on cite avec emphase,
Et qui traîne partout.
GODWIN.
Dément-il cette phrase
Que milord avec moi voulut bien rédiger?
LORD DERBY.
Non; son honneur, à lui, veut bien s'en arranger.
GODWIN.
Compromettez un peu ces gens à caractère,
Devant l'opinion les voilà ventre à terre!
Nous le ferons marcher; s'il hésitait encor,
L'aiguillon est tout prêt : en quittant le trésor,
J'ai su par-devers moi retenir une lettre
Qui le forcerait bien, milord, à se soumettre.
Il votera pour vous.
LORD DERBY.
Ce Mortins, au besoin,
M'appuiera près de lui.
GODWIN.
Mortins!

LORD DERBY.
                    Vais-je trop loin
En le voyant?
            GODWIN.
        J'y rêve.
            LORD DERBY.
            Est-ce me compromettre?
            GODWIN.
Mais...
            LORD DERBY.
Chez moi sans danger je crois pouvoir l'admettre.
            GODWIN.
Les choses pour quelqu'un vont si bon train là-bas,
Que l'on peut tout oser.
            LORD DERBY.
                    Non pas, Godwin, non pas!
N'osons rien, s'il vous plaît: je préfère, et pour cause,
Le parti qui recueille à celui qui s'expose.
Le nôtre est patient; ose qui veut! pour lui,
Sa gloire est d'hériter de l'audace d'autrui.
Les révolutions sont une grande affaire :
Courageux qui les fait, sage qui les fait faire.
Mortins peut nous servir; je le crois décidé.
            GODWIN.
Lui-même par les siens est déjà débordé.
            LORD DERBY.
Qu'en s'unissant d'abord ils fassent table rase,
Et pour les accorder ensuite on les écrase.
            GODWIN.
Il sera curieux de voir dans l'entretien
Le régime nouveau traiter avec l'ancien.
            LORD DERBY.
Nous signerons la paix en méditant la guerre.
            GODWIN.
Va pour Mortins!

LORD DERBY.

Je crois que vous ne l'aimez guère?

GODWIN.

Moi! je n'aime personne... excepté vous, milord.

LORD DERBY, *en riant.*

Je vous trouve exclusif.

GODWIN.

Je le suis. Ai-je tort?
Quand je criai misère, en arrivant à Londre,
Dans ce désert peuplé, qui daigna me répondre?
Personne : sans me plaindre on me laissa crier.
Quand je cherchai la gloire au fond d'un encrier,
Qui donc prit en souci mon début littéraire?
Personne. Quand le sort, las de m'être contraire,
Pour un modique emploi fit qu'on me trouva bon,
Qui m'y soutint? Personne. Évincé sans raison,
Qui me tendit la main? Personne encor. De rage,
Je rêvai sous le toit de mon troisième étage
Que je faisais fortune en rendant coup pour coup :
Je m'endormis mouton et me réveillai loup.
Pour mordre à belles dents tout fut de mon domaine,
Je tombai sans pitié sur la sottise humaine,
J'écorchai, déchirai le troupeau des trembleurs :
Guerre ou tribut!... Danseurs, acteurs, auteurs, parleurs,
Pour ses gestes, ses pas, son discours, son volume,
Tout paya : je battis monnaie avec ma plume.
Je fus par les bureaux fêté, doté, renté;
Et ce qu'un brave Anglais, qui pour l'amirauté
S'escrima quarante ans de Plymouth à Surate,
N'a pas comme marin, je l'eus comme pirate.
Mais qui m'a fait mon sort? Personne. Craint de tous,
Qui peut m'aimer? Personne. Or, j'en appelle à vous,
N'ai-je pas cent raisons dont la moindre est fort bonne,
De n'aimer, n'estimer et n'épargner personne?
Toujours vous excepté, milord!

LORD DERBY.

C'est convenu.
Mais que me vouliez-vous?

GODWIN.

Me voilà parvenu
A ce point où l'argent n'est plus que secondaire :
Je veux maintenant...

LORD DERBY.

Quoi?

GODWIN.

Que l'on me considère.

LORD DERBY.

L'argent vous mène là !

GODWIN.

Soit, quand on en a tant
Qu'à force d'en avoir on devient important;
Mais quand on ne s'est fait qu'une honnête existence,
C'est de nos amitiés que vient notre importance.
Par vous, pour réussir, je veux être étayé ;
Je vous ai bien servi.

LORD DERBY.

Je vous ai bien payé.

GODWIN.

Payez-moi mieux encor.

LORD DERBY.

Comment donc?

GODWIN.

En estime.

LORD DERBY.

Je le fais.

GODWIN.

Seul à seul.

LORD DERBY.

Dans mon commerce intime
Je vous admets, Godwin.

ACTE II, SCÈNE II.

GODWIN.
　　　　Sans témoins.
LORD DERBY.
　　　　　　　　　Je ne peux
Vous montrer plus d'égards.
GODWIN.
　　　　　　　　Tête à tête; et je veux
M'honorer en public de votre patronage;
Je veux dans vos salons jouer mon personnage;
Je veux sur mon fauteuil y figurer le soir.
A table, entre vos lords, chez vous je veux m'asseoir.
Voilà ce que je veux.
LORD DERBY.
　　　　Vous me parlez...
GODWIN.
　　　　　　　　　Sans feinte.
La popularité qu'on se fait par la crainte,
Je l'ai. Je tiens sous moi les petits électeurs,
Et, pour monter au rang de nos législateurs,
Que me faut-il? l'appui d'un marquis ou d'un comte.
Poussé d'en bas, d'en haut, j'entre au port, et je compte
Crier tant et si fort, avec ou sans sujet,
Et si bien jusqu'aux os disséquer un budget,
Si bien contre les bills m'en donner à cœur joie,
Qu'un ministre ennuyé, de désespoir, m'envoie
Me gorger de trésors au fond de l'Indostan,
Pour les venir ici digérer en sultan.
LORD DERBY.
Eh bien donc! tout à vous après notre victoire!
GODWIN.
Dès ce jour. Les vainqueurs ont fort peu de mémoire.
LORD DERBY, *avec hauteur.*
Godwin!
GODWIN.
　　　Est-il prudent de me répondre : Non?
Ces pamphlets dont l'esprit fait honneur à mon nom,

Pour les rendre piquants qui m'aide à les écrire?
Vous : tout autre que moi, milord, pourrait le dire.

LORD DERBY.

Monsieur!

GODWIN.

Ces embarras au pouvoir suscités,
L'or les a fait, sous main, surgir de tous côtés;
Tout autre, bien instruit qu'il vient de votre bourse,
Pourrait avoir le tort d'en découvrir la source.

LORD DERBY.

Mon cher monsieur!

GODWIN.

Là-bas, votre humble confident
A dans ses intérêts plus d'un correspondant;
Et pour certain parti, sous le nom de Montrose,
Il sait quel noble sang certaine dame expose.
Je n'avouerai jamais que c'est lady Strafford;
Mais tout autre que moi pourrait avoir ce tort.

LORD DERBY.

Mon cher ami!

GODWIN, *lui prenant la main.*

Flatté de ce titre honorable,
Laissez-moi donc me croire assez considérable,
Assez considéré, pour me montrer chez vous.
Votre ami peut prétendre à l'amitié de tous.
A ce soir, mon cher lord!

SCÈNE III.

LORD DERBY, *seul.*

Mon cher lord! Qu'il s'y montre,
Et je... Quoi donc? J'irai moi-même à sa rencontre,
Me confondre humblement en marques d'intérêt :
Il faut tendre la main à qui sait mon secret.

Mais ma nièce, où l'emporte un culte fanatique?
Les femmes!... Risquer tout, voilà leur politique.
Elle est loin, par bonheur; je respire. Elle ici!
Je craindrais pour ses jours et pour les miens aussi.
Que ne tenterait pas la ferveur de son zèle?
Mon Dieu! du dévouement, j'en prouverai comme elle,
Plus encore au besoin, mais en homme sensé :
Peu d'abord; et beaucoup, quand tout sera passé.

(Apercevant lady Strafford qui entre.)

Vous!...Se peut-il? Qui, vous! lady Strafford à Londre!

SCÈNE IV.

LORD DERBY, LADY STRAFFORD.

LADY STRAFFORD.

J'ai voulu vous surprendre au lieu de vous répondre.
LORD DERBY.
Mettre les pieds ici dans un pareil moment!
LADY STRAFFORD.
Pour revoir Édouard avant l'événement.
LORD DERBY.
Édouard! près de lui votre amour vous rappelle?
LADY STRAFFORD.
Ma cause, et mon amour avec elle ou plus qu'elle;
Qu'importe! Cet amour n'est-il pas mérité?
Je l'aime avec excès, je l'aime avec fierté :
Il sera le héros de ma grande entreprise;
Il va l'être.
LORD DERBY.
    Ainsi donc nous touchons à la crise?
LADY STRAFFORD.
Oui, je viens aux Brunswick porter le coup fatal,
Et choisis votre hôtel pour quartier général.

LORD DERBY.

Comment?

LADY STRAFFORD.

De m'embrasser me ferez-vous la grâce?
On conspire, cher oncle, et pourtant on s'embrasse.

LORD DERBY.

Mais tout Londre aujourd'hui se rassemble chez moi;
Puis-je vous y cacher?

LADY STRAFFORD.

M'y cacher! Et pourquoi?

LORD DERBY.

Si pour lady Montrose on vient à vous connaître?...

LADY STRAFFORD.

De garder mon secret n'êtes-vous pas le maître?

LORD DERBY.

Vous n'avez pas dessein de paraître au salon?

LADY STRAFFORD.

J'en ferai les honneurs, si vous le trouvez bon.

LORD DERBY.

C'est par trop fort !

LADY STRAFFORD.

Pour moi votre amitié s'alarme:
Mais de quoi donc? J'arrive, et mon retour vous charme;
C'est naturel : à tous vous l'apprenez ce soir ;
Rien de plus naturel alors que de me voir.
J'entre ; un cercle m'entoure, et l'on me complimente;
C'est encor naturel : heureuse, on est charmante;
Et naturellement je le deviens ici.
Quoi de plus naturel, milord, que tout ceci.

LORD DERBY.

Je suis émerveillé d'une telle assurance.

LADY STRAFFORD.

Soyez, en m'écoutant, radieux d'espérance :
Victoire à nos drapeaux!

LORD DERBY.

Plus bas !

ACTE II, SCÈNE IV.

LADY STRAFFORD.

Victoire à lui!

A moi-même!

LORD DERBY.

Plus bas!

LADY STRAFFORD.

Les femmes aujourd'hui
Sous l'armure, en champ clos, ne se hasardent guère;
Mais elles font encor le destin d'une guerre.
Des Camphell, des Ivor j'ai réchauffé les cœurs;
Et c'était vaincre aussi que les rendre vainqueurs.
Leurs clans ont triomphé sous le lambeau de soie
Qui, brodé par mes mains, dans nos rangs se déploie :
Perth a reçu son maître; Édimbourg à genoux
Vient de le proclamer; chaque jour devant nous
A vu fuir une armée, ou tomber une ville,
Et nos couleurs bientôt flotteront sur Carlile.

LORD DERBY.

Sur Carlile!

LADY STRAFFORD.

Voilà ce que nous avons fait.
Et vous, de tant d'exploits spectateur satisfait,
Poursuivant sans danger votre douce chimère,
Vous travaillez toujours à devenir lord-maire!

LORD DERBY.

J'ai mon but.

LADY STRAFFORD.

Vous voulez, le plat d'argent en main,
Offrir les clefs de Londre au nouveau souverain.

LORD DERBY.

Lorsqu'avec ce présent il me verra paraître,
C'est une attention qu'il voudra reconnaître;
Mais j'y veux arriver légalement.

LADY STRAFFORD.

Très-bien!
Nous ferons mieux.

LORD DERBY.
Quoi donc?

LADY STRAFFORD.
Presque rien.

LORD DERBY.
Encor?

LADY STRAFFORD.
Rien.

LORD DERBY.
Expliquez ce qu'au fond votre esprit se propose,
Car rien dans votre bouche est toujours quelque chose.

LADY STRAFFORD.
Vous le saurez bientôt. Parlez-moi d'Édouard;
Ce soir nous le verrons?

LORD DERBY.
Toujours lui!

LADY STRAFFORD.
Ce regard,
Qui pénétrait mon cœur, me redira qu'il m'aime.
Pendant ma longue absence il est resté le même;
Mais non, de ma tendresse il est plus digne encor.
Que son jeune talent a pris un noble essor!
Celui de l'aigle; il vole, il plane dans les nues.
Lui seul peut devant nous ouvrir les avenues.
Le maître généreux, qu'il sert sans le savoir,
De l'élever bien haut m'a donné le pouvoir.

LORD DERBY.
Il ne m'en a pas moins refusé son suffrage,
Et l'on vote demain.

LADY STRAFFORD.
Que milord nous ménage
Un moment d'entretien...

LORD DERBY.
Dans ce salon?

ACTE II, SCÈNE IV.

LADY STRAFFORD.

Je crois
Pouvoir à son parti conquérir cette voix.
Je veux plus : ce Mortins, son influence est grande,
N'est-il pas important qu'avec lui je m'entende?
Il est reçu chez vous?...

LORD DERBY, *à part.*

S'ils s'entendent tous deux,
Je suis sur un volcan.

LADY STRAFFORD.
Souvent?

LORD DERBY.
Non.

LADY STRAFFORD.
C'est fâcheux.

LORD DERBY.
Mais s'il vient par hasard, restez impénétrable;
Il a de notre cause une horreur effroyable.

LADY STRAFFORD.
Mes agents...

LORD DERBY, *effrayé.*
Vos agents?

LADY STRAFFORD.
J'en ai partout.

LORD DERBY.
Comment?...

LADY STRAFFORD.
Chez vous, milord; et tous le jugeaient autrement.
J'avais compté sur lui pour une bagatelle.

LORD DERBY.
Ce rien dont vous parliez?

LADY STRAFFORD.
La circonstance est telle,
Qu'un petit choc de peuple, entre nous concerté,
Les armes à la main, aurait tout culbuté.

LORD DERBY.

Savez-vous, milady, qu'il y va de la tête
Pour vous?

LADY STRAFFORD.

Bon!

LORD DERBY.

Pour moi-même.

LADY STRAFFORD, *tranquillement.*

Et cela vous arrête?

LORD DERBY.

Tout court, et doit, je crois, m'arrêter en effet.

LADY STRAFFORD.

Eh bien! c'est une idée à laquelle on se fait;
Je dirai mieux, on l'aime : elle émeut. Je conspire!....
Ce grand mot vous rattache aux destins d'un empire.
On a, comme Édouard, sa popularité :
Ce qu'on fait sera su, ce qu'on dit répété;
Tout semble à vos regards réfléchir votre gloire,
Et, comme dans sa glace, on se voit dans l'histoire.
Je m'y voyais, quand, seule et marchant au hasard,
J'errais parmi les clans, sous le plaid montagnard;
Quand l'écume d'un lac me fouettait le visage,
Lorsqu'aux rochers d'Athol je m'ouvrais un passage,
Sur la bruyère humide à minuit m'égarant,
Mouillant mes pauvres pieds dans les flots du torrent;
Mais aussi calme alors que sous l'habit de fête
Où j'animais un bal après une conquête,
Et, le front ceint de fleurs, je portais dans mes yeux
De nos derniers exploits l'éclat victorieux.
Vie étrange, milord, mais libre, aventureuse,
Où des malheurs qu'on souffre on se sent presque heureuse,
Où, le matin jamais ne répondant du soir,
Chaque heure a son danger, chaque instant son espoir !
Rêve où le cœur s'exalte, où la tête fermente !
Un vague enivrement qui charme et qui tourmente,
Je ne sais quel attrait plus doux que le repos,

Ardent comme l'amour, se mêle à ce chaos
De sentiments confus, d'émotions rapides ;
Et c'est la volupté des âmes intrépides.
LORD DERBY.
Ne vous y fiez pas : c'est le plaisir des fous ;
Et j'y cours, croyez-moi, moins de danger que vous.
Quand les femmes ainsi tranchent de l'héroïque,
Leur sexe les renie, et le nôtre se pique,
Se venge ; et si leurs jours échappent au bourreau,
Leur réputation reste sur le carreau.
LADY STRAFFORD.
La mienne peut, milord, braver la calomnie,
J'y veille de trop près pour qu'elle en soit ternie ;
Je mourrai sans la perdre, ou plutôt je vaincrai.
C'est le bien d'Édouard, jugez s'il m'est sacré !
Mais je vous quitte, adieu ! j'ai ma toilette à faire ;
Car, même en conspirant, une femme doit plaire.

SCÈNE V.

LORD DERBY, *puis* UN DOMESTIQUE.

LORD DERBY.
Conspirer ! conspirer ! Elle aime ce mot-là.
UN DOMESTIQUE, *annonçant.*
Monsieur Mortins !
LORD DERBY.
A l'autre ! au point où me voilà,
Si le pied porte à faux un gouffre vous dévore,
Et l'on roule déjà qu'on croit marcher encore.
Tenons-nous bien.

SCÈNE VI.

LORD DERBY, MORTINS.

MORTINS.
J'arrive, et le premier de tous,

Vous le voyez, milord.

LORD DERBY.

Que c'est aimable à vous!
Passons dans les salons.

MORTINS.

Pour notre conférence,
Veuillez à celui-ci donner la préférence;
Il est plus retiré.

LORD DERBY.

Du mystère! A quoi bon?

MORTINS.

Afin d'aller au but.

LORD DERBY.

Mais à quel but?

MORTINS.

Pardon!
N'en aviez-vous pas un en m'invitant?

LORD DERBY.

Sans doute :
Le plaisir de vous voir.

MORTINS.

Pas d'autre?

LORD DERBY.

Moi!

MORTINS.

J'écoute.

LORD DERBY.

J'attends.

MORTINS.

Vous répugnez à faire un premier pas.
Je vous l'épargnerai.

LORD DERBY.

Je ne vous comprends pas.

MORTINS.

En êtes-vous bien sûr?... Vous aimez la patrie?

LORD DERBY.
Comme vous.

MORTINS.
A regret vous la voyez flétrie!

LORD DERBY.
A regret.

MORTINS.
Vous feriez tout pour changer son sort!

LORD DERBY, *vivement.*
Légalement, monsieur!

MORTINS.
Légalement, milord.

LORD DERBY.
Renfermé dans la loi, j'y reste.

MORTINS.
Moi, de même;
L'intérêt du pays étant la loi suprême.
Ne le pensez-vous pas?

LORD DERBY.
Bien des gens l'ont pensé.

MORTINS.
Or, dans cet intérêt vous voulez le passé...

LORD DERBY, *vivement.*
Monsieur!

MORTINS.
Moi, l'avenir : donc le présent nous gêne.

LORD DERBY.
Il offre des abus.

MORTINS
Que je hais.

LORD DERBY.
Qui font peine.

MORTINS.
Nos droits foulés aux pieds.

LORD DERBY.
Je pleure sur nos droits.

MORTINS.

Les hommes qu'on estime éloignés des emplois.

LORD DERBY.

Ils le sont.

MORTINS.

Vous, milord.

LORD DERBY.

Vous plutôt.

MORTINS.

Je m'efface.

LORD DERBY.

Et moi donc!

MORTINS.

J'en conclus que, pour tout mettre en place,
Il faut déplacer tout.

LORD DERBY.

Funeste vérité!
Mais sans sortir pourtant de la légalité.

MORTINS.

C'est pour arriver là qu'en toute confiance
Je viens vous proposer un traité d'alliance.

LORD DERBY.

Vous riez?

MORTINS.

Non.

LORD DERBY.

Si fait.

MORTINS.

Rien n'est plus sérieux.

LORD DERBY.

Vous m'honorez beaucoup.

MORTINS.

Je veux vous servir mieux.

LORD DERBY.

En quoi donc, s'il vous plaît?

MORTINS.
En vous faisant lord-maire.
LORD DERBY.
Vous, monsieur!
MORTINS
Moi, milord.
LORD DERBY.
Comment?
MORTINS.
C'est mon affaire.
LORD DERBY.
Je m'abandonne à vous.
MORTINS.
Mais entendons-nous bien :
Au temps où nous vivons on ne fait rien pour rien.
LORD DERBY.
Comme dans tous les temps.
MORTINS.
La Cité, par exemple,
Devient votre royaume.
LORD DERBY.
Et j'en veux faire un temple
Où réside la loi.
MORTINS.
Sœur de la liberté.
LORD DERBY.
Sœur jumelle.
MORTINS.
J'admets que dans votre Cité,
Un jour d'élection, au cortége funèbre
D'un amiral, d'un lord, d'un orateur célèbre,
Que sais-je? de Névil...
LORD DERBY.
J'y serai.

MORTINS.

Comme nous ;
Et tout homme de cœur y doit être avec vous.
J'admets que pour Névil l'enthousiasme éclate :
L'excès en est permis quand c'est la mort qu'on flatte.

LORD DERBY.

La vertu.

MORTINS.

Le lord-maire y verrait-il du mal?

LORD DERBY.

Monsieur, l'enthousiasme est légal.

MORTINS.

Très-légal.
L'est-il que la Cité, livrée au ministère,
Reçoive dans son sein la force militaire?
Je ne le pense pas; et vous, milord?

LORD DERBY.

Ni moi.

MORTINS.

Le bâton du constable est l'arme de la loi.

LORD DERBY.

Dans presque tous les cas.

MORTINS.

Dans celui-ci.

LORD DERBY.

C'est juste.
Mais alors vous craignez qu'à cette fête auguste,
Où Londre en deuil honore un si grand citoyen,
Un trouble sérieux...

MORTINS.

Oh! moi, je ne crains rien.

LORD DERBY.

Non! Vous croyez?...

MORTINS.

Je cite un exemple entre mille.

ACTE II, SCÈNE VI.

LORD DERBY.

Mais probable?

MORTINS.

Possible : ainsi ce vieil asile
Des franchises de Londre, il restera sacré.

LORD DERBY.

Je voudrais réfléchir.

MORTINS.

Soit; je réfléchirai
Avant d'agir pour vous.

LORD DERBY, *vivement.*

Névil est mon idole.

MORTINS.

Ah !

LORD DERBY.

C'est un dieu pour moi.

MORTINS.

J'ai donc votre parole?

LORD DERBY.

Engagement secret qui reste entre nous deux?

MORTINS.

C'est dans l'ordre.

LORD DERBY, *bas, en lui présentant la main.*

Agissez.

MORTINS, *lui donnant la sienne.*

Même but?

LORD DERBY.

Mêmes vœux.

MORTINS.

Cause commune?

LORD DERBY.

En tout. Silence à toute épreuve!

MORTINS.

Je resterai muet.

LORD DERBY.
Il m'en faut une preuve :
Pas un mot à ma nièce!

MORTINS.
Eh quoi! lady Strafford...

LORD DERBY.
Est ici ; mais sachez qu'elle hait à la mort
Tous vos amis.

MORTINS.
Et moi ?

LORD DERBY.
La haine politique
N'a rien de personnel.

MORTINS.
N'importe, je me pique ;
Et si milord, ce soir, veut bien me présenter,
J'espère en lui parlant...

LORD DERBY.
Ce serait tout gâter,
Tout perdre !

MORTINS.
Je me rends ; mais l'affaire est conclue ;
Du titre de lord-maire, ici, je vous salue.

LORD DERBY.
Déjà ?

MORTINS.
(A part.)
Comptez sur moi. Le lord-maire ira loin,
Ou je le briserai.

LORD DERBY.
Je vous prends à témoin
Que j'accepte sans crainte un poste difficile.
(A part.)
Je n'entre en fonction que si tout est tranquille.

MORTINS.
C'est noble à vous.
LORD DERBY.
Silence ! on vient.

SCÈNE VII.

LES PRÉCÉDENTS, CAVERLY.

CAVERLY.
       Suis-je indiscret ?
LORD DERBY.
Il faudrait entre nous supposer un secret !
CAVERLY.
Non ; qui donc aujourd'hui prend souci de se taire ?
Je suis bien, quant à moi, revenu du mystère :
Londre en une heure ou deux sait ce qu'on dit tout haut,
Et ce qu'on dit tout bas se sait un peu plus tôt.
MORTINS.
Vraiment ?
CAVERLY.
   On peut citer des traités d'alliance,
Qui, signés sans témoins, étaient publics d'avance :
J'en connais un
LORD DERBY.
   Quel bruit !
MORTINS.
      Ce murmure flatteur
Nous annonce Édouard.
CAVERLY.
   Oui, le triomphateur.
LORD DERBY.
Allons le recevoir.
CAVERLY.
   Il a fait bon voyage ;
Tant mieux ! je crains toujours qu'un si noble attelage

N'accroche, en les traînant, nos popularités :
J'ai vu mourir ainsi tant d'immortalités !

MORTINS.

La sienne survivra.

CAVERLY.

Saluez donc la sienne ;
Car le voici !

SCÈNE VIII.

LES PRÉCÉDENTS, ÉDOUARD.

ÉDOUARD.

Milord, il faut que j'en convienne,
Je me suis d'avec vous séparé brusquement.

LORD DERBY.

Que pouviez-vous, Lindsey, contre un enlèvement?

CAVERLY.

Rejoignons-nous la foule? à le voir elle aspire.

ÉDOUARD, *à part.*

Où donc est Julia?

LORD DERBY.

Permettez qu'il respire.

MORTINS.

Lui, fléchir sous le poids des lauriers qu'il obtient !
En fût-on surchargé, ce fardeau vous soutient.

LORD DERBY.

Mais songez que ce soir la chambre le rappelle.
(*Bas à Edouard.*)
Restez dans ce salon.

ÉDOUARD, *de même.*

Moi?

CAVERLY.

Sa thèse est si belle,
Que sans se préparer il nous sera fatal.

MORTINS.
C'est qu'il est convaincu que vous gouvernez mal.
CAVERLY.
Et je ne suis pas, moi, convaincu du contraire;
Mais, si le cabinet succombe dans l'affaire,
Je ne sais, ma foi, plus où diable nous irons.
MORTINS.
Je m'en vais vous le dire : Où nous vous conduirons.
ÉDOUARD, *en souriant*.
Pas plus loin.
CAVERLY.
Justement, c'est à quoi je m'oppose.
LORD DERBY.
Tandis qu'il se remet de son apothéose,
Veuillez me suivre.
MORTINS.
Un mot avant de le quitter!...
LORD DERBY, *qui le prend par le bras*.
Non pas; à mes amis je veux vous présenter :
J'y mets ma gloire.
CAVERLY.
Allez : il faut qu'il me raconte
Son voyage.
LORD DERBY, *l'entraînant*.
Plus tard il vous en rendra compte.
Ma revanche!
CAVERLY.
A l'instant; et nous joûrons gros jeu.
MORTINS, *en sortant, à Caverly*.
C'est une émotion : vous en avez si peu!

SCÈNE IX.

ÉDOUARD, puis LADY STRAFFORD.

ÉDOUARD, *qui tombe dans un fauteuil.*

D'honneur je suis brisé! Pour comble d'infortune,
Jamais ovation ne fut plus importune :
Je sais qu'elle m'attend, et je cours la revoir;
On me saisit; je roule, et dans mon désespoir,
Sans que j'ose arrêter la prison qui m'emporte,
On me fait par trois fois passer devant sa porte !
Mais que m'a dit milord? que je reste; et pourquoi?
Veut-il m'entretenir? Non, Julia, c'est toi,
Toi seule; et, je le sens au trouble de mon âme,
Ces travaux où l'orgueil trouve un plaisir de flamme,
Leur charme inspirateur, leurs succès palpitants,
Le cèdent en ivresse à de si doux instants.

LADY STRAFFORD, *qui est sortie en grande parure de son appartement, et qui est venue pas à pas, pendant ces derniers vers, s'appuyer sur le fauteuil de Lindsey.*

Édouard, est-ce vrai?

ÉDOUARD, *qui se lève.*
    Vous! c'est bien vous!

LADY STRAFFORD.
       Oui, celle
Qu'autrefois vous aimiez.

ÉDOUARD.
      Que je revois plus belle,
Que j'aime plus encor, que je préfère à tout,
Dont l'ardent souvenir me poursuivait partout.

LADY STRAFFORD.
Le vôtre de mes jours a seul rempli le vide.
Du bruit de vos succès combien j'étais avide!

Que n'aurais-je donné pour en être témoin,
Pour applaudir celui que j'admirais de loin,
Exciter son ardeur, l'enflammer, et me dire :
Il doit à mon amour un peu de son empire !
ÉDOUARD.
Pourquoi donc ce retour si longtemps différé,
Ce silence mortel qui m'a désespéré,
Et qui, mêlant le doute aux ennuis de l'absence,
M'a presque laissé croire à votre indifférence ?
LADY STRAFFORD.
Je ferai cet aveu, je vous le jure; mais...
ÉDOUARD.
Parlez.
LADY STRAFFORD.
Vous l'attendrez, sans m'y forcer jamais.
ÉDOUARD.
Vous jouer de ce cœur dont vous êtes maîtresse,
N'est-ce pas abuser de sa folle tendresse ;
Et, fût-il à vos yeux digne de châtiment,
Ne le traitez-vous pas trop rigoureusement ?
LADY STRAFFORD.
Mais j'ai lieu d'être aussi quelque peu mécontente;
N'avez-vous pas tantôt bien trompé mon attente ?
ÉDOUARD.
Le peuple m'entraînait; comment le gouverner ?
A notre rendez-vous fallait-il l'amener ?
LADY STRAFFORD.
Non, le peuple est un tiers qui gêne un tête-à-tête;
Il est beau cependant d'avoir fait sa conquête.
ÉDOUARD.
Vos vœux sont donc comblés: de vous vient mon pouvoir
Contre ceux qu'avec lui je combats par devoir;
Vous mettez dans ma voix cet accent d'honnête homme
Qui fait pâlir leur front avant que je les nomme;
Dans mes yeux ces éclairs d'un courroux généreux,
Dans ma parole enfin cet ascendant sur eux,

Qui de nos libertés décident la victoire :
Vous êtes mon talent, mon bonheur et ma gloire.
LADY STRAFFORD.
Si je suis tout cela, je n'ai qu'à demander
Pour obtenir ?
ÉDOUARD.
     J'attends ; vous pouvez commander.
LADY STRAFFORD.
Que mon oncle par vous sur ses rivaux l'emporte.
ÉDOUARD, *après une pause.*
Je ne puis rien pour lui.
LADY STRAFFORD.
     Le vœu public le porte.
ÉDOUARD.
Nous pensons, par malheur, tous deux différemment,
Et ce serait voter contre mon sentiment.
LADY STRAFFORD.
Consentez.
ÉDOUARD.
  J'ai promis.
LADY STRAFFORD.
    A qui donc ?
ÉDOUARD.
       Le temps vole :
A mes devoirs bientôt il faut que je m'immole.
Avant que mon bonheur ne soit qu'un souvenir,
Fixez le lieu, le jour qui doit nous réunir.
Demain, dans cette terre où j'aimai, jeune encore,
Et presque à mon insu, ce qu'aujourd'hui j'adore,
Mon vieux père me fête, et milord y viendra ;
Vous l'y suivrez ?
LADY STRAFFORD.
    Sans moi milord vous fêtera.
ÉDOUARD.
Se peut-il ?

ACTE II, SCÈNE IX

LADY STRAFFORD.
Comme vous, j'ai promis.

ÉDOUARD.
Votre absence
Viendrait-elle attrister le jour de ma naissance?

LADY STRAFFORD.
Vous y penseriez peu ; car un grand citoyen
Quand il a bien voté ne s'attriste de rien.
Mais qui donc nommez-vous?

ÉDOUARD.
Nelbroun.

LADY STRAFFORD.
Lui, qu'on déteste!

ÉDOUARD.
Injustement.

LADY STRAFFORD.
Ce choix n'en est pas moins funeste.
L'impopularité qui s'attache à son nom,
Vous la partagerez, vous, mon orgueil; oh! non.
Non, quand l'opinion de palmes vous couronne,
Vous ne pouvez vouloir qu'elle vous abandonne.

ÉDOUARD.
Si pour vous obéir il faut subir sa loi,
C'est elle, milady, que vous aimez en moi.

LADY STRAFFORD.
Ah! je n'aime que vous, mais vous irréprochable,
Vous admiré de ceux que votre force accable,
Vous, entraînant les cœurs, maîtrisant les esprits,
Au faîte du pouvoir, vous, porté par les cris
D'un grand peuple opprimé que votre voix délivre.
Pardonnez, mon ami, cette gloire m'enivre ;
Je l'aime ; elle a pour moi d'ineffables attraits :
Mais cette gloire enfin, c'est vous ; je ne saurais
La détacher de vous, ni vous séparer d'elle,
Et même en l'adorant je vous reste fidèle.

ÉDOUARD.

Quels regards, Julia, quels accents enchanteurs!
Si la chambre comptait de pareils orateurs,
Contre leur ascendant qui pourrait se défendre?
Il faudrait leur céder ou ne pas les entendre.

LADY STRAFFORD.

Aussi vous céderez. Ah! cédez : savez-vous
Quel poids l'opinion peut donner à vos coups,
Et, quand vous me parlez de la heurter en face,
Ce que peut avec elle accomplir votre audace?
J'ai mis sur vous l'espoir d'un si noble dessein !

ÉDOUARD.

Vous, Julia !

LADY STRAFFORD.

D'orgueil il fait battre mon sein :
Qu'il est beau, qu'il est grand! Édouard, quel théâtre
Il ouvre à ce talent dont je suis idolâtre!
Notre union peut-être en dépend.

ÉDOUARD.

Achevez.

LADY STRAFFORD.

Eh bien! donc...

SCÈNE X.

LES PRÉCÉDENTS, LORD DERBY, THOMAS GOFF.

THOMAS GOFF, *en dehors, à lord Derby.*

Tout à vous, si vous me le trouvez?
(*En entrant.*)
Quand j'ai su qu'il était chez votre seigneurie,
Je me suis dit : Milord estime l'industrie,
Son salon m'est ouvert; courons...

(*Apercevant Édouard.*
Ah! le voilà!

ACTE II, SCÈNE X.

ÉDOUARD, *à part.*

Mais il s'attache à moi.

LADY STRAFFORD, *à Édouard.*

Quel est ce monsieur-là?

LORD DERBY, *à lady Strafford qui s'incline froidement.*

Monsieur Goff, milady, puissant capitaliste!
(*Bas.*)
Électeur que je place en tête de ma liste.

LADY STRAFFORD, *qui, toutes les fois qu'elle parle à Thomas Goff, jette à Édouard un regard ironique.*

Goff... Pardonnez: ce nom me revient maintenant;
Il a passé les mers. Goff!... Sur le continent
Il n'est bruit que de vous, monsieur Goff.

ÉDOUARD, *bas à lady Strafford.*

Ah! méchante!

THOMAS GOFF, *radieux.*

Le continent me fait un honneur qui m'enchante.

ÉDOUARD.

Que voulez-vous, mon cher? De grâce, soyez bref.

THOMAS GOFF.

Je venais demander le mot d'ordre à mon chef:
Qui portons-nous?

LADY STRAFFORD.

Milord.

ÉDOUARD, *à Thomas Goff.*

Cette grave matière
Doit se traiter ailleurs.

LORD DERBY.

Indépendance entière!
Ma nièce, gardez-vous d'influencer son choix.

THOMAS GOFF.

Rien que pour ce mot-là vous méritez sa voix.
J'ai péroré pour vous.

LORD DERBY.
Je vous en remercie.
THOMAS GOFF.
Il a tourné le dos à l'aristocratie,
Ai-je dit.
LADY STRAFFORD.
Beau début!
THOMAS GOFF.
Au titre, au rang qu'il a,
Il ne tient pas du tout.
LADY STRAFFORD.
Qui donc tient à cela?
THOMAS GOFF.
Préjugé! selon lui.
ÉDOUARD.
Vous allez loin.
LORD DERBY.
Fantôme!
LADY STRAFFORD.
Un riche commerçant vaut un pair du royaume.
THOMAS GOFF.
Que pour une lady vous parlez dignement!
Si les femmes jamais entrent au parlement...
LADY STRAFFORD.
Sur tous les candidats j'aurai la préférence?
THOMAS GOFF.
Oui, quand mistriss Nelbroun vous ferait concurrence.
Pour son très-cher mari qu'on oppose à milord,
Je ne veux pas de lui.
LORD DERBY.
Je le plains.
LADY STRAFFORD.
S'il a tort
Aux yeux de monsieur Goff, je doute qu'on le nomme.
THOMAS GOFF.
Qui donc le nommerait? il est mort, le pauvre homme!

ACTE II, SCÈNE X.

ÉDOUARD.

Mort!

THOMAS GOFF.

Comme candidat : je ne l'ai pas tué,
Mais en chœur, grâce à moi, je veux qu'il soit hué...

ÉDOUARD.

Qu'avez-vous fait?

THOMAS GOFF.

Honni.

ÉDOUARD.

Quoi! monsieur...

THOMAS GOFF.

Dans l'ornière
Je le crois embourbé de si rude manière...

ÉDOUARD.

C'est un loyal Anglais.

THOMAS GOFF.

C'est l'agent d'Harrington,
C'est son âme damnée...

ÉDOUARD.

A quoi s'expose-t-on
Lorsque d'un tel ministre on soutient le système!
Sans pouvoir le servir je me perdrai moi-même.

LADY STRAFFORD.

Et votre cause aussi.

ÉDOUARD.

C'est trop vrai!

LADY STRAFFORD.

Quand mes yeux
S'attendriront demain en revoyant ces lieux
Dont mon cœur dans l'exil a gardé la mémoire,
Que j'aie à vous louer d'une double victoire.

ÉDOUARD.

Vous vous dégagerez?

LADY STRAFFORD.

> Comme vous : le matin,
> Vous aurez pour milord fait pencher le scrutin.

ÉDOUARD.

L'ai-je dit?

LADY STRAFFORD.

> Ce bonheur est douteux, mais possible;
> Et dans une autre lutte où, longtemps invincible,
> Vous n'avez de rivaux que vos succès passés,
> Nos tyrans, votre voix les aura terrassés.

THOMAS GOFF.

Détruits.

LADY STRAFFORD.

> Brisez un joug que vous devez maudire,

(*Bas.*)
> Triomphez d'Harrington; j'oserai tout vous dire.

ÉDOUARD.

Plein du feu que je porte au combat qui m'attend,
Puis-je à nos libertés faillir en vous quittant?
Pour enflammer les cœurs dont elles vont dépendre,
Le mien dans mes discours n'a plus qu'à se répandre,
Je cours vous le prouver.

THOMAS GOFF.

> Je cours de mon côté
> Me prononcer pour vous dans notre comité.

LORD DERBY.

Porté par monsieur Goff, je puis tout me promettre.

LADY STRAFFORD.

Honneur à monsieur Goff!

THOMAS GOFF, *à lady Strafford.*

> Si j'osais me permettre
> D'offrir ma main...

LADY STRAFFORD, *qui, en l'acceptant, lance un dernier coup d'œil à Édouard.*

> Appui dont je fais un grand cas,

Monsieur Goff !
(*Édouard reste un moment étonné et les suit.*)
LORD DERBY, *qui les regarde sortir.*
Pour monter où ne descend-on pas !

ACTE TROISIÈME

(*Un salon à la campagne, chez sir Gilbert ; au fond, des fenêtres et une porte ouvertes qui laissent voir un parc.*)

SCÈNE I.

SIR GILBERT, ÉDOUARD.

SIR GILBERT.
Moi ! qu'en vous revoyant dans mes bras je vous serre !
Non ; vous m'avez gâté ce doux anniversaire.
ÉDOUARD.
Croyez...
SIR GILBERT.
Derby triomphe, et par vous !
ÉDOUARD.
Dans un choix,
L'intérêt politique est sur nous d'un grand poids.
SIR GILBERT.
C'est une trahison.
ÉDOUARD.
Ah !

SIR GILBERT.
                    L'excuse à la mode,
L'intérêt politique, est un moyen commode.
Devant moi votre honneur, justement timoré,
Souvent contre Derby sur ce mot s'est cabré ;
Et le voilà votre homme, et ce mot est le vôtre.
Vous faites bien, monsieur, de n'en pas chercher d'autre ;
Quand on le dit en face au public qui le croit,
On peut à poing fermé souffleter le bon droit,
Au mérite, aux vertus on peut faire avanie
En jetant à l'intrigue un prix qu'on leur dénie ;
Et si quelque vieillard, qui vivait dans son coin,
De ne les pas trahir sent encor le besoin,
Son cœur a beau saigner, l'intérêt politique
Pour lui, comme pour tous, est un mot sans réplique.
                ÉDOUARD.
Cette excuse pourtant n'est pas hors de saison :
D'avoir mille vertus Nelbroun a bien raison ;
Mais ses vertus ont tort de heurter tout le monde.
On peut, en honnête homme, à son siècle qu'on fronde
Du haut de son dédain dire la vérité
Sans être un fanfaron d'impopularité.
Il l'est : le soutenir, c'était faire divorce
Avec ce vœu public dont j'emprunte ma force ;
Et j'ai sacrifié, j'en gémis comme vous,
Les droits sacrés d'un seul aux droits plus saints de tous.
Mon motif, le voilà ; sans rougir j'en rends compte :
Mais ce qui sur ma joue a fait monter la honte,
Ce qui révolte ici mon honneur indigné,
C'est ce mot trahison, que j'aurais dédaigné
Dans la bouche d'un autre, et qui me désespère
En tombant sur mon cœur des lèvres de mon père.
                SIR GILBERT.
Hier, avec quel feu, quel courroux véhément,
Ne vous a-t-on pas vu tonner au parlement !
Votre succès fut grand, immense.

ÉDOUARD.

Il vous irrite!

SIR GILBERT.

J'en suis plus fier que vous; mais contre le mérite,
Les services, l'honneur, contre un choix excellent,
Pour plaire à vos amis, tourner votre talent,
C'est en flétrir l'usage. Oui, monsieur, l'éloquence
Est un mal, quand le mal en est la conséquence :
Celui-là fait le mal, qui prouve éloquemment
Que la raison a tort, que la vérité ment;
Et dans ce député, qu'à sa honte on renomme,
J'admire l'orateur, mais je méprise l'homme.

ÉDOUARD.

Suis-je cet homme?

SIR GILBERT.

Non! si vous l'étiez!...

ÉDOUARD.

Alors,
Veuillez m'entendre!

SIR GILBERT.

Adieu!

ÉDOUARD.

Modérez ces transports.

SIR GILBERT, *qui s'est rapproché d'une fenêtre.*

Que vois-je?

ÉDOUARD.

Où donc?

SIR GILBERT.

Là-bas, dans ces flots de poussière,
Un cavalier court, vole, et franchit la barrière.

ÉDOUARD.

C'est Mortins.

SIR GILBERT.

Je le fuis.

ÉDOUARD.
Veuillez le recevoir...
SIR GILBERT.
Venez.
ÉDOUARD.
Un seul moment.
SIR GILBERT.
Pas un.
ÉDOUARD.
De ce devoir,
A votre place, au moins, souffrez que je m'acquitte.
SIR GILBERT.
Choisissez entre nous : venez, ou je vous quitte.
ÉDOUARD.
Mais...
SIR GILBERT.
C'est sans moi, monsieur, que vous le recevrez.
Fêtez-les, ces amis qui me sont préférés ;
Vous leur appartenez plus qu'à votre vieux père,
Plus qu'à vous-même. Adieu ; j'emporte ma colère,
Et sous l'ombrage épais où je vais la cacher,
Quand ils le permettront, vous viendrez me chercher.
ÉDOUARD.
Je vous suis.
(*A Mortins, qui entre.*)
Attends-moi.
MORTINS.
Reviens.

SCÈNE II.

MORTINS, *seul*.
Une étincelle !
Tout s'enflamme. Au convoi l'occasion est belle ;

Qu'il parle, que par lui le gant leur soit jeté :
Aux armes! et du choc jaillit la liberté.
Le fera-t-il?... Du moins qu'il écrive.

SCÈNE III.

MORTINS, ÉDOUARD.

ÉDOUARD.

Mon père
Me fuit, et de Nelbroun l'échec le désespère.

MORTINS.

Calme-toi.

ÉDOUARD.

J'ai le cœur navré de ses regrets.

MORTINS.

D'abord sois citoyen; tu seras fils après.
Était-ce le moment de déserter la ville?

ÉDOUARD.

Te voilà furieux pour avoir fait un mille!

MORTINS.

Trois.

ÉDOUARD.

Qu'est-ce que cela?

MORTINS.

Du temps perdu.

ÉDOUARD.

Quel bruit
Pour une heure qu'on perd!

MORTINS.

Une heure porte fruit;
Une heure quelquefois comme un siècle est féconde.

ÉDOUARD.

Au fait!

MORTINS.
Nous l'emportons.
ÉDOUARD.
Mais Godwin et son monde
Marchaient sous ton drapeau.
MORTINS.
Dis plutôt sous le tien.
ÉDOUARD.
C'est un mal.
MORTINS.
Rien n'est mal pour arriver au bien.
ÉDOUARD.
Sans eux l'élection avait la même issue.
MORTINS.
Unanime par eux, c'est un coup de massue.
ÉDOUARD.
Pour le ministère?
MORTINS.
Oui.
ÉDOUARD.
Je puis tout approuver,
S'il en meurt.
MORTINS.
Pour qu'il meure, il le faut achever.
ÉDOUARD.
Viens-tu me proposer quelque autre choix semblable?
MORTINS.
Notre choix d'aujourd'hui pouvait être admirable.
ÉDOUARD.
Comment?
MORTINS.
Sans ton refus nous l'aurions nommé tous.
ÉDOUARD.
C'est un honneur, Mortins, dont j'étais peu jaloux.
MORTINS.
Ne l'étant pas pour toi, pour nous tu devais l'être;

Mais ce noble fardeau te reviendra peut-être.
Tes collègues sont nuls.
ÉDOUARD.
C'est vrai.
MORTINS.
Si par hasard
Milord à s'installer mettait quelque retard...
ÉDOUARD.
Eh bien?
MORTINS.
De la Cité tu resterais l'arbitre,
Et serais par le fait ce qu'il est par le titre.
ÉDOUARD.
Mais le contraire est sûr.
MORTINS.
C'est ce qu'il faudra voir :
Tu vas en attendant user de ton pouvoir.
ÉDOUARD.
Comme alderman?
MORTINS.
Sans doute.
ÉDOUARD.
A ton nouveau lord-maire
Que ne t'adresses-tu?
MORTINS.
Ton nom m'est nécessaire.
Par quelques mots brûlants et de ta main signés,
Arrache à leurs travaux ces hommes dédaignés,
Mais purs, mais dont la race, injustement flétrie,
De ses mâles sueurs enrichit l'industrie.
Que les marchés déserts, le port, les ateliers,
Sur le pavé, demain, les jettent par milliers :
Qu'ils viennent de Névil escorter la grande ombre;
Au convoi triomphal qu'ils viennent par leur nombre
Témoigner de ta force en marchant sur tes pas.
Les puissants font cortége aux puissants d'ici-bas;

A l'homme vertueux il faut une autre gloire,
C'est tout un peuple en deuil honorant sa mémoire.
ÉDOUARD.
Me réponds-tu, Mortins, de leur recueillement?
MORTINS.
Leur respect t'en répond, à moins que, s'animant
De l'énergique ardeur que tes accents font naître,
D'en comprimer l'élan leur cœur ne soit plus maître.
Spectacle auguste, alors! qu'il sera beau de voir
Cette innombrable masse à ta voix s'émouvoir,
Frémir de tes transports, s'embraser de ta flamme,
Et prendre, en t'admirant, une âme dans ton âme!
Tu n'auras plus affaire à tes faiseurs de lois;
Cœurs glacés que ceux-là! Non, tu vas cette fois,
Tu vas ressusciter sur la place publique
Les triomphes perdus de l'éloquence antique.
Mais, ce n'est pas assez d'exalter la vertu;
Frappe, écrase le vice à ses pieds abattu.
Ils seront là, couverts de leur deuil hypocrite :
Que sur leur front, par toi, leur honte soit écrite;
Sous leur vain appareil va les chercher, prends-les,
Livre-les dépouillés aux regards des Anglais ;
Que dans leur nudité le peuple les contemple!
Et faire de leur chute un mémorable exemple,
En te portant au ciel les réduire au néant,
Ne sera plus qu'un jeu pour ses bras de géant.
ÉDOUARD.
Eh quoi! sur un cercueil des paroles de haine!
Quoi! profanant des morts le funèbre domaine,
Y transporter l'aigreur de nos débats humains!
Quelle arène, Mortins, pour en venir aux mains!
Névil s'indignerait de nous y voir descendre,
Et nos pieds de ton père y fouleraient la cendre.
Dans nos temps sans croyance, où l'on se rit de tout,
Laisse au moins des tombeaux la majesté debout.
Nous devons à Névil un peuple pour cortége;

Il l'aura; j'écrirai : mais qu'un mot sacrilége
Dans le séjour de paix troublé par nos discords
Divise les vivants en insultant les morts!
Non; d'un culte si saint malheur à qui se joue!
Honte à qui peut jeter dans le sang et la boue
Un appel aux partis pour en souiller l'adieu
Que reçoit la vertu qui remonte vers Dieu!
Je dois combattre ailleurs une injuste puissance;
Là je ne dois parler que de reconnaissance,
Quand un grand citoyen n'a plus rien de mortel,
Pour la patrie en pleurs sa tombe est un autel
Qui réunit les fils sur la cendre des pères,
Et devant un cercueil tous les hommes sont frères.

MORTINS.

Tu vas perdre, Édouard, un triomphe assuré.
Chacun parle, après tout, comme il est inspiré :
Dis ce qui te plaira, je dis ce que je pense;
Mais remplis un devoir dont rien ne te dispense :
L'adresse que j'attends n'admet point de retards;
Rédige-la de verve, écris, signe, et je pars.

ÉDOUARD.

J'y vais.

(*Il sort par une porte latérale.*)

SCÈNE IV.

MORTINS, *seul.*

Respect d'enfant! Demain, quoi que tu fasses,
Avec ou malgré toi, nous remuerons les masses :
Sur le pouvoir croulant nous allons les lâcher;
Elles t'entraîneront. Tu ne veux que marcher;
Tu vas courir. Le fou! Pourtant sa modestie
Laisse aux mains d'un Derby le sort de la partie.
Mais l'avoir fait nommer n'est pas un faux calcul :

Nelbroun aurait agi; lui, je le rendrai nul.
Faisons plus : qu'à son poste il n'ose point paraître;
De tout, comme alderman, Édouard reste maître...
Oui, que milord s'absente ou ne soit qu'un écho.
Devenons donc pour lui le spectre de Banquo :
Terrible j'apparais avant qu'il se cramponne
A son fauteuil de maire; et je veux qu'il frissonne.
Je veux... Lady Strafford.

SCÈNE V.

MORTINS, LADY STRAFFORD, *des fleurs à la main.*

LADY STRAFFORD, *à part, en entrant.*

Monsieur Mortins!

MORTINS, *à part.*

Ma foi!
J'affronte à tout hasard l'horreur qu'elle a pour moi.

LADY STRAFFORD, *à part.*

Risquons le tête-à-tête ; après tout il m'importe
De savoir jusqu'où va la haine qu'il me porte.

(*A Mortins.*)

Mon oncle, qui me suit, va dans quelques moments
Vous adresser, monsieur, tous ses remercîments :
Il vous en doit beaucoup.

MORTINS.

D'un acte de justice!
C'est à nous, milady, que j'ai rendu service.

LADY STRAFFORD.

Votre nom est pour vaincre un puissant allié.

MORTINS.

Ce nom, quoi! milady ne l'a pas oublié?

LADY STRAFFORD.

Convenez qu'en cela j'eus bien peu de mérite :
L'oublier! et comment? tout le monde le cite.

ACTE III, SCÈNE V.

MORTINS.
Édouard a lui seul cette gloire aujourd'hui.
LADY STRAFFORD.
Vous n'êtes donc, monsieur, juste que pour autrui.
MORTINS, *à part*.
Sa haine est fort aimable.
LADY STRAFFORD, *à part*.
     Il n'est pas trop farouche.
MORTINS.
Je n'osais espérer cet accueil qui me touche.
LADY STRAFFORD.
Pourquoi?
MORTINS.
   De sentiments nous différons tous deux.
LADY STRAFFORD.
Oui, si vous arriviez au comble de vos vœux,
Je sais ce qu'au besoin de nous vous pourriez faire.
MORTINS.
Quoi donc?
LADY STRAFFORD, *cassant une à une la tête des fleurs qu'elle tient à la main*.
Vous comprenez?
MORTINS.
    L'allégorie est claire.
Mais songez-vous, madame, en rappelant Tarquin,
Qu'il était monarchique et non républicain?
LADY STRAFFORD.
Tous les partis vainqueurs ont, je crois, son système:
C'est ce que vous feriez?
MORTINS.
    Et vous feriez de même!
LADY STRAFFORD.
Non.
MORTINS.
Ni moi : si jamais je viens à l'emporter,
Sur mon respect, du moins, milady peut compter.

LA POPULARITÉ.

LADY STRAFFORD.

Jamais aux grands talents je ne veux être hostile,
Car j'ai pour eux un culte; ainsi soyez tranquille.

MORTINS.

(*A lady Strafford.*)   (*A part.*)
Vous me rendez confus. On me traite si bien...
Parlons à cœur ouvert.

LADY STRAFFORD.

(*A part.*)   (*A Mortins.*)
Brisons la glace. Eh bien!
Quelqu'un m'a dit que moi, moi si peu redoutable,
Vous m'honoriez, monsieur, d'une haine implacable.

MORTINS.

Eh bien! quelqu'un aussi m'a dit secrètement
Que je vous inspirais le même sentiment.

LADY STRAFFORD.

De mon côté, monsieur, rien n'est moins vrai.

MORTINS.

Madame,
On eût dit le contraire en lisant dans mon âme.

LADY STRAFFORD.

Je vous crois.

MORTINS.

Je combats ceux que vous combattez.

LADY STRAFFORD.

Et je déteste, moi, ceux que vous détestez.

MORTINS.

Pour secouer leur joug j'exposerais ma vie.

LADY STRAFFORD.

Partager cette gloire est le sort que j'envie.

MORTINS.

Vous le pouvez.

LADY STRAFFORD.

Comment?

MORTINS.

Ils tombent.

ACTE III, SCÈNE V.

LADY STRAFFORD.

Quand?

MORTINS.

Demain,
Si le nouveau lord-maire y veut prêter la main...

LADY STRAFFORD.

Il le faut.

MORTINS.

Ou consent qu'Édouard le remplace.

LADY STRAFFORD.

C'est mieux; après la crise ajournons son audace.

MORTINS.

Édouard, dans la lutte, entre nous deux pressé,
Par l'amitié, l'amour, par moi, par vous poussé,
Va droit à notre but sans que rien l'en écarte;
Mais il faut que milord croise les bras ou parte.

LADY STRAFFORD.

Pour qu'il n'agisse pas, que faire?

MORTINS.

Je le sais :
Proposons-lui d'agir.

LADY STRAFFORD, *souriant*.

Ah! vous le connaissez.
Il craint la guerre ouverte.

MORTINS.

Au mot peuple il se trouble.

LADY STRAFFORD.

Parlez, je vous soutiens.

MORTINS.

Frappez, et je redouble.

LADY STRAFFORD.

Que l'abîme à ses yeux s'ouvre s'il prend parti.

MORTINS.

Qu'il tremble d'y tomber.

LADY STRAFFORD.

Qu'il s'y voie englouti.

MORTINS.
Je n'épargnerai rien pour que la peur l'arrête.
LADY STRAFFORD.
Je lui ferai dresser les cheveux sur la tête.
Il vient, livrons l'assaut.

SCÈNE VI.

LES PRÉCÉDENTS, LORD DERBY.

LORD DERBY, *à part, en entrant.*
Mortins ! J'arrive à temps.
MORTINS.
Pour vous féliciter, milord, je vous attends.
LORD DERBY.
J'ai triomphé, monsieur, grâce à votre assistance :
Ma joie est moindre encor que ma reconnaissance.
MORTINS, *d'un air mystérieux.*
Parlons bas.
LORD DERBY.
Pourquoi donc ?
MORTINS.
Vous êtes notre espoir.
LADY STRAFFORD.
Vous allez accomplir un bien noble devoir.
MORTINS.
D'autant plus glorieux que le moment est grave.
LADY STRAFFORD.
Décisif.
MORTINS.
Mais est-il des dangers qu'on ne brave
Pour servir son pays ?
LADY STRAFFORD.
Pour l'affranchir ?

ACTE III, SCÈNE VI.

LORD DERBY.
                                        Parlez :
Je ne me doute pas de ce que vous voulez.

MORTINS.
N'avez-vous pas promis de nous prêter main-forte ?

LORD DERBY.
Si le but...

LADY STRAFFORD.
        Il est grand ; pour les moyens, qu'importe ?

LORD DERBY.
Les moyens, cependant...

MORTINS.
                    Ils sont prêts : agissons.

LORD DERBY.
Mais la légalité...

LADY STRAFFORD.
        Si nous la renversons,
C'est pour la rétablir.

LORD DERBY.
        Madame !

MORTINS.
                Une promesse
Vous lie à moi.

LORD DERBY.
        Monsieur !

MORTINS.
        Tenez-la.

LADY STRAFFORD.
                Le temps presse :
Tout est réglé.

MORTINS.
        Le lieu.

LADY STRAFFORD.
        Le jour.

MORTINS.
                        Les instruments.
    LADY STRAFFORD.
Le chef qui conduira ces grands événements.
      LORD DERBY.
Sans qu'on m'en ait rien dit!
        LADY STRAFFORD.
                    Vous allez tout connaître.
       MORTINS.
Le lieu, c'est la Cité, dont vous êtes le maître.
       LADY STRAFFORD.
Le jour pris, c'est demain.
       MORTINS.
                    Les instruments, c'est nous.
    LADY STRAFFORD.
C'est le peuple.
         LORD DERBY.
      Le peuple!
       MORTINS.
                    Enfin, le chef...
      LORD DERBY.
                                    Qui?
    LADY STRAFFORD *et* MORTINS.
                                    Vous.
       LORD DERBY.
Dieu! vous m'auriez choisi!
         MORTINS.
                    D'une voix unanime.
       LADY STRAFFORD.
Pouvaient-ils mieux, milord, vous prouver leur estime?
        LORD DERBY.
Certes, l'honneur est grand; mais...
        LADY STRAFFORD.
                            Vous l'accepterez?
       MORTINS.
Vous l'acceptez.

ACTE III, SCÈNE VI.

LADY STRAFFORD, *à Mortins.*

Faut-il de l'or aux conjurés ?
Mon oncle y pourvoira par un bon sur la banque.

LORD DERBY.

Moi !

MORTINS.

Je dois à milord recourir si j'en manque.

LADY STRAFFORD, *à Mortins.*

Des armes ?

MORTINS.

Si milord peut nous en fournir...

LORD DERBY.

Moi !

Où les prendre, monsieur ?

LADY STRAFFORD.

Dans votre hôtel.

LORD DERBY.

Eh quoi !...

LADY STRAFFORD.

Il en est plein.

LORD DERBY.

Qu'entends-je ?

LADY STRAFFORD.

Et c'est ma prévoyance
Qui, par des gens à vous, l'en a rempli d'avance.

MORTINS, *étonné.*

Comment, c'est vrai ?

LADY STRAFFORD.

Très-vrai.

LORD DERBY.

Quelle audace !

MORTINS, *à part.*

Charmant !
Un vieux conspirateur n'eût pas fait autrement.

LORD DERBY.

Transformer mon hôtel en arsenal, madame ?

LADY STRAFFORD.
Pour qu'un si beau succès fût l'œuvre d'une femme.
MORTINS.
Les armes à la main, milord, je vous suivrai.
LORD DERBY.
Mais si...
LADY STRAFFORD, *à Mortins.*
Venez ce soir, tout vous sera livré.
LORD DERBY.
Si par l'autorité la trame est découverte?
LADY STRAFFORD, *froidement.*
Eh bien?
MORTINS, *de même.*
Eh bien?
LORD DERBY, *hors de lui.*
Eh bien! c'est fait de nous.
LADY STRAFFORD.
Leur perte
Ou la nôtre!
LORD DERBY.
Avant tout...
MORTINS.
Leur chute ou notre mort!
LORD DERBY.
Laissez-moi respirer.
MORTINS.
Il est trop tard, milord.
LADY STRAFFORD.
Y dussiez-vous périr, montrez-vous!
MORTINS.
Par prudence,
Ne mettons pas Lindsey dans notre confidence.
Le voici.

SCÈNE VII.

LES PRÉCÉDENTS, ÉDOUARD.

ÉDOUARD, *remettant un papier à Mortins.*
Tiens, Mortins.
(*A lady Strafford.*)
Ah! milady, pardon.
LADY STRAFFORD.
Quel transport unanime éclate à votre nom!
Monsieur, c'est de l'ivresse : éloquent, admirable!
On n'entend que cela. Comme un concert semblable,
Tout bruyant qu'il était, nous a semblé fort doux,
Si nous arrivons tard, n'en accusez que vous.
ÉDOUARD.
Milord vient d'obtenir sa couronne civile;
Est-il heureux?
LORD DERBY.
Charmé.
ÉDOUARD.
Vous pourrez être utile;
Vous le désiriez tant!
LADY STRAFFORD.
Il le sera.
ÉDOUARD.
Je vien
De citer votre nom en le joignant au mien.
LORD DERBY.
Mon nom!
ÉDOUARD, *montrant le papier que lit Mortins.*
Dans cet écrit.
LORD DERBY.
Qu'est-ce donc?

ÉDOUARD.

J'ai dû faire,
Dans une adresse au peuple, une part au lord-maire.

LORD DERBY.

C'est une adresse...

LADY STRAFFORD.

Au peuple.

ÉDOUARD, *à Mortins.*

Est-ce à ton gré?

MORTINS.

Parfait;
Et le nom de milord en doublera l'effet.
Je l'emporte.

LORD DERBY, *l'arrêtant.*

Songez...

LADY STRAFFORD.

Votre rôle commence.

LORD DERBY, *à Mortins.*

Que la publicité...

MORTINS.

Je vais la rendre immense.
(*A lady Strafford en s'inclinant.*)
Madame...

(*Bas à lord Derby.*)
Je serai chez milord à minuit

LADY STRAFFORD.

Et vous l'y trouverez.

LORD DERBY, *à part.*

Si j'y passe la nuit.

(*Mortins sort par le fond.*)

SCÈNE VIII.

LES PRÉCÉDENTS, *excepté Mortins,* SIR GILBERT, CAVERLY.

SIR GILBERT, *à Caverly, en entrant avec lui par une porte latérale.*
Cette nouvelle est sûre?
CAVERLY.
Eh oui! trop véritable.
SIR GILBERT.
Milady, mon cher lord, je suis inexcusable :
Je m'étais dans le parc oublié loin d'ici
En rêvant à quelqu'un qui m'oubliait aussi;
Mais les bruits alarmants et les tristes messages
Sont venus me chercher jusque sous mes ombrages.
CAVERLY.
Oui, les événements ont fait bien du chemin.
SIR GILBERT.
La révolte s'avance; on tremble que demain
Londres ne soit en proie à la guerre civile.
ÉDOUARD.
Parlez!
SIR GILBERT.
Les insurgés sont entrés dans Carlile.
ÉDOUARD.
Le ministère aussi contre eux n'agissait pas.
CAVERLY.
Vous le liez si bien, qu'il ne peut faire un pas.
LADY STRAFFORD, *bas à lord Derby.*
Dans Carlile?
LORD DERBY, *de même, à lady Strafford.*
Silence!
SIR GILBERT.
Et ce n'est rien encore :
On parle d'un complot.

ÉDOUARD.
D'un complot!
CAVERLY.
Près d'éclore,
Dont le chef...
LORD DERBY, *vivement*.
Quel est-il?
CAVERLY.
Je vous le donne en cent.
LADY STRAFFORD.
Vous, chevalier.
CAVERLY.
Non pas! non, je suis innocent;
J'aime la vie.
ÉDOUARD.
Enfin?
LORD DERBY.
Qui donc?
CAVERLY.
Lady Montrose.
LORD DERBY, *à part*.
Dieu!
ÉDOUARD.
Toujours elle!
LADY STRAFFORD, *indifféremment*.
Ici peut-elle quelque chose?
De si loin!
CAVERLY.
De fort près.
LORD DERBY.
Comment?
SIR GILBERT.
Sans contredit;
Car on la croit à Londre.
LORD DERBY.
Impossible!

ACTE III, SCÈNE VIII.

CAVERLY.

        On le dit.

LADY STRAFFORD, *en riant.*

Droit au palais Saint-Jame est-elle descendue ?

LORD DERBY, *à part.*

Son sang-froid me confond.

CAVERLY.

      Et je la tiens perdue
Si nous la découvrons.

ÉDOUARD.

      Plus de ménagement !
On ne peut trop punir un tel aveuglement.

LADY STRAFFORD.

Vous êtes rigoureux.

ÉDOUARD.

      La rigueur est justice
Pour celle qui préfère à l'ordre son caprice,
Aux lois la violence, en osant conspirer,
Un homme à son pays qu'elle vient déchirer.

LORD DERBY, *bas, à lady Strafford.*

Pour Dieu ! ne dites rien.

CAVERLY.

      Par mille inquiétudes
De tant d'honnêtes gens trouble les habitudes,
Et fait que, s'oubliant quand l'alarme est partout,
Il faut du bien public s'occuper avant tout.

LADY STRAFFORD.

Combattre pour sa cause est un droit dont elle use.

LORD DERBY.

Ne la défendez pas, milady.

LADY STRAFFORD.

      Je l'excuse.
Sur un point politique où l'on n'est pas d'accord
Tout le monde a raison et tout le monde a tort :
Rebelle selon vous, elle vous croit rebelle ;
L'ordre qui vous convient est désordre pour elle.

Quel doit être son but? d'y mettre fin : comment?
Peut-elle, ainsi que vous, lutter au parlement?
Non; en risquant sa tête elle apporte la guerre,
Et son courage, au moins, n'est pas d'un cœur vulgaire.

SIR GILBERT.

Quoi! vous l'approuvez?

LORD DERBY.

Nous!

LADY STRAFFORD.

Je suis femme, et je crois
De mon sexe opprimé devoir venger les droits.

CAVERLY.

Votre sexe est charmant; mais il perd tous ses charmes,
Quand pour nous égorger il prend nos propres armes.
L'héroïque lady le fait en ce moment :
Du peuple qu'elle agite on craint un mouvement;
Dans la Cité, milord, la tempête s'élève,
Et j'ai peur que sur vous le nuage ne crève.
Les ministres déjà vous ont fait demander;
On vous cherche.

LORD DERBY.

Moi?

CAVERLY.

Vous.

LORD DERBY.

Pourquoi?

CAVERLY.

Pour vous sonder,
Vous consulter; que sais-je?

LORD DERBY.

Alors, sans plus attendre,
Je cours à Londre.

CAVERLY.

Eh! non!

LADY STRAFFORD.

Je vais aussi m'y rendre.

ACTE III, SCÈNE VIII.

LORD DERBY, *bas, à lady Strafford.*
Pour y prendre la poste.
LADY STRAFFORD, *de même, à lord Derby.*
Et moi pour y rester.
ÉDOUARD.
Je vous quitte, mon père.
CAVERLY.
Un moment!
SIR GILBERT.
L'arrêter,
Quand la patrie en feu dans son danger l'appelle!
Vous faites bien, monsieur, de me quitter pour elle;
Je vous désavoùrais d'hésiter entre nous.
CAVERLY.
Qu'il dîne au moins d'abord; croyez-moi, dînons tous.
Ce qu'avant le dîner vous allez faire à Londre,
Vous le ferez après, et mieux, j'ose en répondre.
Quand l'État me réclame, à son aide je cours,
C'est-à-dire j'y vais; mais...
LADY STRAFFORD.
Vous dînez toujours.
UN DOMESTIQUE, *en entrant.*
Sir Gilbert est servi.
CAVERLY.
Ce mot-là vous arrête.
LORD DERBY.
Non pas.
LADY STRAFFORD.
Ni moi.
SIR GILBERT, *à lord Derby.*
Du cœur, milord, et de la tête.
LADY STRAFFORD.
Comptez sur lui.
ÉDOUARD, *à lord Derby.*
Je veux opposer avec vous
Ma voix à leurs clameurs, ma poitrine à leurs coups;

Marchons donc! que le flot nous couvre ou se retire,
Et la victoire à nous, milord, ou le martyre!
LORD DERBY, *à sir Gilbert.*
A revoir, baronnet.
SIR GILBERT, *saluant lady Strafford.*
Milady...
(*A son fils*)
Demeurez.

(*A Caverly.*)
Pardon.
CAVERLY, *qui suit le domestique.*
Je vous devance.

SCÈNE IX.

SIR GILBERT, ÉDOUARD.

SIR GILBERT.

A Londre, où vous courez,
Quel devoir vous attend, quel sort sera le vôtre?...
Ne nous séparons pas fâchés l'un contre l'autre;
Voilà ma main; la tienne!
ÉDOUARD.
Ah! je puis tout braver,
Tout vaincre.
SIR GILBERT.
Voici l'heure où tu dois le prouver.
J'espère en toi : pourtant tu faiblis, on t'entraîne;
L'honneur est sauf encor, mais l'épreuve est prochaine.
Engagé trop avant, auras-tu le pouvoir
De t'arrêter tout court, si tu crois le devoir ;
Ou souffrant qu'à son gré le mouvement t'emporte,
Aux révolutions rouvriras-tu la porte?
La plus juste, fatale aux peuples comme aux rois,
N'est un droit que le jour où meurent tous les droits:

Faite pour les sauver, c'est un effort sublime
Dont on souffre longtemps; faite sans cause, un crime.
Va donc, va, mon espoir : tiens ce que tu promets;
Devant mes cheveux blancs ne te démens jamais.
Ton déshonneur, mon fils! plutôt tes funérailles!
Une moindre douleur remûrait mes entrailles,
Et mieux vaudrait pour moi pleurer en l'éprouvant
Mon fils mort, Édouard, que le pleurer vivant.

(*Édouard baise la main de son père, qui le suit des yeux avec attendrissement quand il sort. La toile tombe.*)

ACTE QUATRIÈME

(*Chez Édouard Lindsey; même salon qu'au premier acte.*)

SCÈNE I.

ÉDOUARD, WILLIAM, *un secrétaire assis près de la table, et écrivant; plusieurs domestiques.*

ÉDOUARD, *après avoir signé un papier que le secrétaire lui présente.*

Pour qu'on prenne un parti l'alarme est assez vive,
Et j'attends, mais en vain, qu'un alderman arrive.
Êtes-vous sûr, William, qu'on les ait avertis?
WILLIAM.
Ils étaient tous, monsieur, malades ou sortis.

ÉDOUARD, *à un des domestiques.*

Vous, retournez chez eux.

(A un autre, en lui remettant un papier qu'il prend des mains de son secrétaire.)

Vous, cet ordre aux constables.
(A William.) (A part.)
Vous, restez. Les mutins deviendront plus traitables
Si Thomas Goff leur parle.
(Haut.)
A-t-on vu de ma part
Thomas Goff et Mortins?

WILLIAM.

Ils viendront.

ÉDOUARD.

Qu'il est tard!
Dans la solennité dont la pompe s'apprête,
Au peuple, ce matin, il faudra tenir tête;
Aux ministres, ce soir : je n'ai rien préparé.
Que dire sur Névil?
(Au secrétaire.) (A lui-même.)
Laissez-moi. Je dirai...
(A William.)
Pas un mot du lord-maire? Il n'est venu personne?

WILLIAM.

Personne encor, monsieur.

ÉDOUARD.

L'heure du danger sonne,
Et milord dans mes mains résigne ses pouvoirs :
On recherche les droits et l'on fuit les devoirs.
Je dirai...
(A William.)
Si l'on vient, ne faites pas attendre.
(A lui-même.)
Oui, cet exorde est bien; mais voudront-ils m'entendre?
(Il s'assied près de la table et il écrit.)
Qu'à me prêter main-forte Harrington soit tout prêt.

(Donnant une lettre à William.)
Au ministère, cours!
(Le rappelant au moment où il sort.)
Non; rends-moi ce billet!
Pour requérir l'emploi de la force publique,
Il faut que ce moyen soit ma ressource unique.
Sors!... Quel acte! dût-il sauver la liberté,
On dira que j'attente aux droits de la Cité.
Pas un whig furieux qui n'aboie ou ne morde.
Eh bien, je disais donc... Que me fait cet exorde?
Parler n'est rien, agir est le point important.
Pour un autre, après tout, faut-il hasarder tant?...
Nelbroun m'eût épargné l'embarras qui m'accable;
Mais ce choix, qui l'a fait? moi; je suis seul coupable.
Ah! c'était une faute, et par l'événement
Je vois qu'on ne peut pas faillir impunément.

WILLIAM, *qui entre.*
Monsieur Godwin!

ÉDOUARD.
Godwin! de lui je n'ai que faire;
Je n'y suis pas.

WILLIAM.
Il vient de la part du lord-maire.

ÉDOUARD, *vivement.*
Qu'il entre. Sur ma lettre on aura réfléchi,
Et d'un fardeau si lourd je vais être affranchi.

SCÈNE II.

ÉDOUARD, GODWIN.

GODWIN.
Monsieur, depuis longtemps le bonheur où j'aspire
Est de me rapprocher d'un homme que j'admire.

ÉDOUARD.
Parlez; je suis, monsieur, prêt à vous écouter.

GODWIN.
J'eus, dans plus d'un écrit, l'honneur de commenter
Les actes qui marquaient votre illustre carrière,
Et vous rendis toujours une justice entière.
ÉDOUARD.
Je vous en fais, monsieur, bien des remerciments;
Mais mettons à profit de précieux moments :
Milord...
GODWIN.
  En quittant Londre...
ÉDOUARD.
     Il est parti?
GODWIN.
       Sans doute.
Du nord avant minuit il avait pris la route.
ÉDOUARD.
Quel moment choisit-il, monsieur, pour s'absenter!
GODWIN.
Un motif très-urgent, et je puis ajouter
Très-moral, l'appelait dans le fond d'une terre.
ÉDOUARD.
Quand sa présence importe au sort de l'Angleterre!
GODWIN.
Son honneur scrupuleux d'un doute est obsédé.
ÉDOUARD.
Sur quoi?
GODWIN.
  Sur le serment.
ÉDOUARD.
     Il était décidé.
GODWIN.
Eh bien, il ne l'est plus, monsieur : votre éloquence
A sur ce point, dit-il, troublé sa conscience,
Il ne refuse rien; mais avant d'accepter,
Quelques jours loin du bruit il veut se consulter.

ACTE IV, SCÈNE II.

ÉDOUARD.

Dites mieux : il s'enfuit, et le danger le chasse ;
Ce qu'il n'ose pas faire, il veut que je le fasse.

GODWIN.

Bien que j'aie entrepris d'être son avocat,
Mon rôle, en insistant, devient trop délicat.
Si grands que soient ses torts envers moi qu'il délaisse,
Mon Dieu, je les excuse et je plains sa faiblesse :
Ce que je trouve mal, c'est d'exposer celui
Dont la voix fit pencher l'opinion pour lui.
Je ne puis colorer d'une excuse passable
Son abandon subit qui vous rend responsable ;
Ma franchise y répugne, et je suis trop loyal
Pour ne pas répéter que c'est mal, et très-mal.
Je me bornerai là, venant sous ses auspices ;
Mais vous offrir, monsieur, ma plume et mes services...

ÉDOUARD.

A moi !

GODWIN.

C'est mon devoir ; tant je veux vous prouver
Que ce cœur tout anglais est loin de l'approuver.
Eh ! quel mérite obscur, quelle mince industrie
Ne doit pas, dans l'espoir de sauver la patrie,
Le tribut de son zèle au seul homme d'État
Dont nous puissions attendre un si grand résultat !
Dans quel sens donc, pour qui, contre qui dois-je écrire ?
Quoi que vous ordonniez, vous m'y verrez souscrire.
En me donnant à vous, c'est à la probité,
Au courage, au talent, c'est à la liberté,
Que vous allez servir, que milord abandonne,
C'est au pays enfin, monsieur, que je me donne.

ÉDOUARD.

D'un dévoûment si prompt j'ai lieu de m'étonner ;
Que lui demandez-vous, monsieur, pour vous donner ?

GODWIN.

Un noble prix.

ÉDOUARD

Lequel?

GODWIN.

L'honneur de le défendre...

ÉDOUARD.

C'est tout.

GODWIN.

Au parlement.

ÉDOUARD.

Je commence à comprendre :
Oui, Névil, qui n'est plus, de deuil couvre nos bancs,
Et pour remplir ce vide...

GODWIN.

On m'a mis sur les rangs.

ÉDOUARD.

Mais qui donc?

GODWIN.

La Cité : parlez et l'on me nomme.

ÉDOUARD.

Et vous voulez, monsieur, remplacer un tel homme!

GODWIN.

Lui succéder; hors vous qui peut le remplacer?

ÉDOUARD.

Je ne crois pas encor devoir me prononcer.

GODWIN.

Monsieur en m'appuyant craint de se compromettre.

ÉDOUARD.

Non ; mais pour rester libre il ne faut rien promettre.

GODWIN.

Rester libre est un droit; pourtant j'ai vu de près
Se mouvoir en tous sens bien des ressorts secrets,
Qui, mieux connus de vous après ma confidence,
Pourraient de mille écueils sauver votre prudence.

ÉDOUARD.

De vos conseils, monsieur, il faudra me passer,
Puisqu'il n'est pas en moi de les récompenser.

ACTE IV, SCÈNE II.

GODWIN.

Pardon, de me servir vous avez la puissance;
Mais rien n'est moins commun que la reconnaissance.

ÉDOUARD.

En quoi donc s'il vous plaît suis-je votre obligé?

GODWIN.

En rien.

ÉDOUARD.

Parlez!

GODWIN.

Le croire est un travers que j'ai.

ÉDOUARD.

Expliquez-vous, de grâce.

GODWIN.

Un droit que je m'arroge.

ÉDOUARD.

Enfin!

GODWIN.

Vous supposez que l'on vous doit l'éloge.

ÉDOUARD.

A tout homme public on doit la vérité;
Partant, l'éloge aussi, quand il l'a mérité.

GODWIN.

Lorsque de favorable elle devient contraire,
Ce que la presse a fait elle peut le défaire.

ÉDOUARD.

On la juge à son tour, et, favorable ou non,
Son arrêt n'a de poids qu'autant qu'elle a raison.

GODWIN.

Si haut qu'on soit placé, vous atteindre est possible.

ÉDOUARD.

La main d'où part le coup peut y rendre insensible.

GODWIN.

Souvent qui l'est pour soi ne l'est pas pour autrui;
Votre père...

ÉDOUARD.
Arrêtez : pas un seul mot sur lui,
Pas un!
GODWIN.
Ah! j'ai touché le côté vulnérable.
ÉDOUARD.
Honneur à soixante ans d'une vie honorable!
GODWIN.
Monsieur, vous êtes libre, et je dois l'être aussi.
ÉDOUARD.
Dans votre feuille, soit, monsieur ; mais pas ici.
GODWIN.
La guerre donc, monsieur!
ÉDOUARD.
Eh bien, monsieur, la guerre!
GODWIN.
Sûr de l'opinion, vous ne me craignez guère ;
Vous dédaignez la presse, et vous avez grand tort.
ÉDOUARD.
Vous vous trompez, monsieur, je la respecte fort;
Une atteinte à ses droits me semblerait un crime,
Et je la défendrais, fussé-je sa victime.
Mais qui donc êtes-vous pour parler en son nom?
N'a-t-elle qu'une voix? Est-ce la vôtre? non.
Nul n'est à lui tout seul la presse tout entière :
A la discussion s'il ne donnait matière,
Son arrêt sans appel, qu'un seul aurait porté,
Serait la tyrannie et non la liberté;
Contre elle et contre tous, notre garant, c'est elle.
D'une lutte incessante elle sort immortelle,
En opposant toujours la justice au faux droit,
Et le fait qu'on doit croire au bruit menteur qu'on croit,
Les noms dont elle est fière à ceux dont elle a honte ;
Noms purs, nobles talents, c'est sur eux que je compte!
J'ai foi dans leur puissance et j'en bénis l'emploi;
Car le bien est son but, la vérité sa loi.

Ce sont là les soutiens de la presse équitable,
Ceux qui par leurs travaux la rendent respectable,
Convaincus qu'à nos yeux pour la représenter
Le premier des devoirs est de se respecter.
Quant à vous, sur ma vie accumulez l'injure;
Critiquez, censurez, déchirez; je vous jure
Que, fidèle à ma route, on ne me verra pas,
Pour vous répondre un mot, me détourner d'un pas.
Il faut bien en courant soulever la poussière;
Faites votre métier, je poursuis ma carrière.

GODWIN.

Adieu, monsieur!

ÉDOUARD.

Adieu.

SCÈNE III.

ÉDOUARD, puis CAVERLY.

ÉDOUARD.

Comme il va me traîter!
J'en ai trop dit... Eh non! que puis-je redouter?
S'attaquer à mon père! il est fou s'il le tente.
Thomas Goff ne vient pas... insupportable attente!
Que fait-il donc?

CAVERLY, *entrant*.

Mon cher, tout s'en va.

ÉDOUARD.

Quel effroi!
Le cabinet s'en va, mais rien de plus.

CAVERLY.

Ma foi,
Je n'en répondrais pas.

ÉDOUARD.

Qu'un ministre culbute,
Il doit tout, à l'en croire, emporter dans sa chute.

CAVERLY.

Mais s'il emportait tout, j'en serais : donc je crains ;
Car un roi me va mieux que mille souverains.
C'est ce que nous aurions, et plus encor peut-être,
Si nous avions demain tous ceux qui veulent l'être :
Voilà comme le peuple entend la liberté.

ÉDOUARD.

Et comme le pouvoir l'entend de son côté.

CAVERLY.

Oh! la sienne a pour base un ordre confortable
Qui défend ma maison, ma voiture, ma table :
Et la patrie est là. Je vous vois rire ; eh bien !
Pour aimer la patrie il faut s'y trouver bien.
J'en conclus que ce mot dans deux sens doit s'entendre :
Quand on a, conserver ; et quand on n'a pas, prendre.
Or, puisque nous avons, au moins défendons-nous :
Votre intérêt le veut ; nous submergés, c'est vous
Qui serez englouti, si le torrent déborde.
Il faut le contenir ; on le peut : qu'on s'accorde.
Je pense qu'Harrington agira sagement
S'il fait un pas vers vous pour un arrangement.

ÉDOUARD.

Je dois sa chute au peuple ; un homme est un système.

CAVERLY.

Un homme peut changer.

ÉDOUARD.

Qu'il tombe et de moi-même
Je lui tendrai la main.

CAVERLY.

C'est pour ne pas tomber
Qu'il vous la tendrait, lui.

ÉDOUARD.

Craint-il de succomber?

Il est, n'en doutez pas, grand temps qu'il se retire.
CAVERLY.
Avec ce moyen-là tout ministre s'en tire :
C'est un moyen connu, mais fâcheux.
ÉDOUARD.
        Quant à moi,
Sous le scrutin, ce soir, j'anéantis sa loi.
CAVERLY.
Si vous devez parler, je le crois bien malade.
ÉDOUARD.
Vous a-t-il, par hasard, chargé d'une ambassade?
CAVERLY.
D'une ambassade, lui! je l'aurais bien reçu!
Je viens en amateur... Mais d'où diable a-t-il su
Que votre don vous cause un embarras pénible?
ÉDOUARD.
Il le sait?
CAVERLY.
   Il s'y montre infiniment sensible,
Et même il emploîrait, pour vous tirer de là,
Pour faire face à tout, les ressources qu'il a.
ÉDOUARD.
S'est-il permis, monsieur, d'expliquer ce langage?
CAVERLY.
Il se fût bien gardé d'en dire davantage...
ÉDOUARD.
Bien!
CAVERLY.
  J'éclatais.
ÉDOUARD.
  Très-bien!
CAVERLY.
      Et, changeant de discours,
Il a paru sentir combien votre concours,
En l'aidant à porter le poids du ministère,
Serait, dans le conseil, utile à l'Angleterre.

ÉDOUARD.

Je tiendrais pour affront qu'il osât m'en parler;
Et quand il vous l'a dit...

CAVERLY.

J'ai voulu m'en aller.

ÉDOUARD.

Fi donc!

CAVERLY.

Je m'en allais. Alors sa seigneurie,
Qui me veut un grand bien, et sait que la pairie
Sous ce double rapport m'a toujours beaucoup plu,
Qu'on est législateur et qu'on n'est pas élu,
M'en a touché deux mots.

ÉDOUARD.

Et vous vous laissez faire?

CAVERLY.

La couronne de duc, un siége héréditaire
Où l'on ne dépend plus du peuple ni du roi,
Où, se représentant, on relève de soi;
Rang, pouvoir, liberté, la noble récompense!...
Pour Lindsey, m'a-t-il dit, c'est à quoi le roi pense.

ÉDOUARD.

Et quand il m'a nommé, vous...

CAVERLY.

Je l'ai laissé là
En lui tournant le dos, mon cher, et me voilà.

ÉDOUARD.

Où la corruption est-elle parvenue!
Tous mes actes sont purs et ma vie est connue :
Deux hommes, ce matin, viennent me visiter,
L'un pour se vendre à moi, l'autre pour m'acheter.

CAVERLY.

Mon honorable ami, qu'est-ce que cela prouve?
L'entraînement forcé que pour vous on éprouve;
Tout le monde vous aime, ou vous craint; je conçoi
Qu'on désire être à vous ou vous avoir à soi.

ACTE IV, SCÈNE III.

Grand, petit, faible, fort, chacun cherche à vous plaire,
Chacun offre un tribut à l'astre populaire
Dont l'éclat le remplit d'espoir ou de stupeur,
Et dont la queue, à moi, me fait surtout grand'peur.
Comment doit-il traiter la sphère que j'habite?
Rouvrirez-vous pour nous le gouffre jacobite?

ÉDOUARD.

Non.

CAVERLY.

Soulèverez-vous l'océan plébéien?

ÉDOUARD.

Pas plus.

CAVERLY.

Moins, s'il vous plaît; pas du tout: ce moyen
Est mon épouvantail; par goût, par habitude,
Je ne peux pas frayer avec la multitude.
Je suis civilisé jusqu'au raffinement :
Plutôt Jacque et les siens qu'un bouleversement
Qui nous ramènerait au gland pour nourriture!
C'est mon horreur, à moi, que l'état de nature.

ÉDOUARD.

Écoutez, chevalier, vous direz à celui
Qui, par ambassadeur, marchande mon appui,
Que je veux, pour répondre à l'offre qu'il m'a faite,
Au parlement, ce soir, consommer sa défaite.
Quant à la multitude, et je pense avec vous
Que ses façons d'agir pourraient heurter vos goûts,
Je dois, comme alderman, lui résister en face...

CAVERLY.

Vous me faites du bien.

ÉDOUARD.

Et j'en aurai l'audace,
Dussé-je de la force autoriser l'emploi :
Mais pour les contenir il suffira de moi.

J'en réponds; je suis sûr de leur obéissance,
(*Voyant entrer Mortins et Thomas Goff.*)
Et je vais vous montrer jusqu'où va ma puissance.

SCÈNE IV.

LES PRÉCÉDENTS, MORTINS, THOMAS GOFF.

ÉDOUARD.

Arrivez donc, messieurs!

MORTINS.

Que veux-tu?

THOMAS GOFF.

Nous voici!

MORTINS, *saluant Caverly.*

Ah! c'est vous!

CAVERLY.

Toujours moi.

ÉDOUARD.

Vous deviez être ici
Depuis une heure et plus.

MORTINS.

Chacun a ses affaires.

THOMAS GOFF.

Et les nôtres, vrai Dieu! ne sont pas ordinaires.

ÉDOUARD.

Je le sais.

THOMAS GOFF.

Le fer chauffe, et tout va rondement.

ÉDOUARD.

J'ai besoin, mon ami, de votre dévoûment.

THOMAS GOFF.

Pour vous, mon orateur, que faut-il entreprendre?
(*Montrant Caverly, qui s'est assis.*)
Je cours... Mais ce monsieur n'ira-t-il pas nous vendre?

ACTE IV, SCÈNE IV.

CAVERLY, *à part.*

Oh! je ne lui plais pas.

ÉDOUARD.

Il peut nous écouter.

MORTINS, *qui s'assied de l'autre côté de la scène.*

Je vais en faire autant.

THOMAS GOFF.

Ma foi, s'il veut rester,
Qu'il reste : je n'ai peur de lui ni de personne.

ÉDOUARD.

Vous aimez le pays?

THOMAS GOFF.

La question est bonne!

ÉDOUARD.

Le peuple?

THOMAS GOFF.

Tiens! c'est moi.

ÉDOUARD.

Vous et quelques amis...

THOMAS GOFF.

Ce n'est pas moi tout seul.

ÉDOUARD.

A vos ordres soumis.

THOMAS GOFF.

En jurant par mon nom ils jurent par le vôtre.

ÉDOUARD.

Ainsi, même intérêt, même but est le nôtre?

THOMAS GOFF.

Bien dit!

ÉDOUARD.

Ce que je veux, vous le voulez.

THOMAS GOFF.

D'accord.

ÉDOUARD.

Je puis compter sur vous?

THOMAS GOFF.
Certe.

ÉDOUARD.
Et sur eux.

THOMAS GOFF.
Très-fort.

ÉDOUARD.
Vous suivrez mon conseil?

THOMAS GOFF.
C'est un ordre.

ÉDOUARD.
A la lettre?

THOMAS GOFF.
Oui

ÉDOUARD.
Sans hésiter?

THOMAS GOFF.
Oui.

ÉDOUARD.
Dût-il vous compromettre?

THOMAS GOFF.
Cent fois oui.

ÉDOUARD, *lui serrant la main.*
Mon cher Goff, je suis reconnaissant.

CAVERLY, *à part.*
Ah! voilà qui vous met du baume dans le sang.

MORTINS, *de même.*
Où veut-il en venir?

ÉDOUARD, *à Thomas Goff.*
Soyez donc assez sage
Pour revoir vos amis et détourner l'orage.

THOMAS GOFF.
Non.

ÉDOUARD.
Mais...

ACTE IV, SCÈNE IV.

THOMAS GOFF.

Non pas.

ÉDOUARD.

Comment?

THOMAS GOFF.

Non; je n'en ferai rien.

ÉDOUARD.

Le faire est d'un brave homme et d'un bon citoyen.

THOMAS GOFF.

Non.

ÉDOUARD.

Il faut prévenir des désordres coupables.

THOMAS GOFF.

Eh non!

ÉDOUARD.

Vous le devez.

THOMAS GOFF.

Non, de par tous les diables!

CAVERLY, *à part*.

Je l'aurais parié.

MORTINS, *de même*.

C'est sur quoi je comptais.

ÉDOUARD, *à Thomas Goff*.

Ne m'avez-vous pas dit...

THOMAS GOFF.

Qu'à vos ordres j'étais.

ÉDOUARD.

Alors?...

THOMAS GOFF.

Si vous vouliez ce que je veux moi-même.

ÉDOUARD.

Je le veux, mon cher Goff.

THOMAS GOFF.

Mais vous changez de thème.

ÉDOUARD

En quoi?

THOMAS GOFF.

Vous m'engagez à trahir le pays.

ÉDOUARD.

Le puis-je?

THOMAS GOFF.

Ils criront tous, morbleu! que je trahis.

ÉDOUARD.

Vous êtes éloquent; vous leur ferez comprendre...

THOMAS GOFF.

Ils le criront si fort qu'on ne pourra m'entendre.

ÉDOUARD.

Mais puisqu'ils sont toujours de votre sentiment.

THOMAS GOFF.

Bon! quand je dis comme eux; que je dise autrement,
Le feu prend a la poudre, et je suis sur la mine.
Non, non; si je le fais, que le ciel m'extermine!

ÉDOUARD.

Aide-moi donc, Mortins, à le persuader.

MORTINS, *qui se lève.*

Dans cette œuvre, Édouard, je ne peux pas t'aider.
De son patriotisme il t'a donné la preuve;
Cesse de l'éprouver.

THOMAS GOFF.

    Ah! c'était une épreuve.

ÉDOUARD.

Gardez-vous de le croire.

THOMAS GOFF.

    Aussi j'ai tenu bon.

ÉDOUARD.

Rien n'est plus sérieux.

THOMAS GOFF.

    Vous parliez sur ce ton,

(*Montrant Caverly*)
A cause de monsieur.

ACTE IV, SCÈNE IV.

CAVERLY.
De moi !

THOMAS GOFF.
Dans la bagarre,
S'il tombe sous ma main, je ne dirai pas : Gare !
C'est moi qui l'en préviens.

CAVERLY.
Je lui déplais.

ÉDOUARD.
Mais moi,
Je prétends qu'à tout prix force reste à la loi.

THOMAS GOFF.
Bien joué : les grands mots, comme dans votre adresse !

ÉDOUARD.
Par là qu'entendez-vous ?

THOMAS GOFF.
Le calme et la sagesse !

ÉDOUARD.
Eh bien ?

THOMAS GOFF.
Pour nous pousser et n'en pas avoir l'air.

ÉDOUARD.
Qui vous a dit cela ?

THOMAS GOFF.
Quelqu'un qui voit très-clair.

ÉDOUARD.
Erreur !

THOMAS GOFF.
Nous comprenons.

EDOUARD.
Mais c'est faux.

THOMAS GOFF.
Bouche close,
Il suffit pour agir qu'on ait compris la chose.

ÉDOUARD.

Je vous dis que c'est faux : on a de mon écrit
Faussé l'intention, dénaturé l'esprit.
Croyez-moi, mon cher Goff, et soyez raisonnable;
Ne changez pas en crime une erreur pardonnable.
Vous, riche industriel, aimé, considéré,
Céder aux passions où je vous vois livré,
C'est comme citoyen manquer de caractère,
Et manquer de bon sens comme propriétaire.

THOMAS GOFF.

Oh! mes propriétés on les respectera;
Quant à celles d'autrui, s'en mêle qui voudra.
Les intérêts privés ne sont pas mon affaire :
Je suis homme public. Laissez, laissez-nous faire;
Nous vous laisserons dire : ainsi donnez-nous tort,
Et plus vous crîrez haut, plus nous frapperons fort.
Ministres, lords, shérifs et toute la séquelle,

(*Se tournant vers Caverly.*)

Ses suppôts, ses impôts, et monsieur avec elle,
A bas!

CAVERLY, *à part*.

Décidément je lui déplais beaucoup.

THOMAS GOFF.

A bas les Harrington! criblés, encore un coup,
Démâtés, nivelés comme un vaisseau qu'on rase.
S'il en reste un sur l'eau, que la foudre m'écrase!
A l'œuvre de ce pas je vais mettre la main.

ÉDOUARD.

Arrêtez!

THOMAS GOFF.

Voulez-vous qu'on s'arrête en chemin,
C'est aisé : qu'Harrington, traité comme il doit l'être,
Du ministère enfin sorte... par la fenêtre.
Vous, entrez par la porte ouverte à deux battants;
Entrez, soyez ministre, et sur l'heure, et longtemps :

Sinon, pour vivre en paix sous un pouvoir que j'aime,
Je me fais, ventrebleu! gouvernement moi-même.
De la cave au grenier, de la ville aux faubourgs,
Retournant le pays, je mets tout à rebours;
Et, quand j'aurai par là rétabli l'équilibre,
Vivent l'ordre, les lois, et vive un peuple libre!
Adieu!

SCÈNE V.

LES PRÉCÉDENTS, *excepté* THOMAS GOFF.

ÉDOUARD, *à Mortins*

Mais quel remède?

MORTINS.

En chassant Harrington,
Sois ministre.

ÉDOUARD.

Tu veux...

CAVERLY, *qui se lève avec vivacité.*

Ils ont tous deux raison;
Soyez ministre.

MORTINS.

Eh quoi! vous plaidez notre cause!

CAVERLY.

La mienne.

ÉDOUARD.

Quand le peuple à vos amis m'oppose,
Quand l'ordre, selon vous, n'a qu'eux seuls pour appui?

CAVERLY, *s'exaltant par degrés.*

Ils étaient l'ordre hier, vous l'êtes aujourd'hui :
Que feraient-ils enfin du pouvoir qu'on leur ôte?
Je les plains; je dirai que ce n'est pas leur faute,
Que personne, après tout, ne s'en fût mieux tiré;
Je m'écrirai chez eux, même je les verrai;

Jamais je ne trahis un ami politique.
Mais ce n'est plus le cas d'être systématique :
Formez un cabinet; cherchez, prenez partout,
Qui vous voudrez, pas moi, je n'y tiens pas du tout;
Et sur ce bill, ce soir, pour Dieu, faites main basse.
Rejeté! rejeté! point de salut s'il passe!
Je vous promets les voix dont je puis disposer;
Mais c'est ce cabinet qu'il faudrait composer :
Cherchez donc, et trouvez, pour calmer la tempête,
Une combinaison qu'on leur jette à la tête.

MORTINS.

Comme vous prenez feu!

CAVERLY.

       Je prends feu! je prends feu!
J'ai parbleu bien raison; ceci n'est plus un jeu :
Discorde au parlement, révolte à la frontière,
Émeute dans la rue! On a, je crois, matière
D'appréhender l'instinct purement animal
De cette multitude avec qui je suis mal.
C'est par pressentiment que je vous parlais d'elle.
Comment donc! mais sa rage est presque personnelle :
Je ne sais pas pourquoi cet homme m'en veut tant;
Le fait est qu'il m'en veut. Profitez de l'instant :
De grâce, un ministère! en lui j'ai confiance;
Je ne le connais pas, je le soutiens d'avance;
Par le trône et la Chambre il est d'avance admis.
Je me rends à Saint-Jame et cours chez mes amis;
Je pars; ils me croiront : le danger rend docile.
Moi-même, à remuer je ne suis pas facile;
Eh bien! en voyant tout perdu, désespéré,
Par modération je suis... immodéré;
Et quand ce sont nos biens, nos jours, qu'on veut nous
Un homme indifférent me semble un homme à pendre!

SCÈNE VI.

ÉDOUARD, MORTINS.

MORTINS.

De tous les dévoûments le plus chaud, c'est celui
Que montre un égoïste épouvanté pour lui.
La chute qu'il craignait, Caverly la décide ;
Le ministère enfin périt par un suicide.

ÉDOUARD.

Dans quel moment, Mortins !

MORTINS.

      Qu'importe ! il est à bas.

ÉDOUARD.

Lui seul.

MORTINS.

  Qu'importe encor ?

ÉDOUARD.

      Beaucoup, car ce n'est pas
Un ministère seul que tu prends à partie,
Que tu veux culbuter ; c'est une dynastie.

MORTINS.

Eh bien, s'il était vrai ?

ÉDOUARD.

     Tu le veux donc ? sois franc.

MORTINS.

Tu le voudras aussi, car mon projet est grand.

ÉDOUARD.

Je le trouve insensé.

MORTINS.

   Faute de le connaître.

ÉDOUARD.

Il déchaîne le peuple.

MORTINS.
Il t'affranchit d'un maître!

ÉDOUARD.
En ai-je un, quand ce maître est sujet, comme moi,
Du seul pouvoir humain qui régit tout : la loi?

MORTINS.
Que tout dans le néant rentre donc devant elle!

ÉDOUARD.
Alors courbe la tête, ou tu n'es qu'un rebelle.

MORTINS.
Un rebelle, dis-tu!... sainte rébellion!
C'est pour le peuple anglais le réveil du lion :
Ce John-Bull, tant raillé, si longtemps débonnaire,
Prend sa chaîne à deux mains, frappe, se régénère,
Règne et remonte au rang que le ciel lui donna.
Que lui faut-il? du cœur, des armes! Il en a.
Le mouvement éclate après les funérailles;
Londre, en fureur, se lève au signal des batailles.
Si l'armée un moment comprime notre effort,
La Cité, grâce à toi, devient pour nous un fort.
De l'insurrection le volcan s'y concentre;
Il tonne, et la terreur en partant de ce centre
Pour combattre avec toi vient envahir vos bancs,
Des soldats ébranlés va décimer les rangs.
Qu'il sorte de ta bouche un cri de déchéance,
L'armée est peuple; et, fier de cette indépendance
Que lui rend tout à coup ton cri libérateur,
L'État proclame en toi son nouveau Protecteur!

ÉDOUARD.
Son Cromwell!

MORTINS.
Ce Cromwell voudra la république.

ÉDOUARD.
Qui t'en répond, Mortins?

MORTINS.
Ton dévoûment civique,
Ta vertu.
ÉDOUARD.
Quel garant pour le peuple et pour toi,
Quand je l'aurai trahie en violant ma foi?
MORTINS.
Qui peut te condamner, si par ton éloquence
Ton pays délivré t'absout?
ÉDOUARD.
Ma conscience.
MORTINS.
Faux scrupule d'honneur que tu dois mépriser!
ÉDOUARD.
Sentiment du devoir, trop vrai pour m'abuser!
MORTINS.
Ta gloire est de le vaincre.
ÉDOUARD.
Elle en serait flétrie.
MORTINS.
Pense à la liberté.
ÉDOUARD.
Je pense à la patrie.
Où va-t-elle avec toi?
MORTINS.
Combattre et renverser.
ÉDOUARD.
Mais, ce que tu détruis, comment le remplacer!
MORTINS.
Par nous.
ÉDOUARD.
Veut-on de nous? J'admets que tu l'emportes :
Tu chasses les Brunswick; mais les Stuarts sont aux portes.
MORTINS.
Tout un peuple debout sur le seuil les attend.

ÉDOUARD.
Ce peuple divisé peut succomber pourtant.
Alors qu'aurons-nous fait, que ravir au royaume
Les droits qu'il a conquis en couronnant Guillaume?
Si le sort est pour nous, quel avis fera loi?
Est-ce le mien, Mortins? Tu vas plus loin que moi;
Le tien? Mais Thomas Goff va plus loin que toi-même;
D'autres plus loin, sans doute, et, d'extrême en extrême,
Rien n'arrêtera plus ton lion déchaîné.
Ou vaincus ou vainqueurs, qu'aurons-nous amené
Pour l'Angleterre en deuil par le meurtre affranchie?
Vaincus, le despotisme, et vainqueurs, l'anarchie.
MORTINS.
Tu la domineras.
ÉDOUARD.
C'est en la terrassant.
MORTINS.
Encore une victoire!
ÉDOUARD.
Encor des flots de sang!
MORTINS.
Mais l'ordre!
ÉDOUARD.
Le chaos!
MORTINS.
Que ton souffle féconde :
Va donc pour le chaos, et qu'il en sorte un monde!
ÉDOUARD.
Ce monde, il est créé. Rends-le meilleur, plus pur;
Ne détruis pas, corrige; et quand il sera mûr
Pour des destins plus beaux et pour des droits plus larges,
Sa raison le fera, ce bien dont tu te charges.
Mais comment l'accomplir, Mortins, par la terreur?
Imposer la raison, c'est révolter l'erreur.
Tu veux fonder, dis-tu, des lois républicaines;
Et sur quoi? sur des mœurs : où sont nos mœurs romaines?

Tel qui fronde un abus s'engraisse d'un plus grand ;
Le suffrage avili s'achète à prix courant ;
En gloire l'infamie avec de l'or se change :
Qui bâtit là-dessus bâtit sur de la fange.
Corrigeons donc les mœurs pour réformer les lois,
En créant des vertus nous enfantons des droits,
Nous hâtons du progrès la marche irrésistible ;
Et si gouvernement fut jamais perfectible,
C'est le nôtre : avançons, il avance avec nous ;
Au mouvement forcé, seul il offre entre tous
Liberté sans désordre, ordre sans tyrannie ;
Sans secousse, progrès dans sa course infinie.
Il nous suivra ; marchons, le flambeau dans les mains,
Et pour les affranchir éclairons les humains.
C'est notre mission, c'est notre œuvre première ;
C'est tout : la liberté, Mortins, c'est la lumière !

MORTINS.

C'est la force au besoin ; elle épargne le temps,
Et fait en un seul jour l'ouvrage de cent ans.
Veux-tu t'associer au grand coup que je tente,
Et servir tes amis ou tromper leur attente ?

ÉDOUARD.

Plutôt que de trahir la foi de mon serment,
J'oserais pour la loi voter au parlement.

MORTINS.

Toi !

ÉDOUARD.

    Je la défendrais au lieu de la combattre ;
Et je puis relever ce que j'allais abattre.

MORTINS.

Qui, toi ?...

ÉDOUARD.

    Si la Cité du trouble est le foyer,
L'armée à mon appel viendra la balayer.

MORTINS.

Tu signerais cet ordre !

ÉDOUARD.
Il est signé.

MORTINS.
J'en doute.

ÉDOUARD, *lui montrant la lettre qui est restée sur la table.*
Le voici.

MORTINS.
L'envoyer, tu n'oserais !

ÉDOUARD.
Écoute :
Il part, si tu ne veux abjurer ton dessein.

MORTINS.
Mais de la liberté tu seras l'assassin !

ÉDOUARD.
Le sauveur !

MORTINS.
A la force ouvrir ce sanctuaire,
C'est crime d'y penser.

ÉDOUARD.
C'est vertu de le faire.

MORTINS.
Crime qui te perdra : par les tiens rejeté,
Tu vas frapper au cœur ta popularité ;
Elle expire du coup pour ne jamais renaître.
Tu n'es à tous les yeux qu'un renégat, qu'un traître.
Plus on t'a porté haut, plus tu redescends bas.
Contre l'opinion en vain tu te débats :
Elle va s'exalter jusqu'à la frénésie,
Et t'enterrer vivant sous ton apostasie.
Tu n'as plus dans la lutte un ami pour soutien,
Et l'honneur de ton père y meurt avant le tien.

ÉDOUARD.
Que me dis-tu ?

MORTINS.
Godwin de le ternir est maître.

ÉDOUARD.
N'en crois rien.

MORTINS.
Dans sa feuille un écrit doit paraître,
Écrit que j'ai sur moi, que j'aurais déchiré,
S'il ne me l'eût remis comme un dépôt sacré...

ÉDOUARD.
En m'effrayant, Mortins, je sais ce qu'il espère.

MORTINS.
Cette lettre, te dis-je, elle accable ton père :
Elle prouve...

ÉDOUARD.
Quoi donc?

MORTINS.
Son honneur est perdu
Si...

ÉDOUARD.
Mais que prouve-t-elle enfin?

MORTINS.
Qu'il s'est vendu.

ÉDOUARD.
C'est un faux!

MORTINS.
La voilà : songe, avant de la prendre,
Que ce soir à Godwin j'ai juré de la rendre.

ÉDOUARD.
Je m'en souviendrai.

MORTINS.
Lis.

ÉDOUARD, *après avoir jeté les yeux sur l'écriture.*
C'est sa main.

*A sir Robert Walpole, premier lord de la
Trésorerie.*

« MILORD,

« J'attends, pour agir, les cinquante mille livres
« sterling : qu'on me les remette aujourd'hui même,
« et regardez-moi dans cette circonstance comme
« entièrement à votre disposition. Vous sentez com-
« bien il nous importe à tous deux que cet envoi
« reste secret.

« GILBERT LINDSEY. »

C'est sa main.

MORTINS.

Il a pour le pouvoir voté le lendemain.

ÉDOUARD, *après une pause.*

Eh bien, puisqu'il l'a fait, il le devait sans doute!

MORTINS.

Mais tu n'as donc pas lu?

ÉDOUARD.

Qui? mon père!...

MORTINS.

Il m'en coûte
De paraître à tes yeux abuser d'un secret
Que je t'ai révélé dans ton propre intérêt.
Possesseur de l'écrit, je le mettrais en cendre;
Lui va s'en faire une arme; et quand? comment défendre
Ton père diffamé que sa plume flétrit,
Si, renié par tous, tu n'es plus qu'un proscrit?
Mais sa plume, veux-tu qu'il la brise de rage?
Marche avec nous, triomphe, achève ton ouvrage;
Deviens chef de l'État; sois le nôtre et le sien :
Bâillonné par la peur, Godwin n'ose plus rien.

ÉDOUARD.

Ah! laisse-moi.

MORTINS.

La peur le condamne à se taire;
Mais que puis-je tenter si tu nous es contraire?
Et pour un faux honneur qu'aux pieds tu dois fouler,
Malheureux! l'honneur vrai, tu le vas immoler.
Crains-tu, si ta présence au convoi l'autorise,
D'être connu trop tôt pour chef de l'entreprise :
N'y viens pas; n'agis pas; mais laisse-nous agir.
Tu n'as rien su : de rien tu n'auras à rougir.
N'y viens pas; à nos yeux ton absence est la preuve
De ton concours secret, et nous risquons l'épreuve.
Tout réussit alors. Édouard, mon ami,
Nos deux cœurs si longtemps pour la gloire ont frémi
D'un même élan d'amour et d'une ardeur égale;
Ne nous séparons pas à cette heure fatale.
Non, par la noble vie à qui tu vas faillir,
Par la fraternité qu'il te faudrait trahir,
Par l'avenir sans borne ouvert à ton génie,
Non, tu ne peux combattre avec la tyrannie;
Ton bras ne peut s'armer pour repousser le mien;
Non, sois ami, sois fils, et reste citoyen.

ÉDOUARD.

Assez!

MORTINS.

Tu dois me croire, écoute et crois ton frère;
Épargne l'infamie aux vieux jours de ton père.

ÉDOUARD.

Mais perdre mon pays en parjurant ma foi!

(Apercevant lady Strafford.)

Va-t'en, Mortins!... Que vois-je?

SCÈNE VII.

LES PRÉCÉDENTS, LADY STRAFFORD.

LADY STRAFFORD, *à Édouard.*

Oui, chez vous ; moi ! c'est moi ?
Un asile, Édouard !

ÉDOUARD.

Le peuple vous menace ?

LADY STRAFFORD.

Le pouvoir.

ÉDOUARD.

Vous, madame !

LADY STRAFFORD.

On a perdu ma trace :
(*Tombant assise.*)
Je respire, du moins.

ÉDOUARD.

Ne craignez rien ici ;
Vous êtes sous ma garde.

MORTINS.

Et sous la mienne aussi.

ÉDOUARD.

Harrington, milady, dans le jour va me rendre
Raison d'un attentat que je ne puis comprendre.

LADY STRAFFORD, *qui se lève.*

Demandez-lui raison, non pour moi, mais pour tous.

MORTINS.

J'y vais !

ÉDOUARD.

Reste, Mortins.

LADY STRAFFORD.

Courez.

ÉDOUARD.

Que dites-vous!

MORTIMS, à Édouard.

Le convoi va bientôt passer sous ta fenêtre :
Pour que je puisse agir, garde-toi d'y paraître ;
Mais fais-nous un rempart des droits de la Cité,
Et pousse au parlement le cri de liberté.
C'est ton devoir ; je cours où le mien me réclame.

SCÈNE VIII.

ÉDOUARD, LADY STRAFFORD.

ÉDOUARD.

Et vous encouragez ses projets?

LADY STRAFFORD.

J'en suis l'âme.

ÉDOUARD.

Où va-t-il cependant? lui-même n'en sait rien.

LADY STRAFFORD.

S'il n'atteint pas son but, il me conduit au mien.

ÉDOUARD.

Sans vouloir ce qu'il veut, vous le poussez au crime!

LADY STRAFFORD.

En est-ce un de briser le sceptre qui m'opprime?

ÉDOUARD.

A son bras, milady, qu'osez-vous demander?

LADY STRAFFORD.

De détruire, Édouard ; au vôtre de fonder.

ÉDOUARD.

Quoi?

LADY STRAFFORD.

Le pouvoir que Dieu veut rendre à l'Angleterre,
En relevant des Stuarts le trône héréditaire.

12.

ÉDOUARD.
Est-ce vous que j'entends?
LADY STRAFFORD.
Est-ce vous qui pensez
Qu'adoptant de Mortins les rêves insensés,
Des lois, des rangs, des noms je veuille le naufrage?
Les Stuarts pour aborder ont besoin d'un orage :
Il gronde; j'en profite. Édouard, un effort!
De ceux que Dieu fit rois la fortune est au port.
ÉDOUARD.
George a du vœu de tous reçu le diadème :
L'élu de tout un peuple est celui de Dieu même.
LADY STRAFFORD.
Mais ce peuple, pour nous il peut se déclarer.
ÉDOUARD.
De Mortins et des siens devez-vous l'espérer?
LADY STRAFFORD.
Qu'importe! un bras vengeur s'avance à leur rencontre;
La victoire est pour lui.
ÉDOUARD.
Les intérêts sont contre;
Les souvenirs aussi qui le repousseront.
Vous vous briserez là; car vous heurtez de front
Les besoins et les droits, l'orgueil de la patrie :
Oui, l'empreinte des fers qui jadis l'ont meurtrie,
Elle la porte encor; c'est en la regardant
Qu'elle ira d'un seul bond de Londre au Prétendant.

LADY STRAFFORD.
Pour tomber à ses pieds, si votre voix puissante
Veut qu'elle aille y courber sa tête obéissante,
Rendez de son amour l'héritage à vos rois.

ÉDOUARD.
Non; c'est déshériter mon pays de ses droits.
LADY STRAFFORD.
Leur malheur les éclaire.

ÉDOUARD.

Ils l'oublîraient encore.

LADY STRAFFORD.

Ne calomniez pas leur cause que j'adore.
La liberté, mon culte, avec vous la confond;
J'ai dû de la comprendre au sentiment profond,
Enthousiaste, ardent, que son vengeur m'inspire;
En m'en laissant charmer j'ai subi votre empire;
Car je hais, Édouard, ou j'aime à votre gré;
Avez-vous rien de saint qui ne me soit sacré?
Son triomphe est le but qu'un héros se propose;
Ma cause, c'est la sienne : aimez-la, cette cause,
De l'amour que ce cœur m'a si longtemps porté;
De mon amour pour vous j'aime la liberté.

ÉDOUARD.

Et de qui, juste ciel! la feriez-vous dépendre?

LADY STRAFFORD.

Du génie éloquent qui seul peut la défendre,
De vous : sur ce dépôt c'est vous qui veillerez;
Faites régner les Stuarts, et vous gouvernerez.

ÉDOUARD.

Qui? moi!

LADY STRAFFORD.

Leur volonté par ma voix vous confère
Le droit d'agir pour eux, et le pouvoir de faire
Tout ce qu'ordonnera l'urgence du moment,
Comme premier ministre à leur avénement.

ÉDOUARD.

Moi!...

LADY STRAFFORD, *lui présentant un papier.*

Cet acte en fait foi.

ÉDOUARD.

Je ne le veux pas lire.

LADY STRAFFORD.

Quand leur main l'a signé!

ÉDOUARD.
La mienne le déchire.
Ma conduite est tracée.

LADY STRAFFORD.
Où courez-vous ?

ÉDOUARD.
Je dois
Marcher contre le peuple et voter pour la loi.

LADY STRAFFORD.
La liberté de tous par elle est suspendue.

ÉDOUARD.
Dans l'intérêt de tous.

LADY STRAFFORD.
Allez!... je suis perdue.

ÉDOUARD.
Vous!

LADY STRAFFORD.
Perdue, Édouard.

ÉDOUARD.
Un complot sans effet
Sera sans châtiment.

LADY STRAFFORD.
Je sais ce que j'ai fait.

ÉDOUARD.
Vous seule.

LADY STRAFFORD.
Dans la loi ma sentence est écrite.

ÉDOUARD.
Vain effroi!

LADY STRAFFORD.
Je vous dis que ma tête est proscrite.

ÉDOUARD.
Au péril de mes jours je la protégerai ;
Ma demeure est pour vous un refuge assuré.

ACTE IV, SCÈNE VIII.   213

LADY STRAFFORD.

On m'y viendra chercher.

ÉDOUARD.

Ne craignez pas qu'on l'ose!

LADY STRAFFORD.

On l'osera.

ÉDOUARD.

Jamais !

LADY STRAFFORD.

Je suis lady Montrose.

ÉDOUARD.

Grand Dieu !

LADY STRAFFORD.

De me sauver aurez-vous le pouvoir?

ÉDOUARD.

Ah! que m'avez-vous dit! qui? vous! puis-je encor voir
La femme dont mon cœur rêvait la noble image,
Qu'absente j'honorai d'un si parfait hommage,
Dans celle...

LADY STRAFFORD.

Achevez donc : que vous méprisez !

ÉDOUARD.

Non,
Oh! non : j'ai beau haïr, détester ce faux nom
Qui vous a fait descendre et vous devient funeste,
Je vous aime encor plus que je ne le déteste.

LADY STRAFFORD.

Mais ce nom, j'en suis fière ; il m'honore à mes yeux :
Porté par un martyr, il fut victorieux ;
Je l'ai ressuscité ; moi, femme, à sa mémoire
J'ai d'un parti déchu rattaché la victoire ;
Et qui donc m'y poussa? mes rois seuls? Ah! crois-moi,
Je l'avoue à ma honte, Édouard, ce fut toi ;
Ce fut par toi, pour toi que je devins rebelle :

Le courage qu'il faut, jeune, opulente et belle,
Pour jeter au hasard un sort si fortuné,
L'ont-ils mis dans mon sein? Non, tu me l'as donné.
L'amour a triomphé de ma faible nature.
Je rêvais dans la leur ta puissance future;
Je t'imaginais grand de toute leur grandeur;
Ah! que dis-je! ta gloire éclipsait leur splendeur,
Ta gloire est mon idole, et je suis fanatique :
Je m'y sacrifiai par un acte héroïque.
Est-ce folie? hélas! je le sais d'aujourd'hui;
J'étais folle en effet; car j'ai bravé pour lui
La mort, et c'est par lui que je cesse de vivre;
Plus que la mort, la honte; et c'est lui qui m'y livre!

ÉDOUARD.

Vous ne le craignez pas! votre amant, votre époux
N'a rien, hormis l'honneur, de plus sacré que vous.

LADY STRAFFORD.

Ah! pardon, j'avais tort: de ma triste fortune,
De mes dangers, pardon si je vous importune!
Je voudrais fuir d'ici; mais où porter mes pas?
Si j'y reste, du moins, vous ne m'y verrez pas :
Lady Martha chez vous m'a seule accompagnée;
Adieu! je la rejoins.

ÉDOUARD.

Julia!

LADY STRAFFORD.

Résignée

Au sort que me fera cet honneur rigoureux,
C'est vous que je plaindrai : vous serez malheureux.
Pourquoi l'être, Édouard? Follement révoltée,
J'ai cherché ma sentence et je l'ai méritée.
Pensez que c'est justice, et que ma vie enfin
Ne vaut pas qu'un regret en attriste la fin.
Tout a changé pour moi; mourir est mon envie :
Je ne suis plus aimée, et n'aime plus la vie.

ÉDOUARD.

Tu l'es encor; ta vie, ah! c'est la mienne.

LADY STRAFFORD, *avec exaltation.*

Eh bien!
Défends-la donc pour toi; défends, sauve ton bien.
Mon cœur souffre à t'en faire une loi tyrannique,
Mais ta victoire enfin est mon refuge unique,
Et quelque châtiment qui doive me frapper,
C'est par elle, Édouard, que j'y veux échapper.
O ciel! et je verrais s'accomplir ce beau rêve;
Tu monterais au faîte où mon espoir t'élève,
Et, te devant mes jours, j'y pourrais savourer
Le glorieux bonheur de te les consacrer!
Je n'ajouterai rien, non, rien pour t'y résoudre;
Sois mon juge et prononce. Adieu, tu peux m'absoudre,
Tu peux me perdre; à toi jusqu'au dernier moment,
Ou je vis pour t'aimer, ou je meurs en t'aimant;
J'attends mon sort. Adieu!

SCÈNE IX.

ÉDOUARD, *seul.*

Son juge! et ma sentence
Jette au glaive infamant cette noble existence.
L'honneur de mon vieux père, il se rattache au sien
Et je l'immole aussi. Quel devoir que le mien,
S'il faut du même coup, pour que j'y persévère,
Frapper ce que j'adore et ce que je révère!
Mais me l'ordonne-t-il?

(*Prenant sur la table sa lettre qu'il laisse retomber.*)

Cet homme à qui j'écris,
Que je sauve aux dépens des jours par moi proscrits,
De mon honneur perdu ce ministre est coupable :
L'accabler fut mon droit; que le peuple l'accable!

Ce que veut sa fureur ma raison le voulait ;
Pourquoi donc l'arrêter? Si j'étais juste, il l'est.
Mais il va par lambeaux déchirer l'Angleterre...
Ne peut-il, satisfait d'abattre un ministère,
Rentrer, l'acte accompli, sous mon autorité?
Suis-je lord-maire enfin? Un lâche a déserté!
Dois-je, à l'opinion résistant pour ma perte,
Périr avec les miens au poste qu'il déserte?
Non, restons.

(*On entend dans le lointain les premiers roulements des tambours voilés, qui se rapprochent par degrés et se prolongent jusqu'à la fin de la scène.*)

        Les voici! Ce bruit lugubre et lent
Va se changer pour Londres en un appel sanglant.
Quelques moments encor, c'en est fait! Je frissonne;
Et dans ma conscience, où chaque coup résonne,
Le remords s'éveillant semble prendre une voix
Pour nommer la patrie et rappeler ses droits.
Leur généreux soutien dont le cercueil s'approche,
Comme il fut sans faiblesse, il resta sans reproche,
S'il pouvait du linceul s'élancer aujourd'hui,
De moi que dirait-il, et qu'aurait-il fait, lui?
Mais il m'entend, ce juste à qui ma voix s'adresse;
Sous son voile funèbre il tressaille, il se dresse,
Se découvre et répond : « Que me demandes-tu?
« Ne rien souffrir pour elle est-ce aimer la vertu?
« Est-ce aimer le pays d'une mâle tendresse,
« Que de lui préférer honneur, père ou maîtresse?
« Qui se donne au pays se donne tout entier.
« Viens, prends ton rang, suis-moi; viens, mon digne héritier;
« Viens te perdre toi-même, en sauvant sur ma tombe,
« Avec l'ordre qui meurt, la liberté qui tombe.
« Élève ton courage à ce pénible effort;
« Ou si tu ne le peux, toi qui t'es cru si fort,
« Si tu manques de cœur pour cette noble tâche,
« Cache-toi; tu fais bien : mais tu n'étais qu'un lâche. »

J'irai, Névil, j'irai, je cours où tu m'attends.
Saint amour du pays, c'est ton cri que j'entends,
J'obéis et me perds. Quel est donc ton empire,
Puisque je peux trouver, quand mon honneur expire,
Quand mon plus cher espoir vient de s'éteindre en moi,
Un douloureux plaisir à me vaincre pour toi !

(*Il a repris sur la table sa lettre qu'il emporte, et il s'élance hors de la scène. La toile tombe.*)

ACTE CINQUIÈME

(*Même salon qu'au quatrième acte, mais les vitres des trois fenêtres du fond sont brisées.*)

SCÈNE I.

ÉDOUARD, *assis près d'une table couverte de pamphlets et de journaux, et se tournant vers les fenêtres.*

C'est par là qu'à mes pieds ils jetaient des couronnes !
Volage opinion, pour que tu m'abandonnes,
Qu'ai-je fait? mon devoir; je n'ai plus un appui.

(*Prenant un des journaux.*)

La feuille de Mortins! ah ! voyons :

« Hier la loi a passé, grâce à l'éloquence de celui
« qui l'avait le plus éloquemment combattue. Hier,
« aux funérailles de Névil, tous les priviléges de la
« Cité ont été violés, encore par l'homme sur qui le
« peuple avait le plus compté pour les défendre.
« Nous l'aimions, cet homme; aussi notre cœur se
« brise, la plume tombe de nos mains, et nous nous

« bornons à dire dans notre douleur : Anglais, ce
« n'est pas sur Névil qu'il faut pleurer. »

Jusqu'à lui,
Qui croirait s'avilir en prenant ma défense !
Et c'est un cœur bien né, c'est mon ami d'enfance ;
Mais j'ai fait à sa honte échouer son dessein ;
L'amitié pour toujours est morte dans son sein.
Aucune injure, au moins, n'échappe à sa colère.

(*Frappant de la main sur un autre journal qu'il vient de prendre.*)

Ma terreur, c'est Godwin. Que dit-il de mon père ?

(*Après avoir jeté les yeux sur ce journal.*)

Ciel, Julia !...

(*Lisant.*)

« Il n'est bruit que du pèlerinage fait à Londres
« par la belle lady Strafford, si célèbre sous le nom
« de lady Montrose. Dans plusieurs entrevues, tout
« à fait confidentielles, avec un jeune orateur qu'elle
« voulait gagner à sa cause, elle a, dit-on, dépassé
« de beaucoup les instructions de son royal amant.
« Mais que ne pardonne-t-on pas au dévouement
« politique ! »

Chez moi son danger la conduit ;
Pour la déshonorer l'outrage l'y poursuit.
Achevons :

« Quant à l'éclatante défection dont tout le monde
« parle, elle s'explique très-naturellement, par une
« somme de vingt-cinq mille livres sterling donnée
« de la main à la main, par une promesse de pairie
« qu'on ne tiendra pas, et par l'offre d'un ministère
« qu'on ne veut plus donner. Au reste, on pourra
« se convaincre, en lisant la lettre suivante dont
« nous garantissons l'authenticité, que l'apostasie à

« beaux deniers comptants était pour l'honorable
« Édouard Lindsey une tradition de famille. »

Puis la lettre, et plus bas :

« Les amis du pays verront avec plaisir, dans
« l'intérêt du trésor, que le taux des consciences
« parlementaires a beaucoup baissé ; celle du fils
« est de vingt-cinq mille livres sterling meilleur
« marché que celle du père. »

Je m'indigne !
D'un duel avec moi l'imposteur n'est pas digne ;
Mais il me faut son sang.

(*Après avoir écrit un billet.*)

Quand je l'aurai versé,
L'opprobre d'un vieillard sera-t-il effacé ?
Il n'en mourra pas moins, ma vengeance assouvie,
Du démenti qu'un jour donne à toute sa vie.

(*Il reste la tête appuyée sur ses deux mains.*

SCÈNE II.

ÉDOUARD, SIR GILBERT, *tenant un journal.*

SIR GILBERT, *qui s'est avancé vers son fils à
pas lents.*

Édouard !

ÉDOUARD.

Vous !

SIR GILBERT.

Ton père a pendant soixante ans
Passé pour honnête homme.

ÉDOUARD.

Et, comme de son temps,
Il est l'honneur du nôtre.

SIR GILBERT.

Il s'est vendu, ton père.

ÉDOUARD.

Qui le dit dans une heure aura vécu, j'espère.

SIR GILBERT.

Mais qui le dit le prouve : as-tu lu ce papier ?

ÉDOUARD.

Oui.

SIR GILBERT.

La lettre de moi qu'on vient d'y publier,
L'as-tu lue?

ÉDOUARD.

A l'instant.

SIR GILBERT.

T'avait-on fait connaître,
Avant de m'en flétrir, qu'elle y devait paraître?

ÉDOUARD.

Mortins.

SIR GILBERT.

Et pouvais-tu sauver ma dignité,
En m'épargnant l'affront de la publicité?

ÉDOUARD.

Moi !

SIR GILBERT.

Dis, le pouvais-tu?

ÉDOUARD.

Je ne le pouvais faire
Sans trahir mon devoir.

SIR GILBERT.

Et pour y satisfaire,
Ce sont mes cheveux blancs que vous avez trahis?

ÉDOUARD.

Il fallait immoler mon père ou mon pays.

SIR GILBERT.

Mais vous n'aviez pas cru la lettre véritable?

ÉDOUARD.

Je l'avais vue.

SIR GILBERT.

Ainsi vous me jugiez coupable?

ÉDOUARD.

Non.

SIR GILBERT.

Vous doutiez au moins?... répondez!

(*Édouard s'agenouille devant son père.*)

J'ai compris :
Sans parler, c'est répondre ; et pourtant ce mépris,
D'autant plus accablant qu'à vos yeux légitime
Il frappait un coupable et non une victime,
Ce mépris qui sur vous retombait par moitié,
Quoi! sans respect pour moi, pour tous deux sans pitié,
Esclave d'un devoir que n'eût rempli personne,
Vous l'avez affronté!

ÉDOUARD.

Pardon!

SIR GILBERT.

Que je pardonne!
A qui, mon fils? à toi! quand ce cœur palpitant,
Qui d'un pieux orgueil se gonfle en t'écoutant,
Éclate, et sent se fondre en larmes de tendresse
L'enthousiasme pur dont j'étouffais l'ivresse.
Que je pardonne! ah! viens : ta place est dans mes bras!

ÉDOUARD.

Mon père!

SIR GILBERT.

Laisse-les t'insulter, les ingrats :
Ta défaite est, mon fils, ta plus sainte victoire.
Mon affront fait ma joie, et ma honte est ma gloire,
Ma couronne d'honneur au terme de mes jours.
Je suis pur, Édouard, et je le fus toujours ;

Mais ton égal, mais plein du beau feu qui t'anime,
Mais martyr du devoir à cet excès sublime,
L'ai-je été? Ce long temps que ton père a vécu
Vaut-il un jour de toi? non, non; tu m'as vaincu,
Et, fier, je m'humilie avec ma vie entière
Devant un seul instant de ta noble carrière.

ÉDOUARD.

Oui, pur! mon cœur cent fois me l'a dit avant vous;
Et vous le prouverez à la face de tous.

SIR GILBERT.

J'en réserve à Mortins la preuve irrécusable;
Mais quel souci nous trouble! un bruit si misérable
Tombe, quand le public, un moment abusé,
Avec l'accusateur confronte l'accusé.
L'estime est quelque chose.

ÉDOUARD.

Ah! pour vous: mais pour elle,
Pour le nom d'une femme, une injure est mortelle.

SIR GILBERT.

Je t'entends, Édouard; je plains lady Strafford,
Et je la plains surtout de mériter son sort.
Qui brave un préjugé provoque une injustice;
Et pour trouver en soi le prix du sacrifice,
Il faut qu'un dévoûment, d'intérêt dégagé,
Vous ait fait par vertu braver ce préjugé.
Il n'en est pas ainsi.

ÉDOUARD.

De grâce!

SIR GILBERT.

Je m'arrête
En pensant au danger qui plane sur sa tête.
Chez toi, dans ton absence, hier je suis venu,
J'ai vu lady Strafford, et, son secret connu,
D'agir en sa faveur j'ai senti l'importance,
Et j'ai de Caverly réclamé l'assistance.

ÉDOUARD.
Sa réputation, comment la recouvrer ?
SIR GILBERT.
En lui donnant ton nom tu peux tout réparer.
ÉDOUARD.
Je vengerai d'abord elle, vous et moi-même.
SIR GILBERT.
Un duel ! Tu prendrais pour arbitre suprême
Le hasard d'un duel entre un infâme et toi !
Écoute : j'ai du cœur, et ma vie en fait foi ;
Mais je tiens que se battre est un pauvre courage,
Quand le combat vous souille encor plus que l'outrage.
A quoi sont bons ses jours, au mépris dévolus ?
L'État n'en a que faire et l'honneur n'en veut plus ;
Les tiens sont l'honneur même, une cause à défendre,
Des services rendus, des services à rendre.
La vertu, la patrie ont des droits sur les tiens,
Plus tu te sens utile et moins tu t'appartiens.
Le lâche, diras-tu, peut tenir ce langage ;
L'homme de cœur le doit : pour relever le gage
Qu'une insulte à mon nom jette sur mon chemin,
Je veux, en le touchant, ne pas salir ma main.
Là, ce serait l'opprobre avec la gloire aux prises.
Fais fi de ta vengeance : un sang que tu méprises
Ne vaut pas, ô mon fils, pour laver ton affront,
Les pleurs sacrés qu'un père a versés sur ton front.
ÉDOUARD.
Ne pouvant la venger, qu'au moins je la console :
Ah ! venez.
SIR GILBERT.
Caverly m'a donc tenu parole ;
Car près d'elle, Édouard, il t'avait devancé.
Voyons !

SCÈNE III.

LES PRÉCÉDENTS, CAVERLY, *sortant de l'appartement de lady Strafford.*

CAVERLY, *qui s'arrête au fond, en regardant les fenêtres.*

Comme chez moi !
(*A Édouard.*)
Leur rage a tout cassé;
Mais, du moins, si quelqu'un veut nier mes services,
Je puis de mon hôtel montrer les cicatrices.
Ce sont près d'Harrington nos titres aujourd'hui.

ÉDOUARD.

Faites-les valoir seul ; je n'attends rien de lui.

SIR GILBERT.

Que sa protection pour...

CAVERLY, *à Édouard.*

Votre prisonnière :
Elle vous est acquise et vous l'aurez entière.
On fermera les yeux sur son prochain départ...

ÉDOUARD.

Son départ!

CAVERLY.

Mais sa route est une affaire à part :
On veut la lui choisir ; à moins qu'un mariage,
Dont on parlait beaucoup, n'écarte tout ombrage;
Auquel cas, plus d'exil! C'est un cœur converti :
L'avenir politique est par vous garanti.
Voilà ce qu'elle vient d'écouter en silence;
Car j'ai parlé tout seul dans notre conférence.

ÉDOUARD.

Au ministre pourtant vous transmettez son choix?

CAVERLY.

Non, une révérence, à défaut de sa voix,

M'a dit, en y mettant une grâce infinie :
Privez-moi du plaisir de votre compagnie.
A quoi j'ai répondu par un salut bien bas,
Qui disait : Je comprends, et ne me fâche pas.

SIR GILBERT.

Je suis reconnaissant de votre bon office.

ÉDOUARD.

Moi, plus encor.

CAVERLY.

Comment! c'était une justice.
Vainqueur, le ministère est par vous raffermi,
Et certe il ne doit pas vous aimer à demi :
Mais ce qu'il aurait fait, il ne peut plus le faire.

ÉDOUARD.

Mon nom dans le conseil serait impopulaire,
N'est-ce pas?

CAVERLY.

C'est absurde, et c'est vrai cependant.
Aussi, quand, de nos jours, on est indépendant,
On a l'air, mon ami, d'insulter tout le monde.
J'ai pour l'indépendance une estime profonde;
Il en faut dans quelqu'un, et vous l'avez prouvé :
Je ne sais pas, sans vous, quel homme eût tout sauvé.
Mais vous n'en recueillez que malheur, qu'amertume;
On vous pique, on vous mord, de la poudre on exhume
Je ne sais quel écrit.

ÉDOUARD.

Que mon père dément.

CAVERLY.

Avant lui je l'ai fait; car je trouve alarmant,
Immoral, que la presse à la rigueur nous juge
Sur des torts arriérés qui datent du déluge.
De nos erreurs du jour nous avons bien assez;
Ce Godwin a fouillé dans vos actes passés,
On l'approuve, il triomphe, à tout il peut prétendre.

La popularité, qui ne sait où se prendre,
S'accroche à lui.

ÉDOUARD.

Ce choix est aussi trop honteux!

SIR GILBERT.

Cela prouve, Édouard, qu'il en existe deux :
La bonne et la mauvaise.

CAVERLY, *à Édouard.*

Oui, ce n'est pas la vôtre;
Mais moi, je n'ai voulu de l'une ni de l'autre,
Pour ne pas les confondre.

SCÈNE IV.

LES PRÉCÉDENTS, LADY STRAFFORD.

SIR GILBERT, *qui veut se retirer en voyant entrer lady Strafford.*

Édouard, je revien.

LADY STRAFFORD, *à sir Gilbert et à Caverly.*

Demeurez.

ÉDOUARD.

Julia! je ne regrette rien,
Non, je n'ai rien perdu si votre amour me reste.

LADY STRAFFORD.

Vous n'avez pas besoin que ma bouche l'atteste;
Mon cœur vous est connu; mais, interrogez-vous:
Cet éclat d'un nom pur que recherche un époux
Dans l'objet respecté du choix dont il s'honore,
Puis-je, en donnant ma main, vous l'apporter encore?
Le monde me condamne; il doit juger ainsi

(*En regardant Caverly.*)

Ce qu'il eût admiré si j'avais réussi,
Et ce blâme d'autrui qu'on brave pour soi-même,
Le peut-on affronter pour la femme qu'on aime?

C'est à vous, sir Gilbert, plus qu'à lui de le voir.
A ses engagements je ne veux rien devoir,
Rien à de vains égards qui sont une faiblesse.
    (*A Édouard.*)
Vous rendant votre foi, je reprends ma promesse;
Ainsi vous n'avez plus de liens à briser;
Soyez libre, Édouard; loin de vous imposer
Des nœuds dont en espoir je fus heureuse et fière,
Pour vous en affranchir, je les romps la première.

ÉDOUARD.

Ces nœuds font mon orgueil; Julia, vous venger,
Protester hautement contre un bruit mensonger,
Du monde, par mon choix, confondre l'injustice,
C'est dignité, c'est gloire, et non pas sacrifice.
Ne balancez donc plus.

LADY STRAFFORD.

    Vous ne l'approuvez pas,
Sir Gilbert.

SIR GILBERT.

  Je l'approuve; il ferait trop de cas
D'un arrêt que pour vous dément sa propre estime,
Si par respect humain il en était victime.

LADY STRAFFORD.

Ce cœur reconnaissant vous rend grâce à tous deux :
Vous l'avez consolé; le plus cher de mes vœux,
Édouard, le dernier, ce fut de vous entendre
Adoucir mes regrets par un respect si tendre.
J'emporte dans l'exil où je dois vous chérir
Un souvenir de vous qui ne peut plus mourir.

CAVERLY.

Dans l'exil!

ÉDOUARD.

   Par vous-même à mon amour ravie,
Tromper l'unique espoir où j'attachais ma vie,
Quand rien ne nous doit plus séparer désormais!
Partir, et vous m'aimez!

LADY STRAFFORD.

      Plus qu'on n'aima jamais;
Plus que je ne puis dire; et pourtant je vous quitte.
J'ai contracté pour vous la dette que j'acquitte.
Je ne m'en dédis point, ce parti dangereux,
Pour vous je l'adoptai; j'y persiste pour eux.
Il faut que je les suive, ou que je les ramène.
Ce qui n'était qu'amour peut-être et gloire humaine,
Aujourd'hui c'est devoir; je n'ai pas murmuré
Quand votre honneur par vous fut à moi préféré;
Mais ferais-je, à mon tour, ce que le mien m'ordonne
Si j'abandonnais ceux que le sort abandonne?
Qu'ils reviennent vainqueurs : avec eux je reviens;
Je reviens en triomphe, et je vous appartiens...

ÉDOUARD.

Vain espoir!

CAVERLY.

  Il dit vrai...

SIR GILBERT.

      Car leur cause est perdue.

LADY STRAFFORD.

Jusqu'à la fin du moins je l'aurai défendue.
Le temps seul, Édouard, peut dégager ma foi,
Et libre... mais alors penserez-vous à moi.

ÉDOUARD.

Vous pleurez! ce dessein...

LADY STRAFFORD.

      Il est irrévocable;
Et mon amour pour vous n'est pas plus immuable.
N'espérez rien des pleurs qui roulent dans mes yeux;
Pourquoi les retenir, quand ce sont des adieux
Qu'à peine de retour ici je vous adresse?
Vous cacher ma douleur, c'est nier ma tendresse :
Voyez-la, mon ami; mais ne m'arrêtez plus;
Si je n'étouffais pas ces regrets superflus,

On pourrait sur mon front en retrouver la trace ;
(*En jetant un coup d'œil sur Caverly.*)
Pour des yeux ennemis il faut que je l'efface ;
Car je veux dignement soutenir leurs regards :
Ces pleurs m'aviliraient ; je les sèche et je pars.

ÉDOUARD, *qui veut la suivre.*

Du moins...

SIR GILBERT.

Reste, et commande au transport qui t'agite.

SCÈNE V.

LES PRÉCÉDENTS, *excepté* LADY STRAFFORD ; WILLIAM.

WILLIAM, *annonçant.*

Monsieur Mortins !

ÉDOUARD.

Chez moi !

CAVERLY.

Mon Dieu ! c'est la visite
Dont vos chers électeurs vous menaçaient tout haut,
Et que j'aurais bien dû vous annoncer plus tôt.

SIR GILBERT.

Dans quel but viennent-ils ? Veuillez donc nous l'apprendre.

CAVERLY.

Ils viennent... Mais, tenez, vous allez les entendre.

SCÈNE VI.

LES PRÉCÉDENTS, MORTINS, THOMAS GOFF,
DÉPUTATION D'ÉLECTEURS.

ÉDOUARD.

Puis-je savoir, messieurs, à quel motif je dois
L'honneur inespéré que de vous je reçois ?

MORTINS.

Choisi pour exprimer un vœu dont je regrette
Que vos anciens amis m'aient rendu l'interprète,
J'ai cru devoir céder ; et ce vœu, le voici.

THOMAS GOFF, *apercevant Caverly.*

C'est comme un fait exprès : je ne viens pas ici,
Que monsieur, dès l'abord, à mes yeux ne se montre.

CAVERLY.

Il faut bien, quand j'y suis, que monsieur m'y rencontre.

MORTINS, *qui a fait signe à Thomas Goff de se contenir.*

Si vous avez de nous reçu votre mandat,
Ce fut en contractant, pour qu'on vous l'accordât,
L'engagement sacré d'être en tout point l'organe,
L'écho des sentiments de ceux dont il émane.
L'avez-vous été? non. Mon cœur en a saigné,
Et de vous sans douleur ne s'est pas éloigné.
Je laisse là les bruits qu'on se plaît à répandre ;
Ma plume, en vous blâmant, n'y voulut pas descendre :
Un fait donné pour vrai peut être controuvé,
Et je le maintiens faux tant qu'il n'est pas prouvé.

SIR GILBERT.

C'est honorer, monsieur, et vous même et la presse.

MORTINS.

Mais un reproche juste et que je vous adresse,
Est d'avoir, au mépris du choix qu'on fit de vous,
Tourné, sous nos drapeaux, vos armes contre nous,
D'avoir répudié notre foi politique.
Soit erreur, soit raison, dans un moment critique,
Vous l'avez fait ; le pacte est par vous déchiré :
Rendez-nous le mandat qui vous fut conféré.

ÉDOUARD.

A ce dernier affront j'étais loin de m'attendre.

THOMAS GOFF.

Et vous ne trouvez pas un mot pour vous défendre !
Je vous connais donc, moi, qui vous ai tant aimé,

ACTE V, SCÈNE VI.

Et qui devrais, morbleu! me battre à poing fermé
Pour m'être si longtemps trompé sur votre compte.
Comment, de père en fils!

MORTINS, *qui veut le calmer.*
Songez...

THOMAS GOFF.
C'est une honte.
Monsieur ne veut rien croire; eh bien, moi, je crois tout :
Le mal est toujours vrai quand on le dit partout.
Devant un mot de vous je tombais en extase;
Mais je suis revenu des grands faiseurs de phrase.
Je veux des hommes purs, incorruptibles, francs,
Comme monsieur Godwin que j'ai mis sur les rangs.

ÉDOUARD.
Pour me remplacer?

THOMAS GOFF.
Oui, c'est un homme sincère;
(*A Mortins.*)
Et, quoique vous aussi soyez son adversaire,
Je le ferai nommer, parce qu'il ne voudra,
Ne dira, ne fera que ce qui nous plaira,
Quelque bill qu'on propose; il l'a juré d'avance,
Et moi, ce qu'il me faut, c'est de l'indépendance.

ÉDOUARD.
Vous n'êtes pas encor par lui représenté :
Je garde mon mandat.

MORTINS.
Vous!

ÉDOUARD.
Quand je l'acceptai,
Je promis d'exercer ce droit en honnête homme;
Rien de plus; et celui qui, voulant qu'on le nomme,
Engage un avenir que nul ne peut prévoir,
Est l'esclave du peuple ou celui du pouvoir.
Je verrai si plus tard il faut que je résigne
Un droit qui m'appartient et dont je reste digne;

Le calme qui renaît peut être passager :
Je garde mon mandat tant qu'il offre un danger.
MORTINS.
Contre un vœu si formel! monsieur, prenez-y garde.
THOMAS GOFF.
Si la chance nous vient, savez-vous...
ÉDOUARD.
Je le garde,
Pour ne m'en dessaisir que par ma volonté ;
Je le garde pour dire à tous la vérité :
Au pouvoir sur son banc, au peuple sur la place,
A vous, puisque chez moi nous voilà face à face.
  (*A Mortins.*)
Ami du bien, monsieur, mais ami dangereux,
Vous n'êtes plus pour moi qu'un rêveur généreux,
Qui, jugeant mal son temps, contre une théorie
Joûrait le sort de tous, sa tête et sa patrie.
CAVERLY.
C'est bien.
ÉDOUARD.
  Vous, monsieur Goff, je vous connais à fond :
Pensant faire à vous seul ce que les autres font,
Vous croyez fermement, grâce à votre poitrine,
Endoctriner autrui quand on vous endoctrine.
Vous voulez être libre, et votre vanité,
Pour la défendre mieux, tûrait la liberté ;
Mais vous n'auriez jamais dans un jour de désordre,
Que le demi-plaisir d'opprimer en sous-ordre.
THOMAS GOFF.
Monsieur !...
ÉDOUARD.
  Pas davantage, et retenez ceci :
Un tyran subalterne est un esclave aussi.
CAVERLY.
Très-bien.

ACTE V, SCÈNE VI.

ÉDOUARD, *s'avançant vers Caverly, qui recule.*

Vous-même, enfin, vous dont l'indifférence
Rit de tout...

CAVERLY.

Halte là : si j'en crois l'apparence,
Vous allez ajouter mes vérités aux leurs;
Je n'ai pas l'honneur d'être un de vos électeurs.
J'aime les vérités qu'aux autres l'on débite;
Les miennes, nullement; et je vous en tiens quitte.
(*Il sort en saluant avec un sourire railleur Thomas
Goff, qui fait un geste d'impatience.*)

THOMAS GOFF.

(*A Édouard.*)
J'étouffe! Si jamais vous demandez ma voix!...

MORTINS.

Nous nous sommes parlé pour la dernière fois :
Réfléchissez.

SIR GILBERT, *qui arrête Mortins et le ramène sur le
devant de la scène.*

Deux mots : un écrit me dénonce
(*Lui montrant un papier.*)
Comme traître à l'honneur, et voici ma réponse.

MORTINS, *qui a regardé l'écriture.*
De mon père!

SIR GILBERT.

Lisez; car ma défense est là.

MORTINS.

« MON AMI,

« C'en est fait de la mission dont mon opposition
« connue ne m'avait permis de me charger que sous
« le secret et par votre intermédiaire. Les cinquante
« mille livres sterling que vous m'avez remises pour
« les employer sur le continent à doter mon pays
« d'une industrie nouvelle, en y faisant passer la plu-

« part des familles chassées de France par la révoca-
« tion de l'édit de Nantes, cette somme immense, je
« l'ai jouée et je l'ai perdue. Ne publiez cette lettre
« que si elle devient indispensable à votre justifica-
« tion. Je vous le demande au nom de mon fils, qui
« n'aura plus de père quand vous la recevrez.

« FRANCIS MORTINS. »

(*Présentant la lettre à sir Gilbert.*)
Et vous la publierez, sans doute?

SIR GILBERT.

Brûlez-la.

MORTINS.

Mais à l'opinion, monsieur, qui vous immole
Qu'opposerez-vous donc?

SIR GILBERT.

Ma vie et ma parole.
Brûlez-la; ne dût-on me croire qu'à demi,
Je ne remûrai pas la cendre d'un ami.

MORTINS.

Ah! vous aurez justice, et je veux vous la rendre,
Autant que je le puis en respectant sa cendre.
(*A haute voix.*)
Ce que je dis ici partout je le dirai,
C'est que l'honneur, monsieur, vous fut toujours sacré,
Et qu'en le proclamant par un public hommage
Je venge la vertu dans sa plus noble image.

SIR GILBERT.

J'avais compté sur vous.

MORTINS, *avec émotion.*

Édouard, je t'aimais;
Je t'aime... Séparés; mais ennemis, jamais!
(*Aux électeurs.*)
Venez, messieurs; sortons.

SCÈNE VII.

SIR GILBERT, ÉDOUARD.

ÉDOUARD.

Trop de malheur m'accable!
Que manque-t-il au mien pour être irréparable,
Et que me reste-t-il enfin?
SIR GILBERT.
Le sentiment
Que laisse au cœur de l'homme un noble dévoûment :
L'orgueil d'avoir bien fait; n'est-ce rien?
ÉDOUARD.
Je déteste
La popularité qui, pour moi si funeste,
M'a puni comme ami, comme fils, comme époux,
De n'avoir pas voulu ramper à ses genoux.
SIR GILBERT, *qui entoure Édouard de ses bras.*
La poursuivre en esclave, ou la fuir est faiblesse.
Elle te reviendra, comme elle te délaisse :
Accepte son appui, s'il ne te coûte rien;
Ne l'aime pas pour elle; aime-la pour le bien,
Et reste indifférent quand elle t'abandonne ;
Car la seule fidèle est celle qui couronne
Des travaux accomplis et des jours sans remords :
Mais son laurier, mon fils, n'ombrage que les morts.

FIN DE LA POPULARITÉ.

LA FILLE DU CID

TRAGÉDIE EN TROIS ACTES,

REPRÉSENTÉE SUR LE THÉATRE-FRANÇAIS, LE 15 DÉCEMBRE 1839.

A L'ESPAGNE

LES DEUX SOLEILS.

A toi, veuve du Cid, à toi, sœur de la France,
La fleur que j'ai cueillie au jardin de Valence!

 Espagne, il est beau ce soleil
Qui mêle à tes jasmins les roses que tes filles
Suspendent en dansant aux nœuds de leurs résilles!
Souriant dans l'azur, il te cherche au réveil,
Comme heureux d'admirer les trésors qu'il te donne;
Pour toi sous ses baisers la pomme d'or rayonne,
Et le raisin pour toi s'enlace au fruit vermeil
Dont Grenade t'invite à cueillir la couronne.
Il charge d'épis mûrs ton rivage où deux mers
Viennent en s'enflammant briser leurs flots amers;
Sous l'aloès, l'acanthe et les lauriers sauvages
De tes vieux monuments il cache les outrages,
Et semble avec des fleurs, des rameaux toujours verts,
Rajeunir leurs débris mutilés par les âges.
Il t'a prodigué tout : fruits sans culture éclos,
Et printemps éternel, et parfums, et lumière :
Comment de ton soleil ne serais-tu pas fière,
  Comme tu l'es de ton héros?

A toi, veuve du Cid, à toi, sœur de la France,
La fleur que j'ai cueillie au jardin de Valence!

  Mais il est un soleil plus beau
Dont la nuit ne peut plus envahir le domaine :

Sur un peuple affranchi qu'il arrache au tombeau,
Il fait fleurir des lois l'équité souveraine,
Fait germer les vertus aux feux de son flambeau,
Et mûrit les moissons de la pensée humaine.
Ce soleil que tes fils ont vu poindre pour eux,
Ce radieux géant qui doit grandir encore,
Il sort pur des vapeurs d'une sanglante aurore ;
C'est de la liberté le soleil généreux.
Ah ! n'en ternis jamais la splendeur tutélaire !
Pour les mûrir, tes droits, pour te les conserver,
Que l'astre, à son midi, pur comme à son lever,
Ne brûle pas tes yeux du jour qui les éclaire.
Te voilà sans tyrans, reste aussi sans bourreaux,
Le front ceint des rayons d'une double lumière ;
Et de tes deux soleils, veuve du Cid, sois fière,
  Comme tu l'es de ton héros.

Espagne, à toi ces vœux ! à toi, sœur de la France,
La fleur que j'ai cueillie au jardin de Valence !

LA FILLE DU CID

PERSONNAGES.

LE CID.
ALVAR FANÈS DE MINAYA.
RODRIGUE, son fils.
BEN-SAID, Maure.
L'ÉVÊQUE DE VALENCE.
ELVIRE, fille du Cid.
CHEVALIERS ESPAGNOLS, MAURES, PEUPLE.

(La scène se passe à Valence en 1094.)

ACTE PREMIER

(*Une salle dans l'Alcazar de Valence.*)

SCÈNE I.

(*D'un côté du théâtre, le Cid endormi, le coude appuyé sur une table, où il a déposé son casque et son épée; de l'autre, Rodrigue en costume de novice, occupé à peindre, et près de lui Elvire, travaillant à une broderie.*)

LE CID, RODRIGUE, ELVIRE.

RODRIGUE.

Elvire!

ELVIRE.

Eh bien?

RODRIGUE, *lui montrant le livre qu'il peint.*
Voyez.
ELVIRE.
J'admirais.
RODRIGUE.
En silence,
Et sans lever les yeux.
ELVIRE.
Dans les champs de Valence,
Où se heurte au soleil le fer des boucliers,
Quand les turbans païens descendent par milliers,
Chacun, en y rêvant, s'occupe à sa manière :
Vous peignez un missel, je brode une bannière ;
La victoire l'attend.
RODRIGUE.
De mes humbles travaux
Le sort est d'être obscurs.
ELVIRE.
Vous êtes sans rivaux,
Rodrigue, dans votre art.
RODRIGUE.
Le dégoût qu'il me donne
Me le rend odieux, ma sœur ; je l'abandonne.
ELVIRE.
Votre sœur ! pas encore.
RODRIGUE.
Au retour de Fernand.
Ce retour de mon frère est prochain maintenant.
ELVIRE.
Pour lui hâtez-vous donc d'achever cet ouvrage.
RODRIGUE.
Il n'était pas pour lui, mais pour vous.
ELVIRE, *avec plus d'intérêt.*
A votre âge,
Quel talent !

RODRIGUE, *vivement.*

Vous l'aimez? Sous ces ornements d'or
Ce livre saint vous plaît?

ELVIRE.

Le Cid Campeador,
Votre vaillant parrain, mon père, qui sommeille,
N'eût jamais peint, je crois, cette rose vermeille,
Ces fleurs d'azur, ces lis de blancheur éclatants :
Il fut dans un autre art passé maître à vingt ans.

RODRIGUE.

Le Cid ne portait pas cette robe de bure.

ELVIRE.

Non; son noviciat s'est fait sous une armure :
Le Maure s'en souvient.

RODRIGUE.

Est-ce ma faute, à moi,
Si je passe oublié sur cette terre?

ELVIRE.

Eh quoi!
Alvar Fanès, le brave, a-t-il pu laisser croître,
Peut-il laisser vieillir son fils au fond d'un cloître?
Lui, compagnon du Cid.

RODRIGUE.

Aux autels consacré,
De mon partage, enfant, je n'ai pas murmuré :
Mon frère allait mourir; pour le sauver, ce frère,
A Dieu je fus promis par un vœu de ma mère.

ELVIRE.

Qui vous lie à jamais?

RODRIGUE.

Pour la première fois
Vous me le demandez depuis près d'un long mois...

ELVIRE.

Il vous a paru long?

ACTE I, SCÈNE I.

RODRIGUE.
            Que j'ai franchi la grille,
Pour vivre sous le toit du Cid et de sa fille.

ELVIRE.
Bien malgré vous, Rodrigue : il fallut vous forcer
De connaître ce monde avant d'y renoncer.

RODRIGUE.
La règle l'ordonnait.

ELVIRE.
            A quoi bon? forme vaine!
Le vœu de votre mère à jamais vous enchaîne.

RODRIGUE.
Il ne peut m'enchaîner sans mon consentement;
L'aurait-elle voulu?

ELVIRE.
            Mais cet engagement,
Vous l'acceptez?

RODRIGUE.
            Je doute, et c'est là mon supplice.

ELVIRE.
Quand vous pouvez choisir l'armure ou le cilice,
Vous doutez!... bien du sang aura coulé ce soir;
Les glaives sont cruels, et mieux vaut l'encensoir :
Préférez aux éclairs dont leur choc étincelle
Le travail innocent où votre main excelle;
Il promet de longs jours à qui tient des pinceaux.
Préférez aux combats l'art de guérir nos maux,
Et les sucs bienfaisants qui ferment la blessure
Aux armes qui la font : cette gloire est plus sûre.

RODRIGUE.
Quel dédain !

ELVIRE, *se levant pour s'approcher d'une fenêtre entr'ouverte.*
            Et pourtant ces Maures que voilà
Dressent sous nos palmiers les tentes d'Abdala,
Celles de Ben-Saïd.

RODRIGUE.
               Cet Africain superbe,
Devant qui les chrétiens sont tombés comme l'herbe;
Glaive exterminateur à qui tout se soumet,
Et qu'ils ont surnommé la faux de Mahomet.
   (*Allant vers la fenêtre.*)
Ben-Saïd!

ELVIRE.
               Restez donc : l'éclat des cimeterres
Vous blesserait les yeux!

RODRIGUE, *se tournant vers le Cid.*
                       Brisé par tant de guerres,
Pourra-t-il, le héros, soutenir leur effort?

ELVIRE.
Son œil les a comptés, et regardez : il dort;
Il dort, et peut dormir, car sur nous son nom veille;
Mais malheur aux païens : le lion se réveille!

LE CID.
Qu'est-ce? leur nombre, enfant, vous faisait-il pâlir?

ELVIRE.
Il faudra bien des bras pour les ensevelir :
Un suffit pour les vaincre!

LE CID.
                       Il l'essaira, ma fille,
Et que Dieu soit en aide au banni de Castille!

RODRIGUE.
Alphonse vous peut-il refuser ses secours?

LE CID.
Sait-on de quel côté souffle le vent des cours?
Fanès n'est pas un clerc nourri dans vos écoles :
Il prend plus de châteaux qu'il ne dit de paroles.

ELVIRE.
Saura-t-il adoucir le plus ingrat des rois?

LE CID.
Quand ce roi par l'exil paya trente ans d'exploits,
Qui l'éveillaient la nuit comme autant de fantômes,

Nos adieux, les voici : « Sortez de mes royaumes!
— Des quels, sire? de ceux que j'ai conquis pour vous
Ou de ceux que pour vous j'ai défendus? — De tous.
—Quand?—Demain.—Aujourd'hui: sans moi gardez les vôtres
Je vais dans mon exil vous en conquérir d'autres. »
Cela dit, je souris, et je tournai le dos
En sifflant dans ma barbe un vieil air de Burgos.
Mais j'ai tenu parole.

ELVIRE.

             Et si bien qu'à son prince
Chaque pas du banni gagnait une province,
Et qu'en marchant toujours de combats en combats,
Vous n'avez jamais pu sortir de ses États?

RODRIGUE.

Mais on vient t'arracher Valence, ta conquête,
Mon père.

LE CID.

        Prends pour sûr que je leur tiendrai tête,
Et si, sans le prouver, je perds ici mon temps,
C'est qu'il faut recevoir Ben-Saïd, que j'attends.

RODRIGUE.

Lui !

LE CID.

  Sur l'ambassadeur je juge l'ambassade.
  (*Montrant son épée.*)
Viens pendre à mon côté ma vieille Tizonade;
C'est mon porte-respect.

ELVIRE, *à Rodrigue.*

             Laissez-moi l'attacher;
Vos saintes mains peut-être ont horreur d'y toucher.

LE CID.

Tu le railles, je crois, mais à tort : le novice
En habile écuyer m'a rendu ce service.

RODRIGUE.

A ses dédains, bon Cid, je suis accoutumé.

LE CID.
Te dédaigner! qui? toi! toi, mon fils bien-aimé?
RODRIGUE.
Mais aimé de vous seul; mon père même ignore
Où je cache ma vie, et si je vis encore.
LE CID.
Sans l'avoir jamais vu, filleul, tu le connais :
Fanès est un démon vieilli sous le harnais,
Ce n'est que pour Fernand qu'il se sent des entrailles;
Ta robe lui plaît moins que sa cotte de mailles.
RODRIGUE.
Et je serais sans vous orphelin ici-bas.
LE CID.
Pourtant ce fils aîné qui le suit aux combats,
Tu le vaux par le cœur : Elvire, quand la peste
De ce peuple expirant me disputait le reste,
Loin des monts catalans où ses pères en Dieu,
Que j'excuse, après tout, priaient dans le saint lieu,
Et, sans nous secourir, prosternés sur les dalles,
Sentaient l'âge et la peur alourdir leurs sandales,
Il les devança, lui! comme un pauvre ramier
Qui défîrait un aigle, il vola le premier,
Ce pieux déserteur, si doux dans son audace,
Droit au mal, que son art venait combattre en face,
Sans pâleur, quand le Cid pâlissait...
ELVIRE.
De pitié!
LE CID.
Qui sait? le plus hardi n'est brave qu'à moitié
Devant un ennemi dont le bras vous terrasse,
Sans qu'on puisse opposer ni casque ni cuirasse.
Guerroyant loin de nous, pourquoi Fanès alors
N'a-t-il pas vu son fils affronter corps à corps
Et des maux sans remède et des péril sans nombre,
A toute heure et partout : la nuit creusant dans l'ombre

Une fosse au cadavre, et, le jour, respirant
Sur les restes d'un mort l'haleine d'un mourant?
Tu l'admirais toi-même.

RODRIGUE.

　　　　Est-il vrai?

ELVIRE.

　　　　　　　　Je l'avoue.

LE CID.

Les yeux brillants de pleurs, la rougeur sur la joue,
Que de fois tu m'as dit : « Il m'apprend, l'orphelin,
« Que le cœur d'un héros peut battre sous le lin! »

RODRIGUE.

Vous, pour qui rien n'est beau que la gloire des armes,
Vous, Elvire! et vos yeux trouvaient pour moi des larmes!

ELVIRE.

Il était généreux de s'exposer ainsi ;
Mais les femmes, Rodrigue, ont ce courage aussi.

RODRIGUE.

Vous l'aviez!

LE CID.

　　　　A seize ans. Quel est donc le courage
Que ma fille n'a point? Mais contre ton usage,
Elvire, que d'éclat! Voici les diamants
Qui furent la rançon des cinq rois musulmans
Qu'un premier coup d'épée a fait mes tributaires.
C'est ta dot; car mon maître a confisqué mes terres,
Mon beau fief de Bivar; et moi, les cent châteaux,
Le butin, les trésors, prix de mes longs travaux,
Tout, j'ai chargé Fanès d'offrir tout à mon maître.

ELVIRE.

Vous, l'arrogant vassal, le révolté, le traître!

RODRIGUE.

Vous, son fidèle ami, mais non pas son flatteur.

LE CID.

Triste ami pour un roi qu'un sujet bienfaiteur!

ELVIRE.
Celui qui va venir doit voir cette parure.
RODRIGUE.
Qui ! Fernand ?
ELVIRE.
Ben-Saïd ; comme un sinistre augure
Du sort qui le menace.
LE CID.
Héroïque fierté !
Les joyaux des captifs vont bien à ta beauté,
Et je redeviens jeune en voyant dans sa gloire
Rayonner sur ton front ma première victoire.
Ta mère les portait, quand, belle comme toi,
Mais quelque peu moins fière, elle reçut ma foi.
Et le marbre la couvre !... Où sont ces nuits, Chimène,
Dont les brises tout bas t'allaient conter ma peine ?
Que je souffrais alors et que j'étais heureux !
O chagrins qu'on maudit, désespoir amoureux !
Le cœur que vous fuyez ne sait plus où se prendre...

(*A Elvire.*)   (*A Rodrigue.*)

Mais je t'afflige ; et toi, tu ne peux me comprendre,
Toi qui n'aimes que Dieu. Laissons là mes beaux jours ;
Doit-on en cheveux blancs parler de ses amours ?
ELVIRE.
O ma mère !
LE CID.
Quel bruit ?
RODRIGUE, *qui regarde par la fenêtre.*
Ce fier Almoravide,
L'ambassadeur s'avance, et tout un peuple avide,
Accouru pour le voir, le suit avec stupeur.
ELVIRE.
La faux de Mahomet aux enfants a fait peur.

LE CID, *à son épée.*

Tu vas la voir de près, ma fidèle compagne,
Patience, et dans peu nous rentrons en campagne,
Puisque les Sarrasins ont juré que jamais
Ton vieux maître ni toi ne dormirez en paix.

SCÈNE II.

LE CID, RODRIGUE, ELVIRE, BEN-SAID, MAURES, PEUPLE.

BEN-SAÏD, *après avoir regardé quelques moments le Cid sans parler.*

A la fin, noble Cid, nous voilà face à face!
J'ai traversé les mers, les monts, et dans l'espace
J'ai semé par milliers les trépas entre nous
Pour t'apprendre mon nom et t'en rendre jaloux :
En troubler ton sommeil est l'honneur qui me tente,
Le tien m'a si souvent réveillé sous ma tente!

LE CID.

Je fais ce que je puis, Maure, et ferme les yeux,
Sans m'informer, le soir, si quelqu'autre a fait mieux ;
Pas même toi : partout pour brave on te renomme ;
Mais il reste toujours, si grand que soit un homme,
Gloire pour tous au champ, comme place au soleil,
Et jamais aucun nom n'a troublé mon sommeil.

BEN-SAÏD.

Tu le dis : je te crois ; mais ta réponse est fière,
Quand les vents jusqu'à vous apportent la poussière
Que chassent devant eux nos épais bataillons ;
Quand vingt rois sur ce bord plantent leurs pavillons.
S'il eût commandé seul ces tribus innombrables
Comme les feux du ciel et les grains de vos sables,
Ben-Saïd, à traiter ne s'avilissant point,
T'aurait redemandé, son cimeterre au poing,
Le sang dont Tizonade, en frappant, s'est trempée...

Car on sait aux déserts le nom de ton épée;
Et ce Babieça qui sous toi fend les airs,
On le cite en exemple aux coursiers des déserts.
J'eusse écrasé les tiens ; je hais toute ta race,
Hors toi seul : ta clémence égale ton audace.
Ils m'ont porté, les tiens, deux coups si douloureux,
Qu'au hasard d'y périr, de mes griefs contre eux
J'aurais déjà cherché jusque dans tes murailles
La réparation au fond de leurs entrailles.
Devant les yeux d'Allah fut-il courroux plus saint?
Mais homme qui se venge et femme qui se plaint !
Je ferai mon devoir ; bien qu'un pareil message
Dût le froisser, ce cœur où saigne mon outrage,
Bien que de ma vengeance il dût briser l'espoir,
J'ai voulu m'en charger.

LE CID.
Pourquoi donc?

BEN-SAÏD.
Pour te voir.
Écoute ; mais d'abord regarde cette plaine ;
Nous serons cent contre un : est-il vaillance humaine
Qui puisse te sauver si tu n'es secouru?
Et de tes alliés pas un seul n'a paru.
Dans l'infant d'Aragon en vain ton cœur espère :
Il ne sait que pleurer ; car j'ai tué son père.
En vain dans la Navarre ; orpheline par moi,
La Navarre est sans chef, car j'ai tué son roi.
Que te reste-t-il donc? la Castille ; elle est brave,
Alphonse est brave aussi ; mais il te veut esclave ;
Tu refuses de l'être, il te trahira.

LE CID.
Non,
Sors d'ici, Ben-Saïd, ou respecte son nom!

BEN-SAÏD, *lui présentant une lettre.*
Cet écrit teint du sang d'un messager fidèle,
Il vient de la Castille, et répondra pour elle.

LE CID, *à Rodrigue, après avoir jeté les yeux sur la lettre.*

C'est de ton père ; lis.

RODRIGUE.

De mon père, et je vois
Ces caractères saints pour la première fois !

LE CID.

Lis.

RODRIGUE, *lisant.*

« Quand devant son trône il m'a vu paraître :
« Que veut un ingrat ? m'a crié ton maître.
« J'ai dit : Cet ingrat vous offre aujourd'hui
« Les forts et châteaux conquis par sa lance ;
« Il vous offre aussi les clefs de Valence,
« Où mille dangers vont fondre sur lui.
« S'il les brave seul, l'ingrat, c'est vous, sire ;
« Nul n'a fait assez pour vous l'oser dire ;
« Le Cid l'aurait pu ; partant je le puis :
« Où le Cid n'est pas, c'est moi qui le suis. »

LE CID.

Il l'est en effet.

RODRIGUE.

« Je ne sais quel duc pendant l'ambassade
« Murmurait ton nom d'un air de bravade.
« Pour lui faire au cœur rentrer son dédain,
« J'enfonçai, du poing, à double reprise,
« Mon casque d'acier sur ma tête grise,
« Et je dis tout haut à ce baladin :
« Qui parle du Cid se taise, ou demeure
« Pour bien averti que je veux sur l'heure
« Châtier sa langue, et que je le puis :
« Où le Cid n'est pas, c'est moi qui le suis. »

BEN-SAÏD.

Voilà comme on t'offense !

ELVIRE.

Et contre l'offenseur comme on prend sa défense !

LE CID, *à Rodrigue.*

Poursuis.

RODRIGUE.

« N'attends rien du roi, que Dieu lui pardonne !
« Quant à moi, jamais, puisqu'il t'abandonne.
« Mais, avec mon fils et quelques vaillants,
« Je pars au galop quand le jour va poindre... »

RODRIGUE, *à part, en s'interrompant.*

Fernand revient !

ELVIRE, *prenant la lettre dans sa main.*

Donnez.

(*Elle lit.*)

« Mais, avec mon fils et quelques vaillants,
« Je pars au galop quand le jour va poindre.
« Fanès te joindra, dût-il, pour te joindre,
« Offrir sa poitrine à mille assaillants.
« Sur leurs corps à tous je passe, et ramène,
« Comme toi jadis aux pieds de Chimène,
« Deux rois, mon vieux Cid, et cinq si je puis :
« Où le Cid n'est pas, c'est moi qui le suis. »

LE CID, *à Ben-Saïd.*

Je te promets
Que, puisqu'il me l'affirme, il le fera.

BEN-SAÏD.

Jamais !
Cid, ma tribu, Murcie, et Grenade, et Séville,
D'un cercle étincelant environnent ta ville.
De ce côté, le fer ! le fer de ce côté !
De tous la mort !... je viens t'offrir la royauté.
Maître du beau pays qu'enferment ces montagnes,
Vois fleurir sous ta loi le jardin des Espagnes !
Règne : cet Abdala dont je suis l'envoyé
T'aime encor mieux debout que par lui foudroyé,
Au prix dont tes exploits lui vendraient ta défaite.
Règne, et garde la part que ta vertu t'a faite.

En protégeant le tien, tu nous a convaincus
Que tu sais respecter le culte des vaincus.
Règne, mais affranchi d'un honteux vasselage :
A ton Dieu seul ta foi, comme à lui ton hommage!
Ton alliance à nous! c'est l'acheter pour rien
Que payer d'un royaume un bras tel que le tien.

LE CID, *à Elvire.*

C'est à toi de répondre : un jour tu seras reine ;
Infante, qu'en dis-tu ?

ELVIRE.

Que je comprends à peine
Qu'on vous puisse engager à salir deux blasons,
Nobles entre tous ceux des plus nobles maisons.
Moi, reine? je le suis :

(*Montrant les diamants.*)
Voilà mon diadème.
Encor faible, il l'a pris à plus fort que toi-même.
Mes sujets sont tous ceux qui l'admirent; partant
Ma royauté va loin, jusqu'où son nom s'étend.
Le titre offert par vous ferait tache à sa gloire ;
S'il ne le dédaignait, Ben-Saïd, tu peux croire
Qu'il s'en fût couronné sans le congé d'autrui.
C'est ce qu'il m'autorise à répondre pour lui,
Pour l'honneur offensé de ma double famille,
Pour Gormas et Laignez, moi, la petite-fille
Du Gormas dont le bras vous a vingt fois défaits,
De ce Diègue Laignez, qui par mille hauts faits,
Maure, fut dans son temps l'épouvante du Maure,
Moi, la fille du Cid qui les surpasse encore,
Qui compte à soixante ans plus d'exploits que de jours,
Qui vous a tant vaincus et vous vaincra toujours.

LE CID.

Tu l'entends, Ben-Saïd.

RODRIGUE, *à part.*

Ah! la Vierge immortelle
Que j'invoque à genoux, je la rêve moins belle!

BEN-SAÏD.

Le plus fier Africain quelquefois soupira
Aux pieds des cent beautés qui peuplent l'Alhambra ;
Mais en les adorant nous ne descendons guère
Jusqu'à les consulter sur la paix ou la guerre.
L'avis de nos imans a pour nous plus de poids,
Et le tien, que j'ai vu, te parle par ma voix.
L'injustice du prince absout le gentilhomme,
Et ton pieux iman, qu'on révère et qu'on nomme
Le flambeau de la foi dont tu fus le soutien,
L'évêque de Valence absoudra le chrétien.

LE CID.

Maure, quand il s'agit d'être loyal ou traître,
Je ne consulte femme, ambassadeur ni prêtre.
Mon évêque est mon juge en son saint tribunal,
Et vous savez, vous tous, si, quand j'ai fait le mal,
J'humilie assez bas le pécheur dans la poudre
Sous les doigts que ce juge a levés pour m'absoudre,
Et si mon Rédempteur voit chrétien plus fervent
De sa table céleste approcher plus souvent ;
Mais l'intérêt d'État, c'est moi seul qu'il regarde,
Non l'Église ; et ce fer dont je touche la garde
Au pape l'a prouvé, quand du trône romain
Sur mes droits d'Espagnol il allongea la main.
La guerre ! je la veux ; la victoire, j'y compte :
Mon prélat m'absoudrait, si j'acceptais ma honte,
Mais des doigts seulement ; il m'absoudra du cœur,
Quand je l'aurai sauvé, si je reviens vainqueur.

BEN-SAÏD.

La guerre donc ! Fidèle à celui qui m'envoie,
J'ai fait tout pour la paix qui m'arrachait ma proie ;
La guerre me la rend : vos remparts vont crouler,
Et le sang des chrétiens comme l'eau va couler.
Que sur sa croix brisée à mes pieds leur Dieu tombe !
Je veux que leur conquête aujourd'hui soit leur tombe.

Quant à Fanès, je cours au-devant de ses pas,
Et j'affirme à mon tour qu'il ne reviendra pas.
LE CID.
Nous verrons qui de vous tient le mieux sa parole.
BEN-SAÏD.
Mais, avant qu'il m'abatte ou que ce fer l'immole,
Un mot encor! Sois juste : accusés de complots,
Quelques Maures ici pleurent dans vos cachots;
Aucun d'eux avec nous n'était d'intelligence :
Délivre-les.
LE CID.
Peux-tu prouver leur innocence?
BEN-SAÏD.
Je puis par Mahomet l'attester devant toi.
LE CID.
Par l'honneur, Ben-Saïd?
BEN-SAÏD.
Par l'honneur!
LE CID.
Je te croi :
Ils reverront le ciel.
BEN-SAÏD.
Pour prix de ta justice,
S'il est jamais en moi de te rendre un service,
Parle et je t'entendrai, fais un signe et j'accours.
Mais l'œuvre qui m'attend n'admet plus les discours;
Je te quitte... Ta main, seul chrétien que j'admire!
A ceux de ma tribu je serai fier de dire
Que j'ai touché ta main.
LE CID.
La voilà!
BEN-SAÏD.
Cet adieu,
C'est le dernier peut-être : en défendant son Dieu,
Un de nous dans la tombe aujourd'hui peut descendre.

LE CID.

Alors, paix à ton âme!

BEN-SAÏD.

Et toi, paix à ta cendre!
Au revoir!

LE CID.

Au revoir!

SCÈNE III.

LE CID, ELVIRE, RODRIGUE, peuple.

LE CID, *au peuple qui s'agenouille devant lui.*

Espagnols, levez-vous!
Par le Christ et les saints! je vous sauverai tous.
Si vous avez du cœur, jeunes gens, leurs richesses
Seront votre butin pour parer vos maîtresses.
Vieillards, en les armant, racontez à vos fils
Les prouesses d'honneur que vous faisiez jadis.
Éveillez dans leur sein le démon des batailles,
Femmes; ils reviendront. Vous, enfants, aux murailles
Si je vous vois courir, votre fronde à la main,
Avec ces turbans-là vous vous jouerez demain;
J'en jure Dieu!

(*A un vieillard qui porte un coffre sous son bras.*)

C'est toi! dépose ici ton gage;

(*Lui indiquant une pièce voisine.*)

Et va m'attendre, juif!

(*Au peuple.*)

Trois heures de courage
Nous les battrons. Allez!

SCÈNE IV.

LE CID, ELVIRE, RODRIGUE.

LE CID, *qui revient en rêvant.*

Il est trop vrai, c'est lui;
J'y comptais : les dix ans expirent aujourd'hui.

RODRIGUE, *avec douleur, à part.*

Fernand revient!

ELVIRE, *au Cid.*

Pardon si je suis indiscrète;
Mais qu'avez-vous?

LE CID.

Forcé d'acquitter une dette
Qu'au château de Bivar je contractai jadis,
Je n'ai pas pour le faire un seul maravédis.

RODRIGUE.

Ma mère en expirant m'a laissé peu de chose;
Ce peu qui m'appartient, que le Cid en dispose.

LE CID.

Grand merci, cher filleul! mais, quand j'accepterais,
Comment payer ma dette et dix ans d'intérêts?
Le bon juif a laissé s'accumuler la somme.

ELVIRE.

Vous pouvez d'un seul mot faire trembler cet homme.

LE CID.

J'ai toujours observé qu'avec son air si doux,
Leur sexe à la rigueur incline plus que nous.
Oui, je lui peux d'un mot mettre la mort dans l'âme,
Mais je ne le veux pas : c'est son bien qu'il réclame.
Le bien même d'un juif doit être respecté;
Pièce à pièce par lui quand son or est compté,
Il rêve en le prêtant aux sueurs qu'il lui coûte,
Et c'est son propre sang qu'il compte goutte à goutte.

(*Montrant le coffre.*)
Ce garant de ma foi d'ailleurs lui fut donné.

ELVIRE.

Qu'il lui soit en paîment par vous abandonné.

LE CID.

Je le plaindrais.

ELVIRE.

D'où vient ?

LE CID.

C'est une vieille histoire,
Que je veux vous conter, mais bien bas, pour ma gloire.
« A nous, Campéador !... m'avait écrit le roi,
« Voici les Sarrasins. » Pas un réal chez moi
Pour équiper ma bande et la conduire en plaine !
Alors de mon manoir la douce châtelaine,
Qui voyait mon souci, te mit sur mes genoux,
Me quitta, puis revint en m'offrant ses bijoux.
Je crois l'entendre encor : « Tiens, mon Cid, va les vendre ;
« Le Sarrasin, dit-elle, est là pour me les rendre.
A quoi je répondis : « Chimène, mes amours,
« Il te rendra ton bien avant qu'il soit dix jours. »
J'emportai les brillants ; mais est-il femme ou fille
Qui se puisse tenir d'admirer ce qui brille ?
Non : les vouloir, les prendre, et ne plus les lâcher,
C'est ce que fit Elvire ; et j'eus beau me fâcher,
Dans son courroux d'enfant qui la rendait plus belle,
Tenant toujours sa proie, elle osa, la rebelle,
Lever, pour se défendre, en lionne qu'elle est,
Ses deux petits poings nus contre mon gantelet.

RODRIGUE, *vivement*.

Vous l'avez ôté, Cid ?

LE CID.

Oui, mais je fis en sorte,
Elvire, que ta main ne fût pas la plus forte.
Tu te pris à pleurer, et, tout gonflés, tes yeux
Faisaient à ce trésor de si tristes adieux,

Que je sentis mon cœur s'amollir de tendresse;
La pitié l'emporta. Jamais, c'est ma faiblesse,
Aux larmes d'un enfant je n'ai su résister;
Et je dis à Chimène : « Il faut la contenter. »
Qui sourit, ce fut toi : j'avais mis bas les armes;
Sourire plus charmant, lorsqu'il fit sous tes larmes
Rayonner de plaisir ton visage vermeil,
Qu'à travers une pluie un éclair de soleil!
Et folle, et radieuse, ivre de ta victoire,
Tu vins du bout du doigt tirer ma barbe noire,
Toi qui tremblais alors, peureuse, en la baisant :
Mais tu n'en as plus peur : elle est blanche à présent.

ELVIRE.

O bonté!

LE CID.

Qu'on soit faible, on est bientôt coupable,
Ce coffre, va l'ouvrir.

(*Il lui donne la clef.*)

ELVIRE, *qui l'a ouvert*.

Quoi? du sable!

LE CID.

Oui, du sable;
Car ma Chimène et moi nous l'en avions rempli
Quand je fis à ma table asseoir le juif Éli;
Et, l'ayant bien traité, je dis d'une voix ferme :
« Éli, pèse ce coffre, et, sur ce qu'il renferme,
« Vois si tu veux prêter trois mille pièces d'or?
— « En l'ouvrant, dit le juif, je verrai mieux encor.
— « Non; et par Salomon, quand tu l'auras pour gage,
« A ne l'ouvrir jamais ta loyauté s'engage.
« Dans un an, ou dans dix, tu le rapporteras,
« Et pour les intérêts prends ce que tu voudras;
« Je paîrai. »

RODRIGUE.

Que fit-il?

LE CID.
Soit peur, soit confiance,
Il prêta sur ce gage.

ELVIRE.
Avec pleine assurance :
L'or de votre parole était dedans.

LE CID.
Très-bien !
Mais cet or désormais est pour lui moins que rien.
Sa somme, il la voudra, s'il craint qu'un coup de lance
Avec son débiteur n'emporte sa créance.
Eh bien! devant ce juif me vois-tu confessant,
Moi, chrétien, gentilhomme, un mensonge innocent,
Dont je n'ai pas rougi dans un moment d'alarme,
Mais un mensonge enfin! j'aimerais mieux sans arme,
Les rênes dans les dents, me jeter à travers
Les plus fiers Grenadins dont nos champs sont couverts,
Les Maures les plus noirs de la Mauritanie,
Que boire le dégoût d'une telle avanie.

ELVIRE.
J'ai fait le mal, mon père, et le veux réparer.

LE CID.
Tu le pourrais ?

ELVIRE.
De lui je vais vous délivrer,
En femme que je suis, et sans rigueur aucune,
Quoi que vous en disiez.

LE CID.
Tu me gardes rancune
Pour un mot que j'ai dit.

ELVIRE.
Je cours vous le prouver,
En bravant un péril que vous n'osez braver.
Eût-il un cœur de marbre, il deviendra sensible;
C'est moi qui renverrai cet ennemi terrible,

Puisque le Cid le craint, et je me fie à vous
Du soin de balayer ceux que nous craignons tous.
LE CID.
Va donc, je m'abandonne, Elvire, à ta prudence.

SCÈNE V.

LE CID, RODRIGUE.

LE CID, *qui la suit des yeux.*
Comme sa digne mère elle est ma providence.
  (*A Rodrigue.*)
Mais je tarde à remplir un devoir important,
Ma foi, que Ben-Saïd a reçue en partant,
Je vais la dégager.
RODRIGUE.
  Un seul mot !
LE CID.
              Je t'écoute.
RODRIGUE.
Pardonnez, ô mon père, un adieu qui me coûte.
LE CID.
Tu veux nous fuir ?
RODRIGUE.
          Ce monde est pour moi sans appas;
Quand j'y voudrais rester, je ne le pourrais pas;
J'y serais méconnu...
LE CID.
   Toi !
RODRIGUE.
       Méprisé peut-être.
LE CID.
Eh ! de qui donc ?

RODRIGUE.

Du Cid je ne crains pas de l'être :
Il n'importe ; ce monde où m'attend le mépris,
Je ne le puis comprendre et n'y suis pas compris,
Pas même de ma sœur.

LE CID.

Ton reproche m'étonne.

RODRIGUE.

Je ne l'accuse pas ; je n'accuse personne.
Moi seul j'y suis de trop, qui, consumé d'ennui,
Serais, sans qu'on m'aimât, tout amour pour autrui.
J'y renonce, mon cœur s'était fait violence ;
Mais il succombe au mal qu'il dévore en silence.

LE CID.

Quel est-il ?

RODRIGUE.

Le besoin de revoir cette croix,
D'où le Dieu qui m'attend m'a béni tant de fois,
Et de m'agenouiller sous la nef solitaire,
Où l'on n'entend plus rien des vains bruits de la terre.

LE CID.

Lorsque ton père approche et qu'il va t'embrasser !

RODRIGUE.

Hélas ! j'ai peur de lui.

LE CID.

Fanès, te repousser !

Il ne le ferait pas.

RODRIGUE.

Mon unique espérance
Serait donc qu'il me vît avec indifférence.
C'est un supplice encor.

LE CID.

Pense à ton frère.

RODRIGUE.

Oh ! lui,
Un si charmant espoir pour ses regards a lui,

ACTE I, SCÈNE V.

Qu'enivré de sa joie, il n'a qu'une pensée,
C'est de revoir ici sa noble fiancée...
Car leurs nœuds de bien près vont suivre son retour?

LE CID.
Sitôt que les combats le rendront à l'amour.

RODRIGUE.
Pour moi dans ce cœur plein reste-t-il une place?
Non; le présent m'accable et l'avenir me glace:
Je veux partir.

LE CID.
    La route est libre au bord des mers.
Mais le cloître, mon fils, a des jours bien amers:
C'est avec désespoir qu'on entend sonner l'heure
Où, jeune, on rejeta ce que plus tard on pleure,
Et qu'on les sent, ces vœux si légers autrefois,
Retomber sur un cœur qu'ils brisent de leur poids.
Au temps où j'habitai Saint-Pierre de Cardène,
Plus d'un moine, saisi d'une douleur soudaine,
Au doux aspect des champs, des bois lointains, des eaux,
Murmura: Si j'avais les ailes des oiseaux!...
Sans leur faire expliquer ce qu'ils n'osaient pas dire,
Avec eux tristement j'échangeais un sourire.
Crois donc un vieux soldat, mauvais clerc, moins savant
Sur les choses du ciel qu'on ne l'est au couvent,
Mais qui sait mieux le monde, et voit avec tristesse
Que des vœux imprudents enchaînent ta jeunesse.

RODRIGUE.
Si je reste, je meurs.

LE CID.
    Va donc, cher exilé,
Dans cette arche de paix d'où tu t'es envolé;
Nous nous y reverrons.

RODRIGUE.
    C'est tout ce que j'espère:
Hors vous, qui donc viendrait?

SCÈNE VI.

LE CID, RODRIGUE, ELVIRE.

ELVIRE.
Il est parti, mon père.
LE CID.
Comment l'as-tu séduit? par quel charme... mais quoi!
Ton front sans ornements m'a répondu pour toi.
Elvire, qu'as-tu fait?
ELVIRE.
La reine de Valence
A donné sa couronne.
LE CID.
Enfant, quelle imprudence!
J'aurais dû le prévoir, et c'est ma faute.
RODRIGUE.
Eh bien!
Je l'avais prévu, moi.
LE CID.
Tu n'avais que ce bien;
Que te restera-t-il pour ressource dernière,
Si ces damnés païens abattent ma bannière,
Et, contre tous enfin ne pouvant lutter seul,
Si je suis vaincu?
ELVIRE.
Vous!
LE CID.
Si je meurs?
ELVIRE.
Un linceul;
C'est assez.
LE CID.
Tes regards, tes paroles de flamme
A qui n'en aurait pas pourraient donner une âme,

Rendraient le plus timide incapable d'effroi.
Viens donc, viens dans mes bras, fille digne de moi,
Digne de tes aïeux, mais la plus pauvre fille
Du plus pauvre hidalgo de toute la Castille.

ELVIRE.

Du plus noble.

LE CID.

        En amis faites-vous vos adieux :
Par des vœux éternels il va s'ouvrir les cieux.

ELVIRE.

Lui !

LE CID.

    Loin de son couvent sa vie est un supplice.
Nous irons assister, Elvire, au sacrifice :
Vers Dieu, je veux pour lui tendre en le bénissant
Ces mains que la victoire aura teintes de sang.

  (*A Rodrigue.*)
Je reviens t'embrasser.

SCÈNE VII.

ELVIRE, RODRIGUE.

RODRIGUE.

      Et vous irez, Elvire ?

ELVIRE.

C'est aux célestes biens qu'enfin votre âme aspire ;
Et, quittés comme nous, dont je ne parle pas,
Ces bords n'ont point d'attraits qui retiennent vos pas.
Eh quoi ! sans qu'à la fuir votre vertu balance,
Vous avez habité notre belle Valence !
Vous avez, au doux bruit des eaux de son jardin,
A l'enivrant parfum que son printemps sans fin

Exhale vers le ciel qui de fleurs le décore,
Rêvé la liberté plus enivrante encore ;
Vous l'avez respirée, et le cloître est vainqueur.
Sublime effort, Rodrigue ! on doit s'unir du cœur
Au saint plaisir qu'en vous un tel triomphe excite :
Allez ; il vous honore, et je vous félicite.

RODRIGUE.

Je subis mon arrêt. La gloire au fils aîné,
La gloire et le bonheur : il vous est destiné ;
L'ombre du cloître à l'autre !

ELVIRE.

     Humilité profonde,
Que je respecte !... adieu !

RODRIGUE.

     Je le sens, dans ce monde
Je ne vous verrai plus.

ELVIRE.

     Ce n'est pas moi qui pars,
C'est vous ; et quand la guerre entoure nos remparts,
Le jour est bien choisi. Du moins, pour nous défendre,
Fernand nous restera.

RODRIGUE.

     Puisse Dieu vous le rendre,
Ce Fernand qui vous aime et que vous aimez tant !
Puisse-t-il aux périls échapper en portant
La chaîne qu'à son cou je suspendis moi-même,
Et que bénit la main du pontife suprême :
Qu'il vive ; l'avenir lui garde un sort si doux !
Moi, je pars ; quelquefois pensez que, loin de vous,
Souffre un pauvre être obscur courbé dans la poussière,
Et qui vers Dieu pour vous élève sa prière.

ELVIRE.

Prier le Dieu qui sauve et rend victorieux,
C'est défendre en effet Valence auprès des cieux,
Et rester pur du sang versé pour sa querelle.
Notre sexe, Rodrigue, aura le même zèle ;

Il vous imitera dans ce devoir chrétien ;
Il prîra comme vous ; car prier nous sied bien,
A nous, humbles de cœur et faibles que nous sommes ;
Et j'ai vu toutefois s'agenouiller des hommes ;
Un guerrier prie aussi, mais de fer revêtu,
Mais quand il va combattre ou qu'il a combattu.

RODRIGUE.

Eh! que pourrais-je ici, moi, pour votre défense,
Moi, dans l'horreur du meurtre élevé dès l'enfance,
Et qui souffre à penser que tant de malheureux
Vont pour un nom, du bruit, se déchirer entre eux ?

ELVIRE.

Pour la gloire !

RODRIGUE.

Comment me serait-elle chère ?
A qui l'offrir ? D'ailleurs, éclipsé par mon frère,
Je serais le dernier de ceux qui combattront.
J'aime mieux dans un cloître aller cacher mon front.
Que deviendrais-je ici ?

ELVIRE.

Sans que je me fatigue
A vanter un Laignez qui se nomme Rodrigue,
Rodrigue comme vous, je dirai seulement
Qu'il devint des guerriers l'honneur en un moment.

RODRIGUE.

Ah ! je l'admire, lui ; c'était là de la gloire !...
Pourquoi m'en accabler ?

ELVIRE.

Roulant dans sa mémoire
L'insulte du Gormas, voyez-vous ce vieillard ?
Il n'a pour ses amis parole ni regard ;
De peur de les flétrir, sa honte, il la dévore ;
Car d'un déshonoré l'haleine déshonore.
Don Diègue attend son fils qui cherche l'offenseur,
Et les mets qu'on lui sert sont pour lui sans douceur ;

Il n'y saurait toucher ; morne son front se penche,
Et de longs pleurs muets mouillent sa barbe blanche.
Il pleurait, le vieillard, et tant qu'il ne vit pas
Rodrigue qui rentrant, le fer nu sous le bras,
Les bras sur sa poitrine, à trois pas de la table,
Contemplait sans parler sa face vénérable.
Rodrigue approche enfin, s'incline, et d'un air doux,
Mais fier, où le respect remplaçait le courroux,
Il prend sa main et dit : «Mangez, mon noble père.
—Moi, mon fils !—Relevez ce front que je révère.
—Le puis-je?—Oui.—Que dis-tu?—Que nous sommes vengés.
—Il est donc puni ? — Mort : ô mon père, mangez. »
Moine, qu'aurait-il fait? mains jointes sous la bure,
Moine, il eût prié Dieu de pardonner l'injure.

RODRIGUE.

Digne fils d'un tel père, il aurait déchiré,
Pour faire ce qu'il fit, son vêtement sacré.
Mais un père à mon bras a-t-il remis sa cause?
Suis-je l'heureux soutien où son espoir repose?
Ai-je un père? Mon âme, où vous avez régné,
S'ouvrait pour une sœur, et j'en fus dédaigné.
Eh bien, sous ses dédains mon âme s'est flétrie.
N'ayant père ni sœur, je n'ai point de patrie ;
Rien pour elle ! son sein devant moi s'est fermé ;
Non, rien ; point de patrie à qui n'est pas aimé !

ELVIRE.

Vous vous faites outrage et vous en avez une,
Et ce cœur aime en fils notre mère commune ;
Il vit, il bat pour elle ; en vain vous le niez ;
Car il est bon ce cœur que vous calomniez ;
Il est grand ; il s'émeut à cette voix chérie,
Et souffre tous les maux que souffre la patrie.
Ne l'entendez-vous pas se plaindre dans les vents
Où de leur étendard flottent les crins mouvants ;
Ne la voyez-vous pas tressaillir à la place
Qui d'un pied sarrazin garde à regret la trace?

ACTE I, SCÈNE VII.

Oui, vous voulez combattre, et vaincre, et la sauver;
Mais, quand ce bras pour elle est prêt à se lever,
Un pouvoir inconnu que je ne puis comprendre
Vous pousse à la trahir au lieu de la défendre.

RODRIGUE.

Mais que voulez-vous donc, vous qui me méprisez?
M'arracher mon secret? quoi! ma sœur, vous l'osez!
Non, pas ma sœur; ce titre et me pèse et m'irrite;
Il fait trembler mon corps du frisson qui m'agite;
Il trouble ma raison; sais-je en vous le donnant
Si je chéris encore ou déteste Fernand?
Je vois entre nous deux un être pur, un ange,
Mais fier, mais indigné, qui me hait, qui se venge,
Eh! de quoi donc, grand Dieu? d'être aimé de si bas.
Il m'obsède, il consume en impuissants combats
Ma force qui s'éteint, ma vertu qui se lasse,
Et rend mortel pour moi l'air où son souffle passe.
Son nom, si je restais, m'échapperait ici
En m'écrasant de honte, Elvire, et vous aussi.
Sauvez-moi; laissez-moi le lien qui m'arrête;
Pour vous, comme Fernand, si j'exposais ma tête,
Je voudrais ce qu'il veut; ce qu'il est, je le suis.
Que dis-je? Il est aimé; voilà pourquoi je fuis:
Ce que je crains, c'est moi; pour la mort, je l'appelle;
Près de vous, loin de vous, je n'ai d'espoir qu'en elle;
Mais loin de vous du moins sans honte elle m'attend.
Ah! qu'elle soit prochaine, et je mourrai content!

ELVIRE.

Obéissez, Rodrigue, à Dieu qui vous entraîne;
Séparons-nous; fuyez.

RODRIGUE.

Chargé de votre haine;
Et pour toujours!

ELVIRE.

Le Cid!

SCÈNE VIII.

LE CID, RODRIGUE, ELVIRE, CHEVALIERS, *un d'eux porte une bannière.*

LE CID.

Mon casque? il faut partir.
A l'appel des clairons qui vient de retentir,
Creusant du pied le sol, Babieça s'étonne
Et demande où je suis lorsque la charge sonne.
       (*A tous les chevaliers.*)
Au galop! car Fanès est en face de nous.
Pour arriver à lui poussez droit devant vous
Sans relever vos morts, tout d'une haleine; et lâche
Qui s'arrête vivant à moitié de sa tâche!
Me jurez-vous, amis, d'aller jusqu'où j'irai?

LES CHEVALIERS.

Oui, tous.

LE CID.

Me jurez-vous que sanglant, déchiré,
Le dernier qui vivra, plutôt que ma bannière
Devant ces mécréants fasse un pas en arrière,
Sous les pieds des chevaux rendra son âme à Dieu?

LES CHEVALIERS.

Nous le jurons.

LE CID.

Au champ!... Et vous, enfants, adieu!

SCÈNE IX.

LE CID, RODRIGUE, ELVIRE, FANÈS, *en désordre, un tronçon d'épée à la main.*

LE CID.

Que vois-je? lui, Fanès!... ce brave à qui tout cède
Ne laisse pas le temps de courir à son aide.

Viens, mon victorieux, te jeter dans mes bras,
Mais viens donc!

FANÈS.

C'est plus tard que tu m'embrasseras...
Allons le chercher.

LE CID.

Qui?

FANÈS.

Marchons!

LE CID.

Que veux-tu dire?

FANÈS, *aux chevaliers.*

Comme père aujourd'hui, guerriers, je dois maudire
Ceux que tout Espagnol maudit comme chrétien.

LE CID.

Toi, Fanès!

FANÈS.

Dans leurs rangs j'ai laissé mon soutien.

LE CID.

Tu reviens seul.

FANÈS.

Oui, seul.

LE CID.

Ton fils?

FANÈS.

A l'avant-garde,
En le brisant, ce fer rougi jusqu'à la garde,
J'ai passé.

LE CID.

Mais ton fils?

FANÈS.

Il était le dernier.

LE CID.

Il est prisonnier?

FANÈS.

Lui!... son corps est prisonnier;
Son âme est libre.

ELVIRE.

O ciel!

RODRIGUE.

Fernand!

LE CID.

Gloire à son ombre!
Gloire et vengeance à tous!

FANÈS.

O fureur! sous le nombre
Ils sont tombés vaincus dans les rangs ennemis.

ELVIRE.

Vaincus! non : las de vaincre ils s'y sont endormis.

FANÈS.

Noble parole, Elvire!

RODRIGUE, *à part.*

Ah! je l'aimais, mon frère.

FANÈS.

J'étais trop orgueilleux, ami, d'être son pere.
Je te le comparais; je disais : Il ira
Aussi loin que le Cid; il le surpassera.
Je l'ai cru, je l'ai dit, et c'était un blasphème;
Mais pense au fol orgueil qu'inspire un fils qu'on aime.

LE CID.

Le perdre ainsi!

RODRIGUE, *à part.*

Mes vœux n'ont pu changer son sort,
Et ce collier pour lui fut un présent de mort.

FANÈS.

Mon appui, mon héros, ma race tout entière,
Mon Fernand est là-bas couché dans la poussière.
S'il y reste, eh bien! moi, j'y veux rester aussi.
Marchons, ou j'irai seul. Ai-je quelque souci

ACTE I, SCÈNE IX.

Qu'on accompagne ou non, qu'on laisse ou qu'on rapporte
Fanès de Minaya dont la famille est morte?
Fanès n'avait qu'un fils, il n'en a plus!

LE CID.

Qui? toi?

FANÈS.

Je n'en ai plus; pourtant je suis maître de moi.
Tiens, vois : j'ai les yeux secs; à d'autres temps les larmes,
C'est du sang qu'il me faut.

RODRIGUE, *s'élançant au milieu de la scène.*

Et moi, ce sont des armes!

ELVIRE.

Qu'entends-je?

LE CID.

Qu'as-tu dit?

RODRIGUE.

Que je reprends mon nom.
Devenu le dernier de ma noble maison,
Je viens revendiquer l'honneur que j'ai d'en être;
Je le veux soutenir, je l'accroîtrai peut-être;
Ou si l'accroître encore est plus que je ne puis,
Périr pour ma maison, c'est prouver que j'en suis.

ELVIRE, *à part.*

Je l'avais bien jugé.

LE CID, *à Fanès.*

Connais-tu ce jeune homme?

FANÈS.

Ah! quel que soit son nom, c'est un brave.

LE CID.

Il se nomme
Fanès de Minaya.

FANÈS.

Se peut-il?

LE CID.
                    Son parrain
Le présente à son père.
          FANÈS.
                Où suis-je?
          RODRIGUE.
                              Votre main;
Laissez-moi la baiser.
          FANÈS.
                Quoi! c'est mon fils!
          ELVIRE.
                              Le vôtre.
Dieu vous en a pris un, il vous en rend un autre.
          FANÈS.
Lui, que j'ai renié, lui, que loin de mes yeux
Je crus enseveli sous un linceul pieux.
C'est mon sang!... Ah! son cri me suffit pour le croire:
N'as-tu pas dit, enfant, que tu veux de la gloire?
          RODRIGUE.
Je l'ai dit.
          FANÈS.
          Que tu veux soutenir et venger
L'honneur de ma maison?
          RODRIGUE.
                        Quel qu'en soit le danger,
Je le veux.
          FANÈS.
            C'est mon fils; je le vois, je l'embrasse;
Je sens sous mes baisers ressusciter ma race!
          RODRIGUE.
Armez mon bras!
          FANÈS.
            Viens, Cid!
                    (*A Rodrigue.*)
                    Tous deux nous t'armerons;
Nous te voulons tous deux chausser tes éperons;

Mais il faut, en frappant et d'estoc et de taille,
Les gagner entre nous au fort de la bataille;
Il faut me le ravoir ce corps qui m'est si cher.
Jette le froc aux vents, plus de robe, du fer!
Du fer sur ta poitrine, un casque sur ta tête!
L'étoile des Fanès à s'éteindre était prête;
Que son éclat vengeur brille sur ton cimier,
Et mort au Sarrazin qui la voit le premier!

LE CID.

J'approuve son ardeur, je l'aime, mais diffère :
Qu'en nous voyant à l'œuvre il apprenne à bien faire.
Sauter ainsi d'un bond de l'autel au combat,
C'est tout mettre au hasard. Le métier de soldat,
Si généreux qu'on soit, veut quelque apprentissage :
L'habitude est en nous la moitié du courage.

ELVIRE.

Le Cid vit le danger pour la première fois,
Et c'est cette fois-là qu'il défit les cinq rois!

FANÈS.

Vrai Dieu! ceux de mon sang ont l'âme bien trempée :
Un cierge pour leurs mains est plus lourd qu'une épée;
N'est-ce pas, mon Rodrigue?

RODRIGUE.
   Allons!

LE CID.
      J'espère en lui :
Ce qu'il doit être un jour, qu'il le soit aujourd'hui!

FANÈS, *aux chevaliers.*

Suivez-nous, compagnons; suivez sa jeune lance;
Pour reprendre Fernand et pour sauver Valence,
Suivez les deux vieillards et le jeune guerrier!

RODRIGUE.

Je vais combattre, Elvire!

ELVIRE.
   Et moi, je vais prier.

ACTE DEUXIÈME

SCÈNE I.

FANÈS, CHEVALIERS.

FANÈS.

Nous aurions dû les vaincre ou mourir à la peine.
Puisque les deux partis veulent reprendre haleine,
Épuisés par la lutte et comme épouvantés
Des coups qu'ils ont tous deux ou reçus ou portés,
Laissez-moi ; mon chagrin cherche la solitude.
Vous dont les bras sanglants tombent de lassitude,
Allez ; je vous ai vus gagner en Castillans
L'honneur de vous asseoir au banquet des vaillants.
Ma présence animait d'une gaîté si vive
Ces repas où le brave a la mort pour convive ;
Mon défi de buveur lui fut porté souvent ;
Ce temps n'est plus ! Mais vous riez en la bravant.
Triste, je ne veux pas attrister votre joie,
Et je dois porter seul les maux que Dieu m'envoie.
Mon fils ! cherchez mon fils ! je l'attends.

SCÈNE II.

FANÈS, *seul*.

                              Malheureux !
Ma honte que j'étouffe est un secret pour eux.
Sur le dernier du nom, avant qu'on la connaisse,
Que du bras paternel le châtiment s'abaisse,

Puisqu'il a pu, celui qui porte un nom pareil,
A cinq cents ans d'honneur mentir en plein soleil!
Mais le voilà!

SCÈNE III.

LE CID, FANÈS.

FANÈS.

C'est toi!

LE CID.

Je veux que tu m'écoutes.

FANÈS.

J'attends quelqu'un.

LE CID.

Qui donc?

FANÈS.

Mon fils.

LE CID.

De qui tu doutes?

FANÈS.

Que n'en suis-je à douter!

LE CID.

J'ai vu ce qu'il a fait.

FANÈS.

Et tu dis qu'à l'honneur ce fils n'a pas forfait?

LE CID.

Certe!

FANÈS.

Et quand tu le dis, tu ne sens pas la rage,
La honte, devant moi, te monter au visage?

LE CID.

Je n'ai point à rougir.

FANÈS.

N'es-tu pas son parrain?

LE CID.
Je l'excuse aujourd'hui ; je le loûrai demain.
FANÈS.
Mais tu l'as vu faiblir.
LE CID.
Généreuse faiblesse !
FANÈS.
C'était vertu ?
LE CID.
Qui sait ?
FANÈS.
Opprobre à ma vieillesse,
Si l'affront fait aux miens n'est par moi réparé !
LE CID.
Comment ?
FANÈS.
En le tuant.
LE CID.
Fanès !
FANÈS.
Je le tûrai.
LE CID.
Tais-toi.
FANÈS.
Quand le rameau s'est flétri jeune encore,
Il faut le séparer du tronc qu'il déshonore.
LE CID.
Il faut venir en aide à sa fragilité,
Pour qu'il couronne un jour le tronc qui l'a porté.
FANÈS.
Va-t'en !
LE CID.
Pourquoi ?
FANÈS.
Tes bras deviendraient son refuge.

ACTE II, SCÈNE III.

LE CID.

Ils le seront.

FANÈS.

Va-t'en !

LE CID.

Je resterai.

FANÈS.

Pour juge
Je veux que nous n'ayons que Dieu seul entre nous.
Il vient là ; cette main le jette à mes genoux ;
Je lui donne un moment pour recueillir son âme :
« Allons, votre prière !... » et puis meure l'infâme ;
Je fais justice, et cours chercher en combattant
Ma place au lit funèbre où son frère m'attend.

LE CID.

Toi, son père !

FANÈS.

Le père est juste et non barbare,
Qui prodigue un vil sang dont le fils est avare.

LE CID.

Était-ce bien son sang qu'il voulut épargner?

FANÈS.

De la mêlée alors pourquoi donc s'éloigner?

LE CID.

Quel sentiment saisit cette âme vierge encore,
Quel trouble l'agitait, quelle horreur? je l'ignore ;
Mais au-devant du choc sans crainte il a volé ;
Sous leurs coups, qu'il cherchait, il n'a pas chancelé,
Soigneux de les parer plutôt que de les rendre,
Le premier qu'il porta, ce fut pour me défendre ;
Le sang jaillit : alors, je le vis frissonner,
Comme atteint par le coup qu'il venait de donner.

FANÈS.

Eh ! quand on lâche pied, qu'importe qu'on frissonne
De celui qu'on reçoit ou de celui qu'on donne?

Faible qui sans pâlir ne meurt pas à son rang,
Et faible qui pâlit à l'aspect d'un mourant!
Il a manqué de cœur.

LE CID.

Il en eut trop peut-être;
Non de ce cœur tranquille et qui, si fier de l'être,
Aux combats endurci, nous fait voir de sang-froid
Tous leurs maux comme un bien, ou du moins comme un droit;
Mais de ce cœur sensible aux douleurs, à la plainte,
Ému qu'il est encor par la pieuse crainte,
Par la douce pitié dont les hommes de Dieu
L'ont rempli dès l'enfance à l'ombre du saint lieu

FANÈS.

Tu m'éclaires : je vois leur damnable artifice,
Et je soupçonne, moi...

LE CID.

Quoi donc?

FANÈS.

Un maléfice.
Afin de ramener la brebis au bercail,
Tous ces capuchons noirs se sont mis en travail;
Ils ont traîtreusement formé quelque pratique
Pour amollir l'acier de cette âme héroïque,
Pour refroidir l'ardeur du fier sang dont il sort.
Leur ruse a fait mouvoir quelque secret ressort;
Ils l'ont frappé d'un charme, oui, d'un charme invincible.
Car c'est chose inouïe, incroyable, impossible,
Qu'un Minaya jamais dans la lice ait failli,
Et qu'un poil de sa barbe ait de peur tressailli.

LE CID.

Devaient-ils en soldats exercer leur tutelle
Dans la maison de paix, et leur règle veut-elle
Qu'ils forment un novice à notre art meurtrier?
Ils en ont fait un prêtre, et non pas un guerrier.
Quand il aurait eu peur...

ACTE II, SCÈNE III.

FANÈS.

C'est donc vrai?

LE CID.

Je le nie;
Mais faudrait-il s'en prendre à quelque noir génie?
De plus braves que nous ont eu leur jour d'effroi.

FANÈS.

Pas moi du moins!

LE CID.

Toi-même.

FANÈS.

Encore un coup, pas moi!

LE CID.

Toi comme un autre.

FANÈS.

Non!

LE CID.

A ta première affaire...

FANÈS.

Non!

LE CID.

Ton cœur a battu plus fort qu'à l'ordinaire.

FANÈS.

Jour de Dieu! non!...

LE CID.

C'est sûr.

FANÈS.

Tu le crois?

LE CID.

Je le crois.

FANÈS.

Tu n'as donc pas dit vrai pour la première fois!

LE CID.

Un démenti, Fanès!

FANÈS.
A qui m'insulte en face
Je le donne.

LE CID.
A ton Cid !

FANÈS.
Choisis l'heure et la place :
Je ne crains pas le Cid.

LE CID.
Je le sais.

FANÈS.
Pas autant
Que tu vas en champ clos le savoir à l'instant.

LE CID.
Conviens qu'il ferait beau, Fanès, nous voir aux prises,
Nous, leur exemple à tous, leurs chefs, nous, têtes grises !
Nos jeunes hidalgos sont prompts à s'emporter,
Et c'est une leçon qui doit leur profiter :
Ils feront comme nous. Eh quoi ! si la colère
Allait jusqu'à t'armer contre le sein d'un frère,
Le sein que tant de fois tu vins couvrir du tien,
Tes entrailles pour moi ne te diraient donc rien ?
Tu crois ton bras bien fort ; mais, Fanès, qu'il me blesse,
Et toi, qui de ton fils accuse la faiblesse,
Devant un peu de sang reculant aujourd'hui,
Tu sentiras le cœur te manquer comme à lui.

FANÈS.
Pardonne, j'étais fou.

LE CID.
Vieille barbe !

FANÈS.
Pardonne !
Tu sais qu'au moindre choc le sang-froid m'abandonne.
Je ne fus jamais bon qu'à me battre, à mourir ;
Mais à mourir pour toi, dont je dois tout souffrir,

Dont la volonté calme ou me pousse ou m'arrête;
Que suis-je, moi? le bras, et le Cid est la tête.
Mais peux-tu m'en vouloir? j'étais si malheureux!
Je le suis tant! Deux fils!... hélas! j'en avais deux!
Le premier dans sa gloire à mes côtés succombe,
Et je ne puis pour lui conquérir une tombe...

LE CID.

Ben-Saïd, qui par eux l'aura fait respecter,
Forcera ses vainqueurs à te le rapporter.
Il aurait dû déjà répondre à mon message.

FANÈS.

Le second...

LE CID.

De son frère il est la digne image :
Fernand fut ton orgueil, Rodrigue est ton espoir.
Je le verrai, Fanès; c'est moi qui dois le voir,
Moi seul.

FANÈS, *qui éclate en sanglots et tombe sur un siége.*

Il a traîné mon blason dans la boue!
J'ai beau rougir des pleurs qui me brûlent la joue,
Ils sortent malgré moi. Je dois faire pitié,
Faire honte, mon Cid, à ta vieille amitié.
Un soldat, sur un fils qui de lui n'est pas digne,
Pleurer comme une femme! aussi, je m'en indigne.
Et j'ai perdu Fernand, et je n'ai pas pleuré!
Mais lui n'était que mort; l'autre est déshonoré.

LE CID.

On vient.

FANÈS.

Ah! cache-moi! cache-moi!

LE CID.

C'est Elvire.

FANÈS, *à voix basse.*

Sur ce malheureux-là promets de ne rien dire.

LA FILLE DU CID.
LE CID.
Je le loûrai.

SCÈNE IV.

LE CID, FANÈS, ELVIRE.

ELVIRE.

Mon père, enfin je vous revois,
Sans blessure et vainqueur!

LE CID.

Pas encor.

ELVIRE.

Mais la croix,
Qui les a repoussés malgré leur résistance,
Entre eux et nos remparts a mis quelque distance.
Courage! encore un pas de ce signe divin,
Et nos yeux sur ces bords le chercheront en vain.
Mais parmi les héros que votre exemple enfante,
Rodrigue lève-t-il sa tête triomphante?
Est-ce lui qui de vous s'est le plus approché?
Que dis-je? à vos côtés sans doute il a marché.
Vos preux l'admiraient-ils? Perdus dans sa poussière,
Qu'il a dû de bien loin les laisser en arrière!
Comment vous égaler sans les surpasser tous?

LE CID, *montrant Fanès.*

Mon Elvire!

ELVIRE, *qui vient à lui.*

Pardon! noble Fanès, c'est vous
Que doit enorgueillir le succès de ses armes;
Son honneur, c'est le vôtre; ah! parlez... Dieu! des larmes!
Contre un malheur si grand vous que j'ai vu si fort,
Vous pleurez!

LE CID.

Par pitié!...

ACTE II, SCÈNE IV.

FANÈS, *à part.*

Que répondre?

ELVIRE.

Il est mort !

FANÈS, *au Cid.*

Tais-toi.

ELVIRE.

Rodrigue est mort !

FANÈS, *au Cid.*

Son erreur est cruelle;
La vérité pourtant le serait plus pour elle.
L'entendre me tûrait.

ELVIRE.

Immolés sous vos yeux,
Ils vont en nous vengeant rejoindre leurs aïeux.
Que de gloire et de deuil dans la même journée,
Où la même douleur vous est deux fois donnée !
Vous n'irez pas du moins entre leurs deux tombeaux
Pleurer seul, prier seul sous des lauriers si beaux ;
J'y veux porter aussi mes pleurs et ma prière.
Rodrigue !... Quoi ! si jeune, et d'une armée entière
Le modèle à vingt ans !... Hélas ! il s'est hâté
De faire en moins d'un jour son immortalité.
De la céleste paix c'est Dieu qui le retire
Pour cueillir au combat les palmes du martyre;
Il les cueille, et, vers Dieu trop prompt à retourner,
Il n'a pris que le temps de vous en couronner.

LE CID, *à Elvire.*

Tu lui brises le cœur. Viens, Fanès.

FANÈS.

Ah ! ma fille,
Ce titre a pu deux fois t'unir à ma famille :
Un coup, bien que mortel, ne m'a pas abattu;
Mais contre le second je reste sans vertu :
Jamais, jamais, ma fille !

(*Le Cid l'entraîne.*)

SCÈNE V.

ELVIRE.

                      Ainsi jeunesse et gloire,
Première émotion que donne la victoire,
Magnanimes plaisirs qu'à peine il a connus,
Lauriers pour lui fanés aussitôt qu'obtenus,
Tout s'est anéanti. Quand son père l'approuve,
Quand je puis l'avouer, cet amour que j'éprouve,
Il est mort ; et ce cri : « Rodrigue, je t'aimais !... »
Rodrigue, mort pour moi, ne l'entendra jamais !
Pour moi ; je l'ai voulu ; sa perte est mon ouvrage.
Pouvais-je donc, ô ciel ! douter de son courage ?
Avais-je, en l'adorant, besoin pour l'admirer
De l'exposer au coup dont il vient d'expirer ?
Il fut à lui, ce cœur que la reconnaissance,
Qu'un pur enthousiasme a mis sous sa puissance,
Du jour que je le vis, ange consolateur,
Braver d'un front si calme un fléau destructeur.
Mais aussi que ce cœur, honteux de se connaître,
A pris un soin cruel d'humilier son maître !
Dans quelle rigueur feinte il chercha des secours !
De quels traits dédaigneux il arma mes discours !
Je dus cacher mes feux, puisqu'ils étaient un crime ;
Ce ne fut pas assez, je l'en rendis victime ;
A ses humbles vertus, superbe, j'insultai ;
Je l'accablai du poids de leur obscurité.
De son sang, de ses jours, je ne tins aucun compte,
Pour faire de sa gloire une excuse à ma honte,
Je voulus qu'il fût grand, illustre ; je voulus
Qu'il devînt un héros, et ce héros n'est plus !
Il n'est plus !... Sois heureuse : à ta bouche inhumaine
Pas un mot n'échappa qui démentît ta haine ;
Tu sus te vaincre, Elvire, et devant son cercueil

Cet aveu de ta force est doux à ton orgueil.
Triomphe : à t'en louer tu dois trouver des charmes,
Et c'est faiblesse à toi que de verser des larmes.
Ah! faiblesse ou vertu, qu'importe? En liberté
Je les laisse pour lui couler avec fierté.
Que ne peut-il les voir ; témoins de mon délire,
Si ces yeux ranimés dans les miens pouvaient lire,
Que j'y mettrais d'amour! comme je laisserais
Ma sainte idolâtrie éclater sur mes traits!
Dans quels tendres aveux je la voudrais répandre,
Pour le désabuser, le venger, et lui rendre
En bonheur, en ivresse, en orgueil d'être aimé,
Tous les chagrins cuisants dont je l'ai consumé.

SCÈNE VI.

ELVIRE, RODRIGUE.

ELVIRE, *qui se retourne et pousse un cri.*
Ah! que vois-je? Rodrigue!

RODRIGUE.
    Elvire!

ELVIRE.
      Est-il possible?
Où suis-je? ai-je à mes maux trouvé la mort sensible?
Rodrigue, est-ce ton ombre? ou, conservé pour moi,
Qui te pleure et qui t'aime, ô Rodrigue, est-ce toi?

RODRIGUE.
Qu'entends-je?

ELVIRE.
   Il vit!... ton bras s'est ouvert un passage;
Au plus épais des rangs jeté par ton courage,
On t'en croyait victime; un courage plus grand,
Un prodige héroïque à mon amour te rend!

RODRIGUE.

Est-ce vous qui parlez? Quelle pitié vous touche,
Vous égare, et quels mots sortent de votre bouche?
Aimé! j'étais aimé! je le suis, et de vous!
Répétez cet aveu si cruel et si doux;
Qu'il inonde mon cœur d'une ivresse nouvelle,
Et que je meure, ô Dieu! pour mourir aimé d'elle!

ELVIRE.

Toi, mourir!... quoi ce cri de mon âme élancé,
De mon front pâle encor l'effroi mal effacé;
Quoi! des pleurs qu'ils versaient mes yeux encore humides
Pour toi qui veux mourir sont des garants perfides!
Ce que t'ont dit ma voix et le trouble où je suis,
Il faut te le redire! Eh bien donc! je ne puis
Ni cesser de t'aimer, ni t'aimer davantage;
Eh bien! ce cœur vaincu t'appartient sans partage.
Te l'a-t-il assez dit? En subissant tes lois,
Est-il dans sa tendresse assez fier de son choix,
Lorsque je reconnais que ta jeune vaillance
A, sur les pas du Cid, conquis son alliance;
Que ma main dans ces nœuds, dont j'aime à me vanter,
Trouve autant de lauriers qu'elle en doit apporter?
Car, en m'en couronnant, c'est aux tiens que je donne
Cette main que, toi mort, ne méritait personne;
C'est à ceux dont pour moi tu viens de te couvrir,
A ceux qui les suivront, et que me doit offrir
Dans le cours d'une vie en victoires féconde
Le bras d'un Cid nouveau qui se révèle au monde.

RODRIGUE.

Arrêtez: cette main qu'à votre erreur je doi,
Loin de me la donner, retirez-la de moi;
Ou plutôt armez-la contre un sein qui s'élance
Au-devant de ma peine et de votre vengeance.
Vengez-vous de mes torts sans les avoir appris,
Et qu'au moins par vos coups j'échappe à vos mépris.

ELVIRE.
Qui peut me démentir quand je te rends justice?
RODRIGUE.
Moi, c'est moi ; mais que n'ai-je, ô ciel! par quelque indice
Pressenti le bonheur où j'étais appelé!
Il eût changé mon être, il l'eût renouvelé ;
A ces hommes de fer il m'eût rendu semblable.
Devenu par amour comme eux inexorable,
Je n'aurais pas alors, intrépide à moitié,
En étouffant la peur, écouté la pitié.
A travers mon espoir j'aurais d'un œil avide
Vu, comme eux, sans pâlir, cette gloire homicide,
Et me serais plongé, sans reculer d'un pas,
Dans cette œuvre de mort qui ne les émeut pas.
ELVIRE.
Reculer!
RODRIGUE.
Je l'ai fait. Quand j'ose vous l'apprendre,
Je sais à quelle honte ici je vais descendre ;
Je le dis devant vous, le dirais devant eux ;
Nier la vérité n'est-il pas plus honteux?
Oui, dès que j'eus frappé, je détestai ma rage,
Et reculai d'horreur en voyant mon ouvrage.
Je l'ai fait : je ne fus barbare qu'à demi.
ELVIRE.
A la face du ciel, et devant l'ennemi?
RODRIGUE.
A la face du ciel dont j'ai cru la voix sainte,
Et devant l'ennemi que j'affrontais sans crainte.
Quand j'ai senti sous moi mon coursier frémissant
Nager jusqu'au poitrail dans un fleuve de sang,
Bondir, les pieds rougis, sur des chairs palpitantes ;
De mon premier exploit quand, les mains dégouttantes,
J'ai du meurtre, à mon tour, respiré la vapeur,
Mon bras en retombant s'est glacé de stupeur.
Il venait de porter une atteinte trop sûre ;

J'entendis une voix sortir de la blessure ;
J'entendis mon arrêt de la mort s'élever.
Qui? moi, fait pour guérir, pour convaincre et sauver,
En les fermant, ces yeux dont j'éteignais la flamme,
J'avais d'un même coup tué le corps et l'âme !
Laisser là des bourreaux l'un contre l'autre armés,
Était-ce fuir? j'ai fui : méprisez-moi ; n'aimez,
N'admirez que ces preux instruits dès leur jeune âge
A noyer leurs remords dans les flots du carnage ;
Elvire, adorez-les! pour devenir fameux
Sur leur trace sanglante, il faut sentir comme eux.
Dans leur superbe cœur c'est la gloire qui crie ;
La douce humanité, la nature attendrie,
Qui plus haut que la gloire ont crié dans le mien,
Qui me condamnaient, moi, ne leur reprochaient rien.
Ces durs exécuteurs des célestes colères
Frappaient des ennemis, et je frappais des frères ;
Poussés par l'honneur même à leur percer le sein,
Ils étaient des héros ; j'étais un assassin.

ELVIRE.

Et le Maure a vu fuir devant son cimeterre
Un avenir si grand, l'orgueil héréditaire
De tant d'exploits passés, quand cinq siècles d'aïeux
Du haut de leurs tombeaux avaient sur vous les yeux...
Mais non, tu me trompais ; et par cette imposture
Tu me rendais, cruel, torture pour torture ;
Non, toi qui m'es si cher, toi qui le sais, oh ! non,
Tu n'as pu perdre ainsi ton avenir, ton nom,
Cet honneur qu'à la vie un Sarrasin préfère ;
Non, je ne te crois pas ; non, tu ne l'as pu faire ;
Non, tu ne l'as pas fait !

RODRIGUE.

                      Je vous offre à genoux
Des jours que j'apportais à mon père en courroux ;
Les voilà ! prenez-les ; soyez impitoyable.
Innocent devant Dieu, mais devant vous coupable,

Je vous l'offre, ce sein ; qu'il soit par vous frappé,
Encor tout palpitant d'un bonheur usurpé.
Du moins, je fus heureux ! punissez-moi : ma faute
Est d'avoir fait rougir une vertu si haute
Par l'aveu d'un amour qui ne m'était pas dû,
Trop indigne à ses yeux de l'avoir entendu !

ELVIRE.

Il est donc vrai. Qui ? vous... Castillan, gentilhomme,
Dernier espoir d'un sang qu'entre tous on renomme
Pour noble, et que pour brave on proclame entre tous,
Minaya, fils d'Alvar, filleul du Cid, qui ? vous !...
Ah ! Rodrigue !

(Elle s'enfuit.)

SCÈNE VII.

RODRIGUE, *qui est resté à genoux.*

Et pourtant, moi qu'elle outrage en face,
Des miens je me sens l'âme ; ils m'ont de cette audace,
Qui bouillonnait en eux, transmis le feu sacré.
Je ne suis pas de vous un fils dégénéré ;
Mânes de mes aïeux, je ne suis pas un lâche ;

(Il se relève.)

Non, je ne le suis pas !... et sans fin, sans relâche,
Sous leurs mortels dédains ses yeux m'accableront,
Et dans leurs yeux à tous je trouverai l'affront.
Éternelle agonie où ma vertu succombe !
La tombe est préférable, et j'y descends... La tombe !
Sans crime avec ce fer puis-je donc me l'ouvrir ?
Le cloître ! j'y serais des siècles à mourir.
Ainsi flétri, perdu, je n'ai plus de refuge,
D'abri contre la honte !... Ô mon père, ô mon juge,
Viens, toi, viens sur ton fils assouvir ta fureur ;
Ah ! viens, frappe, et de vivre épargne-lui l'horreur !

SCÈNE VIII.

RODRIGUE, LE CID.

LE CID.

Rodrigue!

RODRIGUE, *à part, en faisant un pas pour sortir.*

Où me cacher?

LE CID.

Reste.

RODRIGUE, *de même, en se rapprochant du Cid.*

Mon sang se glace.

LE CID.

Nos braves au banquet vont bientôt prendre place.

RODRIGUE.

Et le Cid ne va pas s'asseoir au milieu d'eux?

LE CID.

Tête-à-tête, filleul, nous dînerons tous deux.

RODRIGUE.

Avec vous, moi?

LE CID.

Veux-tu?

RODRIGUE.

Moi!

LE CID.

Cœurs à toute épreuve,
D'un tel acharnement ils n'ont jamais fait preuve;
Sans avoir mis à bas trois Maures de sa main,
Pas un pour m'obéir n'a rebroussé chemin.
De ces vieux batailleurs l'orgueil est intraitable :
Il faut leur ressembler pour s'asseoir à leur table,
Et... n'en dis rien, de moi je ne suis pas content;
Je me suis mal montré.

RODRIGUE.
Se peut-il ?
LE CID.
En partant,
J'avais la tête fière ; on eût dit à m'entendre
Que dans ma noble ardeur je devais tout pourfendre ;
Mais, soit qu'un mal soudain plus tard vînt l'amortir,
Soit que le froid des ans se fît en moi sentir,
Je n'étais plus le Cid.
RODRIGUE.
Quoi !
LE CID.
N'en parle à personne ;
Il se peut qu'à leur table un d'entre eux le soupçonne,
Il me raillerait.
RODRIGUE.
Vous ?...
LE CID.
Sans pitié : que veux-tu !
Comme ces démons-là je n'ai pas combattu ;
En un mot, j'ai faibli.
RODRIGUE.
Qui ? vous !
LE CID.
Je le confesse.
Qu'est-ce donc après tout qu'un moment de faiblesse !
Du meilleur champion l'âme parfois s'abat ;
Il n'en est que plus fort à son premier combat.
Par sa faute affermi, loin qu'il s'en décourage,
Contre lui, contre tous, je ne sais quelle rage
Le transporte, et le pousse à tenter des efforts
Qui lui font en héros réparer tous ses torts.
Au repas qu'on leur sert là-bas ma place est prise ;
Mais à souper, vrai Dieu ! je l'aurai reconquise.

RODRIGUE.
Ce fier Campéador qui jamais n'a tremblé...
LE CID.
Jamais, c'est beaucoup dire.
RODRIGUE.
Aujourd'hui s'est troublé?
LE CID.
Comme si j'en étais à mon apprentissage.
Me mêler avec eux n'aurait pas été sage;
Je t'ai cherché, mon fils; tu sais ma peine : voi
Si tu me trouves bon pour manger avec toi.
RODRIGUE.
Ah ! j'ai perdu mes droits à cet honneur insigne.
LE CID.
Pour m'avoir obéi quand ma main te fit signe,
Quand ma voix t'ordonna, filleul, de t'éloigner?
RODRIGUE.
A moi ?
LE CID.
Mon mal, Rodrigue, aurait pu te gagner,
Et contre mon exemple il fallait te défendre.
J'ai parlé de manière à me bien faire entendre,
Et tout le monde a su que tu m'obéissais.
RODRIGUE.
Mon honneur est sauvé ?
LE CID.
Comment! tu faiblissais!...
Nous étions en malheur; mais toi, c'est excusable :
Un novice à l'autel voit-il rien de semblable?
Au spectacle du meurtre il y reste étranger,
En semant sur le lin les fleurs de l'oranger ;
Jamais le sang versé n'y laissa de vestige ;
Le voir sans être ému serait presque un prodige.
Un jour j'ai tourné bride aux monts d'Albaracin
Où son aspect d'horreur a soulevé mon sein.

Faisons donc table à part, mais gaîment, que t'en semble?
Nous prendrons au dessert notre revanche ensemble,
Et tout braves qu'ils sont, si tu le veux, ce soir
Le plus brave entre nous sera fier de s'asseoir.
RODRIGUE.
O mon père! ô clémence! ô douceur adorable!
Pour me faire innocent, tu te faisais coupable.
Je mourais si d'un mot tu m'avais outragé,
Et tu rends à la vie un cœur découragé :
Il renaît; laisse-moi cacher dans ta poitrine
Ce front que le remords sous tes bontés incline;
Laisse-moi, soulagé du poids de mes douleurs,
Respirer l'héroïsme en y cachant mes pleurs.
LE CID, *qui le tient embrassé.*
Répands, jeune lion, répands ces pleurs que j'aime :
Ils n'auront sur mon sein de témoin que toi-même.
Quand il touche à l'honneur qu'un souffle ternirait,
Pour qu'un avis profite, il faut qu'il soit secret.
Le courage qui tue à tes yeux est furie;
Rodrigue, il est devoir s'il venge la patrie.
Le meurtre est juste alors; pense qu'en triomphant
C'est elle, c'est ton Dieu que ta vertu défend,
Non le bruit qu'après toi laissera ta mémoire,
Et que l'humanité ne sied qu'à la victoire.
Tu le sens, n'est-ce pas? et tu veux devenir
Le vaillant que ton nom promet à l'avenir;
Tu prouveras à tous qu'en toi revit ton frère,
Et seras ce qu'il fut, l'orgueil de ton vieux père.
RODRIGUE.
Mais perdre Elvire, ô ciel! la perdre pour jamais,
Et quand j'étais aimé!
LE CID.
    D'Elvire?
RODRIGUE.
        Que j'aimais.

LE CID.

Toi !

RODRIGUE.

Pardon ! renfermant l'amour qui me consume,
Je n'ai de cet amour senti que l'amertume.
Pardon ! si j'eus des torts, ils sont trop expiés ;
Le désespoir les suit : ici même, à ses pieds,
Une erreur m'a livré l'aveu de sa tendresse,
Et moi, dans ce moment de douleur et d'ivresse,
J'ai tout dit ; mon bonheur, je n'ai pu l'accepter,
Et je ne l'ai connu que pour le regretter.

LE CID.

Que pour t'en rendre digne ; il peut renaître encore.
On désarme aisément celle qui vous adore,
Et, fût-il menacé d'un courroux éternel,
Jamais l'amant aimé n'est longtemps criminel.
Tout couvert de son sang, j'ai cru perdre Chimène ;
Elle a cru me haïr, et j'ai fléchi sa haine,
Mais à force de vaincre ; eh bien ! fais comme moi,
Et change en actions les pleurs versés par toi.
Ils engagent ton bras, car ils sont des promesses ;
Ces pleurs vont enfanter d'incroyables prouesses :
La mort en va sortir, la gloire ; et cette fois
Tu vas m'épouvanter, filleul, de tes exploits.

RODRIGUE.

Ah ! puisqu'il m'est promis, ce prix de ma vaillance,
Meure en moi la pitié devant cette espérance !
Que le fer ennemi se plonge dans mon flanc,
Qu'à vos yeux immolé je tombe en immolant,
Qu'un pied païen m'achève, et que pour funérailles
Les loups de la Sierra boivent dans mes entrailles,
Si mon père au retour me refuse son nom ;
Campéador, l'espoir de porter son blason ;
Elvire, cette main qu'elle m'avait donnée ;
Et les chrétiens vainqueurs, l'honneur de la journée !

ACTE II, SCÈNE IX.   295

LE CID.

Sûr qu'au prochain combat tu seras sans rival,
Je me tiendrai content si j'en sors ton égal.
Quand battront mes tambours, à tes côtés j'y vole;
Dans une heure sois prêt.

RODRIGUE.

Si tard!

LE CID, *lui serrant la main.*

Bonne parole!
Quelqu'un vient; dans une heure ici le rendez-vous!

RODRIGUE.

J'y serai.

SCÈNE IX.

LE CID, RODRIGUE, BEN-SAID; *ce dernier porte au cou une chaîne qu'il n'avait pas au premier acte.*

LE CID.

Ben-Saïd!

BEN-SAÏD.

Moi-même.

LE CID, *à Rodrigue.*

Laisse-nous.

RODRIGUE, *à part, en apercevant la chaîne.*

Qu'ai-je vu?

LE CID.

Laisse-nous.

RODRIGUE, *à part.*

Cette chaîne... ô vengeance!
Est-ce lui?

LE CID.

Sors, Rodrigue!
(*Rodrigue se retire lentement, les yeux attachés
sur le Maure.*)

SCÈNE X.

LE CID, BEN-SAID.

LE CID.

A ma reconnaissance
Tes titres sont sacrés, Ben-Saïd : tu me rends
Les restes du guerrier qui tomba dans vos rangs.
J'avais reçu ta foi : je m'y devais attendre ;
Mais en les rapportant tu fais plus que les rendre.

BEN-SAÏD.

Tu m'as loué trop tôt ; j'aurais donné mon sang
Pour laisser d'un bienfait ton cœur reconnaissant.
Les Maures de l'Atlas, pour être plus sauvages
Que ceux dont la Syrie a peuplé ces rivages,
Sont-ils moins généreux ? Allah m'en est témoin,
Je l'aurais, ce Fernand, rapporté de plus loin ;
Je viens seul : son vainqueur, dont il faut qu'on l'obtienne,
Ne veut pas que ce corps dorme en terre chrétienne.

LE CID.
Son désir sur le tien devait-il prévaloir ?

BEN-SAÏD.
Il ne le veut pas, Cid, et ne le peut vouloir ;
Il ne vous rendra pas, pour que votre prière
Bénisse, en l'y couchant, sa demeure dernière,
Pour qu'un marbre pieux le couvre à son retour,
Ce corps qu'il a promis aux serres du vautour.

LE CID.
L'outrage que reçoit cette noble dépouille,
Ce n'est pas le vaincu, c'est le vainqueur qu'il souille.

BEN-SAÏD.
Ignorant ses griefs, comment le juges-tu ?
C'est cruauté pour toi, mais pour lui c'est vertu.

LE CID.
De repousser les vœux d'un vieillard qui le prie ?

ACTE II, SCÈNE X.

BN-SAÏD.

Il pria des vieillards sans fléchir leur furie.

LE CID.

D'un père, Ben-Saïd ?

BEN-SAÏD.

On l'a privé du sien.

LE CID.

N'a-t-il donc jamais vu pardonner un chrétien ?

BEN-SAÏD.

Toi seul ; ton Dieu pourtant ordonne la clémence ;
Mais le sien la justice.

LE CID.

Et fût-ce la vengeance,
En rendant pleurs pour pleurs et trépas pour trépas,
On accorde un tombeau.

BEN-SAÏD.

Son père n'en eut pas ;
Sa mère en expirant n'en a pas eu... sa mère !
Une femme !

LE CID.

Est-il vrai ?

BEN-SAÏD.

Cette douleur amère,
Leur fils la sent encor : de tous les prisonniers
Faits dans leur ville en cendre, ils étaient les derniers.
Ces deux hardis croyants portaient si haut la tête,
Et confessaient si haut la loi de leur prophète,
Qu'on rendit à plaisir leur supplice plus lent ;
L'outrage s'y mêla : de son glaive insolent
L'Espagnol les força de baiser la poignée
Dont il collait la croix sur leur bouche indignée,
A leur aide, en riant, appela Mahomet,
Autour de leurs deux corps qu'un brasier consumait,
Et par trois fois, aux cris d'une foule grossière,
En jeta dans les vents la brûlante poussière.

Voilà ce qu'il a fait; guerrier, veux-tu savoir
Ce qu'a fait à son tour leur fils au désespoir?

LE CID.

Achève.

BEN-SAÏD.

Il a juré le saint nom de sa mère,
Le nom plus saint encor de son vénéré père,
Et les chairs et les os de leurs corps qu'on brûla,
Et leur cendre lancée à la face d'Allah,
Que jamais les chrétiens ne répandraient la terre
Sur un chrétien par lui frappé du cimeterre,
A moins qu'en succombant, délié de sa foi,
Lui-même d'un vainqueur il n'eût subi la loi.
Que de soleils depuis, que de froides rosées
Ont passé sur des chairs par lambeaux exposées
Au bec vengeur de l'aigle, et combien d'ossements
Ont, de chairs dépouillés, blanchi sans monuments!
Mais, avant qu'il soit las de châtier ta race,
Combien d'autres encor blanchiront sur sa trace!
Car son bras est mortel à qui l'ose braver,
Et le vainqueur qu'il cherche est encore à trouver.

LE CID.

Dieu, qui du haut du ciel maudit ces représailles,
Pourra le lui trouver au pied de nos murailles.

BEN-SAÏD.

Dieu, qui les lui commande, a dit que sur ce bord
Au plus grand de vous tous il donnerait la mort.

LE CID.

Qu'il laisse aux pleurs d'un père amollir son courage,
Ce guerrier pour sa gloire aura fait davantage.

BEN-SAÏD.

Il a juré.

LE CID.

Du Cid veut-il être honoré?
Qu'il cède.

ACTE II, SCÈNE X.

BEN-SAÏD.
Je t'ai dit, chrétien, qu'il a juré.

LE CID.
Alors, je te dis moi, partant, je t'autorise,
Maure, à lui répéter que le Cid le méprise.
Quel que soit le serment que sa bouche a prêté,
Insulter un cadavre est une lâcheté.

BEN-SAÏD.
Ce mot-là prononcé veut qu'on tue ou qu'on meure :
La bataille en suspens vous laisse encore une heure ;
Si tu veux mesurer ton bras avec le sien,
Je te dirai son nom.

LE CID.
Je le sais : c'est le tien.

BEN-SAÏD.
Eh bien donc?

LE CID.
Il n'est plus qu'un duel qui m'honore,
Duel entre la croix et l'étendard du Maure,
Mon pays et le tien, vous, Ben-Saïd, et nous ;
Non d'un seul contre un seul, mais de tous contre tous.
De tant d'hommes sur moi lorsque le sort repose,
Punir l'orgueil d'un homme est pour moi peu de chose ;
J'ai son peuple à détruire et le mien à sauver.
Il me retrouvera s'il veut me retrouver ;
Je n'entends éviter ni chercher sa rencontre ;
Qu'au fort de la mêlée à mes yeux il se montre,
Et, pour avoir le mien, qu'il m'apporte son sang,
Je ne refuse pas de l'abattre en passant.
Pars.

(*Montrant le champ de bataille.*)

Là je te promets de remplir son attente ;
Là, dans les rangs des siens, là, jusque sous ma tente,
Jusque sous son épée, avec l'aide de Dieu,
J'irai chercher Fernand.

BEN-SAÏD.

Viens donc l'y prendre.

LE CID.

Adieu.

(*Le Cid sort par une porte latérale, Ben-Saïd se dirige vers la porte du fond.*)

SCÈNE XI.

BEN-SAID, RODRIGUE.

RODRIGUE.

Demeure.

BEN-SAÏD.

Que veux-tu?

RODRIGUE.

Savoir par ta réponse
Si j'ai droit sur tes jours.

BEN-SAÏD.

Toi, jeune homme!

RODRIGUE.

Prononce :
Tu le peux en deux mots.

BEN-SAÏD.

Ne retiens point mes pas.

RODRIGUE.

Ou tu vas me répondre, ou tu ne l'oses pas.

BEN-SAÏD.

Parle donc ; j'ose tout.

RODRIGUE.

Que Ben-Saïd m'explique
D'où vient qu'un mécréant porte cette relique ?

BEN-SAÏD.

Parce qu'il n'y croit pas, et prouve en la portant
Ce que peut le Sauveur en qui vous croyez tant!

RODRIGUE.
Ce Sauveur, qui te tient sous sa main vengeresse,
Pour signaler sa force a choisi ma faiblesse.

BEN-SAÏD.
Quel bras as-tu vaincu?

RODRIGUE.
Je n'en redoute aucun.

BEN-SAÏD.
Ton nom?

RODRIGUE.
Je n'en ai pas; mais tu vas m'en faire un.

BEN-SAÏD.
Tes griefs?

RODRIGUE.
Cette chaîne, est-ce toi qui l'as prise?

BEN-SAÏD.
J'en suis fier.

RODRIGUE.
Où, comment, sur qui l'as-tu conquise?

BEN-SAÏD.
Où, jeune homme, comment et sur qui?

RODRIGUE.
Réponds-moi.

BEN-SAÏD.
Ici près, par le fer, sur plus vaillant que toi.

RODRIGUE.
Eh bien! je veux la rendre à qui tu l'as ravie,
Et l'aurai par le fer, païen, avec ta vie!

BEN-SAÏD.
Prends garde : car ta main semblait en approcher,
Et ce serait, chrétien, mourir que d'y toucher!

RODRIGUE.
Mourir!

BEN-SAÏD.
Ne force pas ce glaive à t'en convaincre.
RODRIGUE.
Je te l'arrache donc pour montrer que c'est vaincre !
BEN-SAÏD.
Qu'as-tu fait?
RODRIGUE.
Reprends-la ; maintenant c'est mon bien,
Et ce sang que je baise, il demande le tien ;
Il l'exige.
BEN-SAÏD.
Où veux-tu tomber sous ma colère?
RODRIGUE.
Choisis : tout lieu m'est bon si j'y venge mon frère.
BEN-SAÏD.
Ton frère !
RODRIGUE.
Il nous attend pour te voir abattu.
BEN-SAÏD.
Mais les lois du combat, malheureux, les sais-tu?
RODRIGUE.
Qu'importe? c'est à toi qu'elles seront funestes.
BEN-SAÏD.
Du Fernand qui t'est cher je te rendrai les restes...
RODRIGUE.
Sur l'heure !
BEN-SAÏD.
Ou sans tombeau je laisserai les tiens.
RODRIGUE.
J'accepte.
BEN-SAÏD.
Viens.
RODRIGUE.
Marchons.

BEN-SAÏD, *montrant Rodrigue.*
De leurs lambeaux chrétiens,
Aigles que je nourris, voilà votre pâture!
RODRIGUE.
Ton cadavre, mon frère, aura la sépulture!

ACTE TROISIÈME

SCÈNE I.

LE CID *entre en regardant autour de lui avec inquiétude,* ELVIRE *le suit.*

ELVIRE.
Qu'avez-vous?
LE CID, *à part.*
L'heure expire, et Rodrigue est absent.
ELVIRE.
Quand, pour livrer bataille, il part en m'embrassant,
Mon père a l'œil si fier et l'âme si contente!...
Vous attendez quelqu'un qui trompe votre attente.
LE CID, *de même.*
C'est étrange! il n'importe : en lui j'ai toujours foi.
(*A Elvire.*)
Mais un autre doit-il me distraire de toi?

ELVIRE.
Il ne viendra pas.
LE CID.
Qui?
ELVIRE.
Pourtant le clairon sonne.

LE CID.
Que veux-tu dire, enfant?

ELVIRE.
Ah! personne!

LE CID.
Personne?
Et cependant tes yeux se détournent des miens,
Pour dévorer des pleurs qu'à peine tu retiens.

ELVIRE.
Je crains la gloire aussi, même en la trouvant belle.

LE CID.
Aussi! qui donc la craint?

ELVIRE.
Bientôt à l'infidèle
Vous aurez de Fanès fait expier le deuil;
Mes yeux sous vos baisers se sécheront d'orgueil.

LE CID.
Dans nos murs, à ta garde il faut que Fanès veille.

ELVIRE.
Quelle crainte inconnue en vous pour moi s'éveille?

LE CID.
Comment prévoir le sort d'un combat acharné,
Où l'un des deux partis doit être exterminé?
Au cœur des Sarrasins tandis que je m'élance,
Un coup de désespoir peut leur livrer Valence,
Et je n'en puis sortir avec sécurité
Sans laisser loin de moi ma fille en sûreté.

ELVIRE.
Pour garder nos remparts Rodrigue peut suffire.

LE CID.
Il doit gagner le prix où son espoir aspire.

ELVIRE.
Quel prix?

LE CID.
Tu le sauras. Fier de m'accompagner,
C'est en me défendant qu'il prétend le gagner,

ACTE III, SCÈNE I.

Tout à l'heure pour moi tu t'alarmais d'avance.
ELVIRE.
Mais mon cœur alarmé tressaillait d'espérance.
LE CID.
Elvire, il est passé le temps où mon regard
Voyait aussi l'espoir lui sourire au départ,
Quand ta mère, si lente à m'attacher mes armes,
Accusait mon ardeur d'insulter à ses larmes.
Qui m'eût dit qu'avant moi cette fleur tomberait?
L'heureux Cid, qui jadis pour vaincre se parait,
Depuis qu'en l'attendant sa Chimène sommeille,
Ne porte plus l'azur avec la croix vermeille;
Il revêt des couleurs sombres comme la nuit,
Et noir est le harnais du coursier qu'il conduit.
Pauvre Babiéça, qui jamais ne murmure,
Si chaud que soit l'été, du poids de mon armure,
Dont je n'ai jamais vu les flancs battre d'effroi,
Force est qu'un jour ou l'autre il revienne sans moi;
Ce jour-là même encor, reçois-le bien, ma fille;
Fais-lui porter mon deuil; il est de la famille.
Qu'il soit flatté par toi des mains et des regards :
La noble créature est sensible aux égards.
Sans le traiter d'ingrat, qu'à son vieux maître il pense;
Car tout bon serviteur mérite récompense.
ELVIRE.
Cette course lui garde un triomphe nouveau :
Il reviendra, ce soir, plus fier de son fardeau.
LE CID.
En fût-il autrement, dans ta douleur sois ferme :
Souviens-toi qu'ici-bas toute chose a son terme.
Mes jours sont pleins, Elvire, et bons à moissonner;
Dieu qui me les compta pouvait moins m'en donner.
Les reprendre est son droit; mais, si sa faux les touche,
Que leur dernier soleil dans la gloire se couche!
Tu devras, comme moi, bénir le moissonneur;
La récolte en tombant sera riche d'honneur.

ELVIRE.
Je ne vous vis jamais cette triste pensée.
LE CID.
D'un je ne sais quel poids mon âme est oppressée;
C'est faux pressentiment, faiblesse, je le veux;
Mais, quel que soit mon sort, voici mes derniers vœux:
Sur ma part de butin dote cinq pauvres filles,
Si Valence aujourd'hui reste unie aux Castilles;
Que pour le voyageur des murs hospitaliers
S'élèvent par tes soins au milieu des halliers,
Où son corps fatigué ne trouve sur la terre
L'ombre qui rafraîchit ni l'eau qui désaltère,
Et qu'il ait un abri, sans payer son séjour,
Sur ces monts de Térouel, où j'eus tant soif un jour.
Quant à moi, si je meurs, qu'un convoi me ramène,
A travers les païens, au tombeau de Chimène;
Que, droit sur les arçons et Tizonade au vent,
La face à l'ennemi, mon corps marche en avant;
Et si désir leur vient de vous barrer la route,
Mon ombre suffira pour les mettre en déroute.

ELVIRE.
Et, témoin des dangers où je vous vois courir,
Je ne puis avec vous triompher ni mourir!
Hélas! que fait votre âme en un sexe débile?
Que n'avez-vous, au lieu d'une fille inutile,
Un fils qui de son corps au champ vous couvrirait!
Ce n'est pas moi du moins que mon père attendrait.

LE CID.
N'en ai-je donc pas un digne du nom qu'il porte?
De lenteur accusé quand son ardeur l'emporte,
Dans la plaine peut-être il vient de s'élancer,
Et c'est peu de me suivre, il veut me devancer.
Mais que peut-il pour moi, si Chimène m'appelle?...
Car je l'ai vue en songe...

ELVIRE.
En songe!

LE CID.

Toujours belle,
Belle comme à vingt ans, mais morte cette fois.
J'errais sous son balcon, chantant à demi-voix
L'air qui fut si longtemps sa douce fantaisie;
Son bras avec lenteur leva la jalousie.
Ravi, je crus encor la voir sous ces atours
Que préféraient mes yeux au temps de nos amours;
C'est sous un blanc linceul qu'elle m'est apparue.
Pâle, elle m'a souri; puis, dans l'air suspendue,
Vers l'étoile du soir elle a levé la main,
Et s'est évanouie en disant : « A demain ! »
Au rendez-vous donné je fus toujours fidèle;
Tu vois bien que ce soir je dois être auprès d'elle,
Et je voudrais, ma fille, au dernier rendez-vous,
Lui dire, en l'embrassant, le nom de ton époux.

ELVIRE.

Cet époux, il est mort. Si le ciel me destine,
Quand je suis déjà veuve, à rester orpheline,
C'en est fait, et mes jours au deuil sont dévolus.
Disposer de ma main quand vous ne serez plus,
C'est donner votre fille et votre épée ensemble :
L'une est de vous sortie; il n'est cœur qui lui semble
S'être placé si haut que de la mériter,
Et l'autre pour eux tous est trop lourde à porter.

LE CID.

Un d'eux fera pourtant plus que tu n'en exiges :
L'amour dans notre Espagne accomplit des prodiges,
Et... mais voici Fanès.

SCÈNE II.

LE CID, ELVIRE, FANÈS, CHEVALIERS.

FANÈS.

Cid, je viens te chercher,
Que fais-tu? De ses bras faudra-t-il t'arracher?

On attend le signal : est-ce que tu l'ignores?
Ou veux-tu que sans toi j'aille achever les Maures?
LE CID.
J'ai tout prévu, Fanès.

FANÈS, *à l'oreille du Cid.*

Que m'avais-tu promis?
Il devait avec nous marcher aux ennemis!
LE CID.
Rodrigue?
FANÈS.
Où donc est-il?
LE CID.
Au pied des murs sans doute.

FANÈS, *qui se contient à peine.*

Je sais que non; du cloître il a repris la route;
Qu'il s'y cache.
LE CID.
De lui parle bas à ton tour.
FANÈS.
Dans son ignominie enfoncé sans retour,
Il se garderait bien de paraître où nous sommes,
L'indigne!

LE CID, *à lui-même.*

Cependant je me connais en hommes!

ELVIRE, *à part.*

Et mon fatal amour, j'ai pu le révéler
A celui dont tout haut on n'ose plus parler!

FANÈS, *au Cid.*

Embrasse-la; partons; car l'opprobre d'un autre,
Si nous tardons encor, va devenir le nôtre.
D'ailleurs en le voyant... Ah! partons; tu connais
L'effroyable pensée où je m'abandonnais :
De moi, pour l'étouffer, je ne sais plus que faire,
Et, si je ne me bats, rien ne m'en peut distraire.

ACTE III, SCÈNE II.

LE CID.

J'ai pourtant un service à réclamer de toi.

FANÈS.

Ordonne, et j'obéis.

LE CID.

Eh bien ! consens...

FANÈS.

A quoi?

LE CID.

Tu vas te récrier.

FANÈS.

Devant quel sacrifice
Me vois-tu reculer quand tu veux un service?

LE CID.

Eh bien donc, dans nos murs, Fanès, tu vas rester.

FANÈS.

Tandis qu'on se battra? qui? moi!...

LE CID.

Puis-je y compter?

FANÈS.

Rester les bras croisés, derrière des murailles,
A me ronger ici le cœur et les entrailles,
Quand le Maure insolent qui d'un fils m'a privé,
Moi vivant, sous le ciel marche le front levé ;
Quand ce profanateur qui ne veut pas me rendre
Un bien que ma colère a soif de lui reprendre,
Comme un lâche qu'il est, fait en se pavanant
Piaffer son cheval sur le corps de Fernand !

LE CID.

Je te promets sa vie.

FANÈS.

Il m'appartient : ma joie,
C'est de courir sur lui, c'est de saisir ma proie,
C'est de la renverser, c'est en la déchirant
D'arracher Fernand mort à Ben-Saïd mourant.

ELVIRE.

Qu'il y vole, et que Dieu conduise son courage,
Puisqu'il n'a pas de fils pour venger cet outrage!
Qu'il veille, en vous suivant, non sur moi, mais sur vous!

LE CID.

Femmes, enfants, vieillards, qui vous défendra?

ELVIRE.

            Nous;
Nous seuls : le cœur suffit à qui veut se défendre.
Vous le disiez tantôt, ma parole peut rendre
L'âme aux plus abattus, la jeunesse aux plus vieux,
Et le regard du Cid peut briller dans mes yeux.

LE CID, *à Fanès.*

Tu comprends maintenant ma crainte paternelle;
Ce sacrifice, ami, le feras tu pour elle?

FANÈS.

Va donc seul!

LE CID.

    J'ai ta foi?

FANÈS.

        Ma foi de chevalier,
Mais ton danger pourtant pourra m'en délier?

LE CID.

Je n'attendais pas moins; viens dans cette accolade
Donner force et vaillance à ton vieux camarade!

FANÈS.

Hâte-toi de les vaincre, ou je n'y tiendrai pas.

ELVIRE.

Quel second vous perdez!

LE CID.

       Je le sais; mais là-bas
Un plus jeune, Fanès, m'attend la tête haute,
Et son aide au besoin ne me fera pas faute.

(*A Elvire.*)
Libre du dernier soin qui pouvait m'émouvoir,
Je te quitte, et je sens que je dois te revoir.

(*Les chevaliers le suivent.*)

SCÈNE III.

ELVIRE, FANÈS.

FANÈS.

Il flatte tes chagrins de l'espoir qu'il emporte ;
Mais tu l'avais bien dit, Fanès, ta race est morte.

ELVIRE.

C'est pour moi qu'à regret languit loin des drapeaux
Ce courage indigné qui maudit le repos.

FANÈS.

Personne de mon nom ne m'y remplace, Elvire.

ELVIRE.

Se peut-il ? vous pensez... quoi ! lui ?... ma voix expire.

FANÈS.

Tu sais tout.

ELVIRE.

Sur la plaine il n'a donc point paru ?

FANÈS.

En l'y cherchant des yeux, dans nos rangs j'ai couru.

ELVIRE.

Sans le voir ?

FANÈS.

Sans le voir.

ELVIRE.

Mais il y va descendre.

FANÈS.

Il craindrait d'y mourir.

ELVIRE.

                  Nul n'a pu vous apprendre
Ce qu'il fait, dans quels lieux il a porté ses pas?

FANÈS.

Je n'ai rien demandé.

ELVIRE.

        Pourquoi?

FANÈS.

                    Je n'osais pas :
J'avais peur à mon tour.

ELVIRE.

            Ah! malheureuse!

FANÈS.

                        O rage!
Mon sang qui brûle encor malgré le froid de l'âge,
Transmis à ce cadavre, en glace s'est changé
Dans son cœur de vingt ans où l'effroi l'a figé.
Pourtant, quand sur mon front j'avais sa honte écrite,
Si quelqu'un l'eût flétri de l'affront qu'il mérite,
Me prenant à la gorge avec la vérité,
J'aurais crié : Tu mens! à qui l'eût insulté,
Et, faisant ce que jeune il n'a point osé faire,
Moi vieux, je serais mort pour prouver le contraire.

ELVIRE.

Mais s'il le prouve, lui?

FANÈS.

            Ma race est morte, enfant.

ELVIRE.

Si, déjà dans la lice, il en sort triomphant?

FANÈS.

Elle est morte.

SCÈNE IV.

ELVIRE, FANÈS, RODRIGUE.

RODRIGUE.

Le Cid?...

ELVIRE.

O ciel!

FANÈS.

C'est lui!

RODRIGUE.

Mon père!

FANÈS, *à Elvire qui cache de honte sa tête dans ses mains.*

Tu vois s'il combattait!

(*S'avançant l'épée haute vers son fils.*)

Reçois de ma colère
Ce trépas que tu fuis, infâme, et qui t'est dû.

ELVIRE, *qui se jette entre eux.*

C'est votre fils!

RODRIGUE.

Le Cid ne m'a pas attendu!
Je le rejoins.

FANÈS.

Demeure, ou je suis ton complice,
En souffrant que deux fois ta fuite m'avilisse.
Ton casque!

(*Le lui arrachant.*)

Il me le faut : tu l'as déshonoré.
Cimier de mes aïeux dont j'ai tant espéré
Quand j'ai mis sur son front ton étoile guerrière,
Puisqu'on t'a vu de peur revenir en arrière,

Astre tombé du front d'un Minaya qui fuit,
Rentre avec son honneur dans l'éternelle nuit.
   (*Il le jette à ses pieds.*)
                RODRIGUE.
Vous m'avez, ô mon père, avili devant elle;
J'ai dû souffrir de vous cette injure mortelle;
Un mot m'en laverait : je ne le dirai plus.
   (*A Elvire.*)
Vos pleurs venus trop tard, vos remords superflus
Seront le châtiment de ce cruel silence;
Vous avez, sans parler, prononcé ma sentence.
Un casque! eh! pour mourir, qu'importe à qui vous perd?
Plus mon front sans défense à leurs coups est offert,
Mieux il attestera ma valeur méconnue;
Quand on est las de vivre, on combat tête nue,
J'y cours.

SCÈNE V.

ELVIRE, FANÈS.

FANÈS.

Combattre, lui, combattre!

ELVIRE, *qui a semblé sortir d'un rêve aux derniers mots de Rodrigue et qui s'élance vers Fanès avec transport.*
                              Il le fera!
Folle incrédulité qui de moi s'empara,
Pour frapper ma raison et mes sens de vertige!
Prodigue de sa vie, il le fera, vous dis-je.
Il l'a fait, je l'ai vu : ses traits plus fiers, son œil,
Par le triomphe émus, brillaient d'un noble orgueil;
Ils révélaient... que sais-je? un exploit que j'ignore;
Mais enfin la victoire y palpitait encore.
Et sur les traits d'un fils vous la méconnaissez!
Dans votre aveuglement, c'est vous qui le chassez;

ACTE III, SCÈNE V.

Vous l'accablez vainqueur du dernier des outrages,
Et ce front qui revient digne de vos hommages,
Pour qu'à la mort qu'il cherche il ne puisse échapper,
Vous le livrez sans arme à qui veut le frapper.

FANÈS.

Qu'il reste ou parte et vive ou se perde lui-même,
Que vous importe?

ELVIRE.

A moi? mais je l'aime, je l'aime!
Ne vous l'ai-je pas dit? ne le voyez-vous pas?
Vous ne voyez donc rien? je l'aime, et sur ses pas
Je ne puis m'élancer pour écarter le glaive,
Pour m'offrir à sa place au fer qui me l'enlève;
Je ne le puis, et vous qui l'avez désarmé,
Témoin de son départ sans en être alarmé,
Vous ne le suivez pas; non, je vous vois tranquille;
Vous lui devez l'exemple et restez immobile.
Quel droit aviez-vous donc de le traiter ainsi?
Guerrier, quand on combat, que faites-vous ici?

FANÈS.

Martyr de mon serment, puis-je rien entreprendre?

ELVIRE.

Je vous en affranchis.

FANÈS.

Ne dois-je pas défendre
Vos jours?

ELVIRE.

Pensez aux siens.

FANÈS.

Ne l'ai-je pas promis?
Et votre honneur sacré ne m'est-il pas commis?

ELVIRE, *mettant la main sur le poignard qu'elle porte à sa ceinture.*

Voilà son défenseur! allez, plus d'épouvante
Pour moi qui dans leurs mains ne peux tomber vivante.

Mais lui, je veux qu'il vive; oui, c'est pour lui, pour vous
Que je vous en conjure, et si, même à genoux,
Je ne puis triompher de votre indifférence,
Je l'ordonne, et réponds d'Elvire, de Valence,
De tout, pourvu qu'il vive. Allez, courez, volez;
Enfin c'est moi, s'il meurt, moi que vous immolez;
Me tûrez-vous ?

SCÈNE VI.

ELVIRE, FANÈS, BEN-SAID, ÉCUYERS *qui restent dans la galerie au fond.*

FANÈS.

Grand Dieu! la fortune aurait-elle
Trahi pour le croissant notre sainte querelle?
Des turbans dans nos murs! un Maure!...

BEN-SAÏD.

Un prisonnier.
Vieillard, rends à ton fils un hommage dernier;
Je viens te rapporter sa dépouille insensible :
Le bras qui l'a vaincu cesse d'être invincible.

FANÈS.

Tu serais Ben-Saïd ?

BEN-SAÏD.

Je le suis.

FANÈS.

Ah! l'ami,
Qui m'a tenu sa foi, ne l'a fait qu'à demi.
Il me devait tes jours; je rougis de les prendre
En frappant un captif qui ne peut se défendre.

BEN-SAÏD.

Il le pourra bientôt.

FANÈS.

Comment?

ELVIRE.
Que dites-vous?
BEN-SAÏD.
Que la bataille enfin semble pencher pour nous,
Et libre...
FANÈS.
Je cours donc où mon devoir m'appelle :
C'est à côté du Cid.
(A quelques chevaliers qui restent aussi dans la galerie.)
Amis, veillez sur elle !
Les nôtres ont plié, je pars ; en l'embrassant
Une larme à mon fils ! à son vengeur, mon sang !

SCÈNE VII.

ELVIRE, BEN-SAÏD.

ELVIRE.
Ce vengeur, c'est mon père?
BEN-SAÏD.
Acceptant mon partage,
J'aurais pu, fier encor, lui céder l'avantage.
ELVIRE.
Un chrétien le remporte, et ce n'est pas lui?
BEN-SAÏD.
Non :
Je tombe sans éclat sous un guerrier sans nom.
ELVIRE.
Un inconnu?
BEN-SAÏD.
J'avais pitié de sa jeunesse.
ELVIRE.
Un jeune homme?

BEN-SAÏD.

Un jeune homme; et comme à sa faiblesse,
Sûr de moi, j'insultais à son obscurité.

ELVIRE.

C'était le Cid obscur par Gormas insulté !

BEN-SAÏD.

En un jour et d'un coup sa renommée est faite.

ELVIRE.

Comme celle du Cid !

BEN-SAÏD.

C'est peu de ma défaite;
Il triomphe deux fois : sur la poudre étendu,
J'offrais ma gorge au fer, pour frapper suspendu,
Quand, son genou cessant de presser ma poitrine :
« Sois sauvé, m'a-t-il dit, par cette voix divine
« Qui de tout pardonner au chrétien fait la loi !
« Le meurtrier d'un frère a grâce devant moi. »

ELVIRE.

D'un frère ! il s'exposait pour la cause d'un frère !
C'est Rodrigue ! lui seul, plus heureux que mon père,
De ce double triomphe a pu se couronner !
Seul il a pu vous vaincre, et seul vous pardonner !
Mon cœur, qui le nommait, reconnaissait d'avance
Rodrigue à sa valeur, Rodrigue à sa clémence :
Il est digne de moi, c'est lui; j'ai retrouvé
Le héros que j'aimais et que j'avais rêvé !

SCÈNE VIII.

ELVIRE, BEN-SAID, FANÈS, *qui s'avance à pas lents et la consternation sur le visage.*

ELVIRE, *à Fanès.*

Quoi ! sitôt de retour?... La bataille est perdue?

FANÈS.

Par les Maures, Elvire; et leur foule éperdue

Ensanglantait la plaine, où j'arrivai trop tard
Pour voir devant la croix tomber leur étendard,
Débris qu'on foule aux pieds, tronçon qui sur le sable
Au Dieu qu'il a bravé fait amende honorable.

BEN-SAÏD.

Je n'ai pu le défendre!

ELVIRE, *à Fanès.*

Alors qui pleurez-vous?
Est-ce mon père ou lui que m'ont ravi leurs coups?
Qui des deux?

FANÈS.

Jour de deuil!

ELVIRE.

A peine je respire...
Tous deux peut-être?

FANÈS.

Hélas! c'est le Cid.

ELVIRE.

Il expire?
(*Regardant Fanès qui ne lui répond pas.*)
Il n'est plus!

FANÈS.

Je l'ai vu, cette fleur des guerriers,
Couché sur un amas de drapeaux prisonniers.
Sans blessure, la mort l'a surpris dans sa gloire;
Et telle est la stupeur qui malgré sa victoire
A glacé tous les bras comme tous les regards,
Que son arme est restée au pouvoir des fuyards.
Il est tombé, le Cid, mais sans que dans la lutte
L'effort d'un bras humain eût l'honneur de sa chute,
Vaincu par la fatigue, écrasé sous le faix
Que ce dernier triomphe ajoute à ses hauts faits.
Comme si, pour porter l'immense nom qu'il laisse,
La force désormais manquait à sa vieillesse.

ELVIRE, *voyant approcher le lit où l'on rapporte le Cid.*

Ah! je pourrai du moins l'arroser de mes pleurs!

SCÈNE IX.

ELVIRE, BEN-SAID, FANÈS, LE CID, L'ÉVÊQUE DE VALENCE, CHRÉTIENS, PRISONNIERS, MAURES, BANNIÈRES.

ELVIRE.

Ranime-toi, mon père, au cri de mes douleurs!
Mon père!... Mais le ciel exauce ma prière :
Son cœur bat, il respire, il rouvre sa paupière.
Vous m'êtes donc rendu!

LE CID, *qu'on soutient et qui promène ses regards autour de lui.*

      Mon épée!... A ma voix
Nul de vous ne répond?

FANÈS.

      Pour la première fois,
Devant les Sarrasins ta main l'avait quittée...

LE CID.

Ils l'emportent?

FANÈS.

      Plus fiers de l'avoir emportée,
En profitant, mon Cid, du désespoir des tiens,
Que de mille étendards conquis sur les chrétiens.

LE CID.

Captive! et Dieu permet qu'un moment je revive,
Pour savoir que du Maure, Elvire, elle est captive!

(*A Fanès.*)

Passée aux ennemis et reniant la croix,
Elle attaquera donc mon pays et mes rois;

ACTE III, SCÈNE X.

Et, servant Mahomet, il se peut qu'elle brille
Aux mains d'un mécréant pour menacer ma fille!

FANÈS.

Du vol de ce trophée étais-je donc témoin?
Que faire après? ton bras l'avait laissé si loin!
Pourquoi n'avais-tu pas ton Fanès à ta suite?
Que n'avais-tu Fernand? à leur armée en fuite
Il l'aurait arraché; mais il n'était plus là.
Quant à l'autre, le lâche...

ELVIRE, *à Fanès.*

Arrêtez!...

SCÈNE X.

ELVIRE, BEN-SAID, LE CID, FANÈS, L'ÉVÊQUE,
RODRIGUE, *qui accourt, l'épée du Cid à la main, et la dépose sur son lit.*

RODRIGUE.

La voilà!

La voilà!

LE CID.

Désarmé, sur eux tu l'as reprise?

BEN-SAÏD.

Mon vainqueur pouvait seul tenter cette entreprise,
Et l'achever.

FANÈS.

Qui? lui, c'est ton vainqueur?

LE CID, *se soulevant sur ses drapeaux, à Fanès.*

Eh bien!

ELVIRE.

Que vous avais-je dit?

FANÈS, *qui s'élance pour embrasser Rodrigue, et tombe un genou en terre devant lui.*

Pardon, mon fils !

LE CID.

C'est bien,
Fanès !

(*A son épée, qu'il baise.*)

Tu me reviens à mon heure dernière,
Vieille amie, et sans lui tu restais prisonnière ;
Tu devenais païenne ; il t'a sauvé l'honneur ;
Et de me dire adieu tu lui dois le bonheur.
Moi, mon temps est fini ; mais le tien va renaître,
Bonne épée ; après moi je te destine un maître
Qui ne peut, sans mourir, te laisser en chemin,
Et tu ne croiras pas avoir changé de main.
Sois donc à lui !... Justice est qu'elle t'appartienne.
Prends, Rodrigue, et défends ma conquête...

(*Montrant Elvire.*)

Et la tienne.

RODRIGUE.

Elvire !

LE CID.

Elle est à toi. Fanès... ma fille... adieu !...

FANÈS.

Je ne te verrai plus !

LE CID.

Que dans les bras de Dieu.
A vos sons belliqueux, si doux pour la vaillance,
Tambours, que du soldat l'âme vers Dieu s'élance !

(*A l'évêque.*)

Mon père... que vos vœux l'accompagnent aussi...
Bénissez... le chrétien... Chimène, me voici !

ACTE III, SCÈNE X.

ELVIRE, *tombant sur le corps de son père.*

Il meurt!

(*Tandis que l'évêque étend les mains pour le bénir, les tambours font entendre un roulement sourd, les bannières s'abaissent, tous les chevaliers sont à genoux, excepté les Maures, qui s'inclinent.*)

L'ÉVÊQUE, *les mains toujours étendues sur le lit funèbre.*

L'âme du Cid au ciel est remontée.

ELVIRE, *qui se relève.*

Mais sa grande ombre, amis, dans Valence est restée.
Sa bannière y triomphe; il l'y faut maintenir:
Qu'elle y prenne racine, et que dans l'avenir,
Fallût-il chaque jour vous remettre en campagne,
Son nom reste à Valence, et Valence à l'Espagne!
Tel est son vœu pour nous.

FANÈS.

Il sera respecté.

ELVIRE.

Pour lui-même, guerriers, voici sa volonté.

RODRIGUE.

Et nous l'accomplirons.

ELVIRE.

Qu'un convoi le ramène,
A travers les païens, au tombeau de Chimène,
Que, droit sur les arçons et Tizonade au vent,
La face à l'ennemi, son corps marche en avant,
Et si désir leur vient de vous barrer la route,
Son ombre suffira pour les mettre en déroute.

TOUS LES CHEVALIERS.

Victoire au Cid!

ELVIRE.

Sans vie, il doit les vaincre encor :
Victoire au Cid !

TOUS LES CHEVALIERS.

Victoire au Cid Campéador !

(*Les tambours battent, les chevaliers lèvent leurs épées, les bannières s'agitent autour du lit funèbre. La toile tombe.*)

FIN DE LA FILLE DU CID.

LE CONSEILLER RAPPORTEUR

COMÉDIE EN TROIS ACTES, EN PROSE,

AVEC

UN PROLOGUE EN VERS LIBRES,

REPRÉSENTÉE SUR LE THÉATRE-FRANÇAIS, LE 17 AVRIL 1841.

PERSONNAGES.

LE PRÉSIDENT.
DORANTE, avocat.
LA POMMERAIE, juge.
CORNIQUET.
LABRANCHE.
CRISPIN.
JULIE.

PROLOGUE.

Un grand secret, Messieurs ! on l'a gardé si bien
Qu'excepté les journaux personne n'en sait rien.
Pendant tout un long mois, que j'eus peine à me taire !
Je puis parler enfin : nous avons retrouvé
Un ancien manuscrit poudreux, mais conservé
Comme un bon testament l'est par un légataire.
Nous l'avons retrouvé, non dans un Muséum
  Ou sous les laves d'un cratère
  Aux entrailles d'Herculanum,
  Mais dans les papiers d'un notaire,
D'un notaire lettré, qui soutient mordicus

Que la pièce est au moins de Lesage en personne ;
Et pour le soutenir sa raison est très-bonne :
  C'est qu'il en voudrait mille écus.
Marché fait, si vraiment la pièce est de Lesage !
Ce n'est guère probable, et j'en suis bien fâché ;
Mais quel qu'en soit l'auteur, nous faisons le marché :
Décidez seulement que le conclure est sage.
Voulez-vous de l'affaire accepter l'arbitrage ?
Il faut au préalable, et, si je vous le dis,
Ces dames vont trouver ma demande choquante,
Il faut... quoi? vous vieillir, non de trois ans, de dix,
  Non de vingt, mais de cent cinquante ;
Car vous serez forcés de nous suivre à travers
Les vieux abus, messieurs, comme les vieux travers,
De voir, sous un vieux nom, plus d'un vieux personnage.
Or, on s'entend bien mieux quand on est du même âge.
Vous avez deux cents ans et nous nous entendrons.
D'abord nous n'attaquons personne, que je sache ;
Comment le pourrions-nous ? Des mœurs que nous peindrons
Le tableau sans modèle au passé se rattache ;
En quoi peut-il blesser nos mœurs, qui sont sans tache ?
On s'est tant corrigé, qu'avant peu l'avenir
  N'aura rien à faire, et nous sommes
  En bon chemin pour devenir
  Les plus parfaits de tous les hommes.
Nos gros marchands jadis, bien que fort délicats,
Rançonnaient sans pitié les bourses trop crédules ;
  Les médecins, les avocats,
  Les juges, dont je fais grand cas
(Quand j'ai quelque procès), avaient des ridicules ;
  Mais maintenant ils n'en ont pas.
Les labeurs du commerce honnêtement fleurissent ;
Pour d'austères devoirs les juges sont de feu ;
  Les médecins toujours guérissent,
  Et les avocats parlent peu.
N'en est-il pas ainsi de certaine infortune

Dont on rit quand on est garçon,
Qui du temps de Molière était, dit-on, commune!
Elle épargne aujourd'hui gens de toute façon,
Gens dont la femme est vive, ou tendre, ou blonde, ou brune,
Gens de lettres, de loi, d'épée ou de tribune ;
On ne la connaît plus, messieurs, que par son nom,
  A qui même on garde rancune.
L'ancien mot usité pour exprimer cela,
Vu que la chose est morte, est tombé hors d'usage,
Nous avons de l'ouvrage effacé ce mot-là ;
Mais cela, je l'avoue, est resté dans l'ouvrage,
  Et comment prendrez-vous cela ?
Le public d'autrefois en aurait ri peut-être,
Le public d'aujourd'hui... nous sommes entre nous,
  Et je puis vous le dire, à vous,
Sans qu'un mot en revienne à l'oreille du maître :
Le public d'aujourd'hui se plaint incessamment
Qu'on ne rit plus chez nous (on le fait rarement,
J'en conviens le premier) et que la comédie
N'a plus ce ton gaillard, cette allure hardie,
  Ce franc-parler, cet enjoûment
  Qui la rendait si dégourdie.
Mais le public, messieurs... vous serez tous discrets,
Si vous ne l'étiez pas, je me compromettrais ;
Le public n'est-il point le complice du crime
Dont il prétend si haut n'être que la victime?
Il vient, s'assied à l'aise, et nous dit : « Mettons bas
  « Notre décorum ordinaire ;
  « Le carnaval prend ses ébats :
« Auteur, amusez-moi, je serai débonnaire ;
« Vous êtes libre, allez ! je veux rire aux éclats. »
L'auteur va : sur un mot, ce bon public se cabre,
Et s'irrite, et s'emporte, et crie, et siffle et sabre,
  Comme un ennemi capital,
  Comme un insolent qui l'offense,
  Un pauvre diable sans défense

Qui ne lui voulait aucun mal.
C'est au nom du bon sens qu'il devient fou de rage;
Mais le bon sens veut-il qu'on fasse un tel tapage?
Dans un pays fier de ses libertés,
Pourquoi donc du bon sens seriez-vous les esclaves?
On s'en passe très-bien, et pour les choses graves :
Témoin tant de messieurs justement respectés,
Messieurs les électeurs qu'ils soient mille... ou quarante,
Messieurs de l'industrie et messieurs de la rente,
Voire, messieurs des facultés ;
Quant à messieurs de la critique,
Du bon sens, ils en ont, mais presqu'autant, ma foi,
Que messieurs de la politique,
Et c'est tout dire selon moi.
Sur les autres je fais main basse ;
Interrogez-les tous dans le particulier ;
Ils vous diront : « C'est singulier,
« Mais le fait est que je m'en passe. »
On le peut, sans que rien s'oppose à ce désir,
Sans qu'on vienne au collet pour cela vous saisir,
Qu'on soit moins bien portant, ni moins recommandable,
Et s'en passer dans son plaisir
N'est pourtant pas un cas pendable.
Quelqu'un dit qu'à-propos déraisonner est doux;
Il sied donc bien parfois aux sages d'être fous.
Essayez-en, messieurs, c'est une chose à faire,
Ne la fît-on que pour changer.
Mais juger, direz-vous, est notre grande affaire;
Moi, vous empêcher de juger!
Qui? moi!... Vous jugerez; voudrais-je en vous proscrire
Ce droit sacré du genre humain?
De nos bureaux, messieurs, vous savez le chemin :
Aujourd'hui commencez par rire,
Et vous viendrez juger demain.

ACTE PREMIER

SCÈNE I.

(*Une place à Vire.*)

CORNIQUET, CRISPIN.

CORNIQUET, *saluant Crispin.*

Le palais de justice, monsieur?

CRISPIN, *lui rendant son salut.*

Monsieur, la Justice n'a point de palais à Vire; vous voulez dire la maison où l'on juge?

CORNIQUET.

Le tribunal.

CRISPIN.

Tenez, monsieur, suivez la première personne que vous allez voir; je connais la population; vous avez toutes les chances du monde pour que ce soit un plaideur, qui vous y conduira.

CORNIQUET, *le saluant de nouveau.*

Grand merci du renseignement!

CRISPIN, *le saluant à son tour.*

Il est exact. (*Le regardant aller.*) L'honnête figure de... Je parierais que cet homme-là plaide en séparation.

SCÈNE II.

LABRANCHE, CRISPIN, *qui se heurtent au milieu du théâtre.*

LABRANCHE.

Tout beau, monsieur de la maréchaussée!

CRISPIN.

Respect aux gens du roi, s'il vous plaît!

LABRANCHE.

Comment, Crispin, c'est toi?

CRISPIN.

C'est toi, Labranche, en grand noir et l'air jovial! Est-ce que tu aurais perdu quelque parent?

LABRANCHE.

Hélas! non, mon enfant; je n'hérite pas, je plaide.

CRISPIN.

Tu es avocat?

LABRANCHE.

Je suis le secrétaire d'un avocat. Mais pourquoi diable as-tu endossé l'uniforme?

CRISPIN.

Pour prendre ma revanche : autrefois, je courais le risque d'être arrêté, par méprise; maintenant, j'arrête les autres. Pourrais-tu me dire, à ton tour, quelle rage t'a pris de te jeter dans le droit?

LABRANCHE.

Le droit, Crispin! sais-tu bien ce que c'est, que le droit? C'est la plus belle découverte que les hommes aient faite contre l'équité. Les lois tiennent de la nature des avocats, vois-tu bien, mon garçon : elles disent le pour ou le contre quand on veut; le grand point...

CRISPIN.

On dirait que tu plaides.

LABRANCHE.

Le grand point n'est donc pas qu'on les ait de son côté, mais qu'on les y mette; voilà le triomphe du droit! Aussi, il faut voir mon maître nager en pleine eau à l'audience, le bonnet sur l'oreille, les mains au plafond, poussant un argument, deux, trois! Tu crois, peut-être, qu'il s'arrête lorsqu'il ne sait plus que dire? Jamais, Crispin! c'est là qu'il est beau : les paroles pleuvent en attendant que les pensées viennent. Les hommes vulgaires parlent pour dire leur pensée, et les avocats pour l'attendre; mais quand il leur arrive une raison, par hasard, ils s'y accrochent, ils s'y cramponnent, ils ne la lâchent plus qu'ils n'en aient fait ce que nous appelons un moyen victorieux. Je défierais bien à la vérité de tenir là contre. Ah! la merveilleuse science que le droit, et la belle chose que la parole!

CRISPIN.

Dieu me pardonne! tu as l'air d'estimer ton maître.

LABRANCHE.

Je l'admire. Tu sais m'apprécier; tu me crois capable de quelque chose?

CRISPIN.

Je te crois capable de tout, Labranche.

LABRANCHE.

Eh bien! mon maître a plus d'esprit que moi. Quand il se l'est mis dans la tête, il n'y a pas de bêtise qu'il ne puisse faire dire à une loi pour l'honneur de son éloquence, mon maître!

CRISPIN.

Peste!... c'est un homme furieusement utile à la société. Mais où êtes-vous descendus, à Vire?

LABRANCHE.

Moi, depuis quelques jours, à l'hôtel du Grand-Cerf; quant à lui, arrivé d'hier soir, il loge chez un de vos juges, qu'il a connu à Paris clerc de la basoche; tiens, là, dans cette maison, chez M. de La Pommeraie.

CRISPIN.

Mon maître!

LABRANCHE.

Comment, tu as un maître?

CRISPIN.

Sous l'uniforme, je suis au service général; et à

son service particulier, sous l'habit de ville. Mais tu dois t'ennuyer, tout seul dans ton auberge?

LABRANCHE.

J'ai une distraction.

CRISPIN.

L'étude?

LABRANCHE.

Oui, l'étude, et la connaissance faite par moi, tout récemment, d'une petite brune que je puis bien te donner pour la créature la plus évaporée qui soit dans Vire.

CRISPIN.

Sur quel pied es-tu avec elle?

LABRANCHE.

Elle souffre que je la salue; elle me reçoit; elle me permet de lui dire des choses aimables, quand il m'en vient.

CRISPIN.

Voilà tout?

LABRANCHE.

Il y a bien une porte qui communique de son appartement au mien...

CRISPIN.

Et tu en uses?

LABRANCHE.

Que non pas... Et les procédés donc, Crispin! D'ailleurs je te dirai que cette porte est fermée par deux gros verrous qui donnent de son côté.

CRISPIN.

Je comprends : tu as les procédés de ton côté, parce qu'elle a les verrous du sien.

LABRANCHE.

Ah! si j'étais aussi sûr de gagner mon affaire contre ces verrous-là, que mon maître l'est de mener à bien celle qui nous conduit ici!..

CRISPIN.
Vous venez pour un procès?
LABRANCHE.
Contre un marchand de drap.
CRISPIN.
Tu dois te sentir dans ton élément, car tu les détestes, les marchands de drap.
LABRANCHE.
Outre la haine d'instinct que je porte à l'espèce en général, je m'en sens une effroyable contre M. Corniquet, notre partie adverse.
CRISPIN.
Il se nomme Corniquet? C'est un nom qui promet, si jamais il se marie.
LABRANCHE.
Il n'a eu garde d'y manquer. Il a épousé une femme auteur, ce qui a fait rire.
CRISPIN.
Je le crois bien. Le mari d'une femme auteur n'a pas besoin d'être autre chose pour être ridicule.
LABRANCHE.
Ne s'est-il pas imaginé qu'il était autre chose, et cela, de la façon d'un ami à nous, du jeune et savant Valère, le docteur de Paris qui traitait le mieux les femmes, et qui en était le mieux traité; et puis, un garçon d'esprit en médecine, de conscience : il en vivait, mais il n'y croyait pas.
CRISPIN.
Sais-tu que la robe des médecins rapporte presque autant que la vôtre?
LABRANCHE.
Les médecins ont même un grand avantage sur nous : nos clients crient quand ils perdent leurs procès, au lieu que les leurs ne disent jamais rien.
CRISPIN.
Ils y mettent bon ordre.

LABRANCHE.

Eh bien ! mon enfant, ce Corniquet, qui a cru que son nom avait tenu parole, s'est cabré, il a fait fracas de son accident, il a trouvé des témoins pour une chose qui n'en a jamais, et on a prétendu que notre docteur avait été surpris *flagrante delicto*.

CRISPIN.

Tu dis?...

LABRANCHE.

Flagrante delicto; c'est du droit romain.

CRISPIN.

Je ne sais pas le droit romain.

LABRANCHE.

Tu devrais l'apprendre : il sert à exprimer en latin ce qu'on est embarrassé de dire en français. Toutefois est-il que notre jeune homme, bien qu'il fût pur comme l'agneau qui vient de naître, a été décrété de prise de corps, arrêté et emprisonné; quant à la femme, son mari, que nous ne connaissons pas plus qu'elle, l'a fait enfermer dans un couvent.

CRISPIN.

C'est donc un sauvage?

LABRANCHE.

C'est un marchand de drap. Tu comprends que dès lors on la regardait comme une femme perdue pour la société.

CRISPIN.

Des hommes.

LABRANCHE.

Elle l'a senti, et elle s'y est si bien prise, qu'elle a délogé de son côté pendant que le docteur levait le pied du sien.

CRISPIN.

Sans se parler, voyez comme on se rencontre dans une idée, quand on s'aime.

LABRANCHE.

Ah! dans l'idée de s'enfuir quand on est en prison, on peut se rencontrer même en ne s'aimant pas. Pour elle, nous avons du moins la consolation de ne pas savoir ce qu'elle est devenue, mais lui s'est avisé de se faire reprendre et juger ici. Nous plaidons son affaire demain, et nous sommes descendus chez M. de La Pommeraie, notre juge rapporteur...

CRISPIN.

Appelle-le conseiller, il aime mieux cela.

LABRANCHE.

Je le veux bien, j'ai besoin de lui, notre conseiller rapporteur, afin de lui faire adoucir son rapport, qui est, dit-on, foudroyant contre nous.

CRISPIN.

Vous n'obtiendrez rien : c'est un homme qui a des mœurs d'une innocence farouche.

LABRANCHE.

Cependant je sais par mon maître qu'autrefois, à travers son rempart d'in-folios, il voyait les femmes d'un œil fort doux, et que s'il ne s'est lié d'intrigue avec aucune d'elles, c'est faute de hardiesse, et non pas d'envie.

CRISPIN.

Eh bien! depuis qu'il est à Vire, il a tourné à la vertu la plus austère.

LABRANCHE.

Que veux-tu que je te dise? Vire est un gouffre. Heureusement nous dînons aujourd'hui chez le président, c'est-à-dire mon maître y dîne, et nous comptons le mettre dans nos intérêts.

CRISPIN.

Le président, qui va devenir le beau-père de M. de La Pommeraie! vous voilà bien tombés! Qu'on soit abbé, avocat ou médecin, c'est celui-là qui ne pardonne pas un accroc qu'on fait à sa robe. Formaliste, au point qu'il a destitué un greffier pour l'avoir rencontré en veste de chasse à la campagne; d'ailleurs, à cheval sur la fidélité conjugale, et, soit dit entre nous, d'une bêtise opiniâtre qui déroute le raisonnement : il suffit de le regarder pour être convaincu que depuis cinq générations il n'y a pas eu d'esprit dans sa famille.

LABRANCHE.

Pourtant les femmes auraient dû mettre ordre à cela.

CRISPIN.

Tais-toi! voici mon maître.

LABRANCHE.

Qui cause sur le pas de sa porte d'un ton fort animé vec le mien.

CRISPIN.

Peste! la jolie façon d'avocat! il a des airs de cour qui me reviennent tout à fait.

LABRANCHE.

Voilà comme nous sommes tous dans le barreau; l'univers nous appartient. Pour peu qu'un homme puisse parler deux heures durant sans prendre haleine, il tend de droit à la monarchie universelle. Retiens bien ceci Crispin : Le règne des avocats arrivera avant la fin du monde.

SCÈNE III.

LES MÊMES, DORANTE, LA POMMERAIE.

LA POMMERAIE.

Non, Dorante, non, mon ami; tu n'ébranleras pas ma conscience.

DORANTE.

Un peu de pitié! Ne dois-tu pas faire la part des circonstances et de la faiblesse humaine?

LA POMMERAIE.

Pour les circonstances, je n'y crois pas; et, quant à la faiblesse humaine, je la punis.

DORANTE.

Entêtement de juge!

LA POMMERAIE.

Rhétorique d'avocat!

CRISPIN, *à Labranche.*

Ils se disent des duretés.

LABRANCHE.

C'est qu'ils sont très-liés ensemble.

CRISPIN, *à La Pommeraie.*

Monsieur me permettra-t-il d'accompagner un ami jusqu'au cabaret voisin?

LA POMMERAIE.

A condition que tu n'y entreras pas. Souviens-toi que l'ivresse mène à tous les crimes, et n'en excuse aucun.

LABRANCHE, *bas à Crispin.*

Allons boire à sa santé!

SCÈNE IV.

LA POMMERAIE, DORANTE.

DORANTE.

Belle maxime dans la bouche d'un homme qui ne se souvient plus que nous sommes quelquefois sortis du cabaret en nous appuyant l'un sur l'autre.

LA POMMERAIE.

Si fait, Dorante, je m'en souviens, et peut-être avec regret; mais je n'avais pas alors de décorum à garder. Aujourd'hui, quelle différence! Je suis magistrat, je ne suis plus homme.

DORANTE.

A Paris, l'un n'exclut pas l'autre. Allons! fais comme nos Messieurs : à la prière d'un ami, brûle ton rapport contre Valère et signe celui que j'ai laissé sur ton bureau.

LA POMMERAIE.

Arrête : il est des principes avec lesquels rien ne me ferait transiger : une atteinte à la sainteté du mariage est à mes yeux un véritable sacrilége.

DORANTE.

Il y a bon nombre de dévots qui le commettent. Mais te sied-il, à toi, de faire le rigoriste, à toi qui me contais, hier, que tu perds la raison pour je ne sais quelle beauté de province.

LA POMMERAIE, *vivement*.

Elle est libre!

DORANTE.

Qu'en sais-tu?

LA POMMERAIE.

Je te dis qu'elle est libre : c'est une veuve, ou du moins une fille émancipée.

DORANTE.

Pour émancipée, je le gagerais.

LA POMMERAIE.

Elle est libre et je suis garçon; je ne porte donc atteinte à rien de ce qu'on respecte.

DORANTE.

Quand tu vas te marier!

LA POMMERAIE.

C'est rompu. Quel mariage, bon Dieu! et avec qui? avec une grande fille maigre et solennelle, qui serait toute d'une venue sans ses paniers dont l'ampleur passe toute vraisemblance. D'ailleurs elle avoue vingt-sept ans.

ACTE I, SCÈNE IV.

DORANTE.

Ce qui fait frémir quand on va du connu à l'inconnu. Mais pourquoi voulais-tu l'épouser?

LA POMMERAIE.

C'est que, mon ami, outre son âge et ses paniers, qui sont exorbitants, elle a pour soixante mille écus de bon bien; c'est une raison.

DORANTE.

Il y en aurait une meilleure : ce serait cent mille écus; mais celle-là est bonne.

LA POMMERAIE.

Rompu, te dis-je! Il est survenu une difficulté d'argent au moment du contrat.

DORANTE.

Et quand on reprend sa liberté, on veut en jouir.

LA POMMERAIE.

Je veux... oui, c'est une idée qui me consume, je veux affronter un bonheur dont j'ai rêvé toute ma vie sans le connaître; car j'ai langui, Dorante, j'ai pâli, séché sur les livres; je me suis plongé à fond dans mon droit, et je n'ai fait que deviner l'amour.

DORANTE.

Ma conduite a été toute contraire : j'ai approfondi l'amour, et j'ai deviné le droit.

LA POMMERAIE.

Voilà pourquoi je te demande un conseil.

DORANTE, *à part.*

La bonne œuvre que de le mener à mal, pour lui prouver qu'il est homme!

(*Julie traverse la scène.*)

LA POMMERAIE, *saisissant la main de Dorante.*

Ah! mon ami!

DORANTE.

Est-ce que tu te trouves mal?

LA POMMERAIE.

C'est elle.

DORANTE.

Comment?

LA POMMERAIE.

C'est elle qui passe!

DORANTE.

Où donc?

LA POMMERAIE.

Je n'ai pas besoin de tourner les yeux pour en être sûr; je sens qu'elle passe.

DORANTE.

Ah! l'adorable personne!

LA POMMERAIE.

N'est-ce pas? Y est-elle encore?

DORANTE.

Non.

LA POMMERAIE.

Je n'ose jamais la regarder que quand elle est passée.

DORANTE.

Ce n'est pourtant pas le moyen de la voir... Où en es-tu avec elle? lui as-tu parlé?

LA POMMERAIE.

Non. Comment risquer une déclaration sous cet habit?

DORANTE.

Lui as-tu écrit?

LA POMMERAIE.

Oui; quand je me doute qu'elle est quelque part, je m'y promène en laissant tomber, par derriere mon dos, des billets sans adresse et sans signature.

DORANTE.

Les lit-elle?

LA POMMERAIE.

Je ne sais pas.

DORANTE.

Les ramasse-t-elle, au moins?

LA POMMERAIE.

Je n'en sais rien.

DORANTE.

Il est vrai que tu ne peux guère t'en assurer avec ton système.

LA POMMERAIE.

Voilà où j'en suis.

DORANTE.

Je t'en fais mon compliment. (*A part.*) J'ai gain de cause, si je le jette dans cette intrigue-là.

LA POMMERAIE.

Tu réfléchis?

DORANTE, *avec exaltation.*

La Pommeraie, je t'aime!... Je veux qu'avant deux jours cette femme soit à toi.

LA POMMERAIE.

Laisse-moi t'embrasser!

DORANTE.

Mais sais-tu où elle loge?

LA POMMERAIE.

Oui, j'ai eu dix fois la tentation d'aller chez elle; le cœur m'a manqué.

DORANTE.

Que fait-elle à Vire?

LA POMMERAIE.

Je n'ose pas trop m'en informer, mais je crois qu'elle y mène une vie fort retirée; d'où je conclus qu'elle pourrait bien être dans une position difficile.

DORANTE.

Très-bien! Hâte-toi d'en profiter; mais songe à te défaire de ce grand diable d'habit noir qui te gêne et qui ne peut que l'effaroucher. Regarde-moi, je suis avocat au palais, et marquis partout ailleurs.

LA POMMERAIE.

Quel habit veux-tu donc que je mette?

DORANTE.

Un des miens : choisis dans ma garde-robe, et va chez elle.

LA POMMERAIE, *effrayé*.

Que me proposes-tu là?

DORANTE.

Va chez elle sous un de mes habits, tu ne seras plus le même homme.

LA POMMERAIE.

Tu crois? mais si mon beau-père me rencontre ainsi accoutré, plus d'espoir de renouer avec lui!

DORANTE.

Soixante mille écus pour un habit! c'est payer cher le plaisir d'être aussi beau que moi. N'y va donc point.

LA POMMERAIE.

Au fait, pourquoi me rencontrerait-il?

DORANTE.

Il ne te rencontrera pas; d'ailleurs, que risques-tu d'essayer? Cours donc et reviens; en un tour de main je t'apprendrai les airs vainqueurs : avec ta figure et mon habit, tu dois réussir.

LA POMMERAIE.

Tu penses que je réussirai?

DORANTE.

C'est l'audace qui te manque; mon habit te la donnera. La Pommeraie, que je reste court au beau milieu de mon premier plaidoyer, si un habit que

j'ai porté n'a pas sur toi plus de vertu que trois bouteilles de vin de Champagne!
LA POMMERAIE.
Ma foi, j'y vais.

SCÈNE V.

DORANTE, *seul*.

Morbleu! monsieur le juge, sans pitié pour les faiblesses d'autrui, la vôtre échouera ou j'y perdrai mon nom. Ah! vous niez l'empire des circonstances!... Je vous en arrangerai quelques-unes de ma main ou de la façon de Labranche, qui s'y entend mieux qu'aucun homme de France, et si deux ou trois bons gros délits ne vous sautent pas à la gorge, nous serons bien maladroits. Mais le temps presse; que diable fait-il? C'est un garçon merveilleux pour ces affaires de cabinet qui demandent plus d'audace que de scrupule. Ah! le voilà!...

SCÈNE VI.

DORANTE, LABRANCHE.

DORANTE.
Arrive donc! j'ai besoin de toi. Notre homme est amoureux.
LABRANCHE.
De qui?
DORANTE.
D'une personne, toute charmante, que tu vas me faire connaître.
LABRANCHE.
Il faudrait, au préalable, que je la connusse.

DORANTE.
Mène-moi chez elle.
LABRANCHE.
Je le veux bien, si vous voulez me dire où elle loge.
DORANTE.
J'ai oublié de m'en informer, mais qu'importe? Je t'ai laissé ici trois jours les bras croisés ; tu dois connaître toutes les femmes de Vire.
LABRANCHE.
Je n'en connais qu'une dont les charmes m'ont donné dans la vue au Grand-Cerf, et qui me fait mourir à la peine.
DORANTE.
Comment, Labranche, vous mourez pour une jolie femme et vous ne me le dites pas?
LABRANCHE.
Je vous l'aurais dit si elle était laide et mal faite, parce que j'aurais eu des garanties.
DORANTE.
Mais, enfin, celle avec qui tu es lié doit être liée elle-même avec quelque autre, et de liaisons en liaisons... Vite! courons la trouver.
LABRANCHE, *à part*.
Il me couperait l'herbe sous le pied! (*A Dorante.*) Comme vous y allez, monsieur! elle ne reçoit âme qui vive, hormis votre serviteur, ce qui me fait supposer qu'elle est dans une position délicate.
DORANTE.
L'heureuse rencontre! La personne dont La Pommeraie raffole est dans une position difficile; celle pour qui tu meurs, dans une position délicate : il est impossible que ces deux personnes-là ne se connaissent pas.
LABRANCHE.
Il faut avoir la rage des conséquences pour conclure de la sorte.

DORANTE.

Encore un coup, allons la trouver. Mais, tiens! nous n'aurons que la peine de suivre celle dont je t'ai parlé. La voici.

LABRANCHE.

Ah! mon Dieu!

DORANTE.

Il te prend un éblouissement comme à La Pommeraie; est-ce que ce serait ton inhumaine?

LABRANCHE.

Hélas! oui, monsieur.

DORANTE.

C'est donc l'inhumaine de tout le monde! Présente-moi, mon garçon.

LABRANCHE.

Ce serait par trop cavalier. (*A part.*) Il va me l'enlever.

DORANTE.

Ne te borne pas à la saluer; présente-moi, te dis-je!

LABRANCHE.

Comment, monsieur, dans la rue?

DORANTE.

Puisque nous y sommes.

SCÈNE VII.

LES MÊMES, JULIE.

LABRANCHE, *à Julie.*

Madame, me pardonnerez-vous de céder, en vous arrêtant dans votre promenade, aux sollicitations d'un ami qui aimerait mieux rester à Vire toute sa vie que d'en sortir sans vous avoir parlé?

JULIE.

Ce serait pourtant une extrémité bien fâcheuse.

DORANTE.

Moins que vous ne le pensez, madame, si votre intention est d'y séjourner longtemps.

LABRANCHE.

Je vous le donne pour un des hommes les plus persuasifs qui soient en France.

DORANTE, *modestement*.

Mon ami !...

LABRANCHE.

L'éloquence est, chez lui, un don naturel ; il a le bonheur d'être né dans une ville du Midi, où les enfants parlent plus tôt et plus vite qu'en aucun lieu du royaume. Il n'est pas que vous n'ayez entendu nommer le célèbre Dorante.

JULIE.

Ah ! monsieur, quel avantage pour moi que de rencontrer au bout du monde le plus beau talent du barreau !

DORANTE.

Et, pour moi, madame, quelle fortune que de retrouver au fond d'une province toutes les grâces de Paris !

LABRANCHE, *à part*.

Il commence déjà.

DORANTE.

Ne vous paraîtrais-je pas bien indiscret si j'osais brusquement réclamer votre appui ?

JULIE.

Mon appui ! Il me semble que ce serait bien plutôt à moi de vous demander l'assistance que vous avez prêtée si souvent à mon sexe infortuné.

DORANTE, *à part*.

Elle parle un peu comme un roman de femme.

LABRANCHE.

Il est vrai que mon ami est la providence de toutes les personnes mariées qui ne voudraient plus l'être.

JULIE.

Les nœuds mal assortis font tant de victimes! (*A Dorante.*) Mais que puis-je, monsieur?

DORANTE.

Sauver un pauvre jeune homme que sa jolie figure a mis dans la peine.

JULIE.

Voilà un malheur dont j'ai grande pitié.

LABRANCHE.

Et son sort, madame, dépend d'un juge à qui vous avez fait perdre le jugement.

JULIE.

Moi, monsieur?

DORANTE.

Sans le vouloir... comme à bien d'autres.

LABRANCHE.

Nous ne prétendons pas qu'il y ait eu préméditation.

DORANTE.

S'il vous plaisait de feindre pour lui un peu de la passion qu'il a pour vous?

LABRANCHE.

Seulement un peu.

DORANTE.

Nous pourrions l'amener à l'indulgence par le naufrage de sa vertu.

JULIE.

Je ne vous cache pas, monsieur, que, dans la situation où je me trouve, la magistrature m'effraie beaucoup.

LABRANCHE.

C'est l'impression qu'elle produit sur toutes les

âmes honnêtes ; je ne peux pas voir une robe de juge sans émotion.

DORANTE, *avec exaltation.*

Ah ! madame, faites cette bonne œuvre ! faites cet acte de justice !

LABRANCHE.

Contre la justice.

DORANTE.

Vous aurez deux défenseurs qui ne vous abandonneront pas.

LABRANCHE.

Qui se jetteraient au feu pour vous y suivre.

JULIE, *riant*.

J'aimerais mieux que ce fût pour m'en tirer.

DORANTE.

Quant à moi, j'affronterais la colère de tous les tribunaux du royaume, ne fût-ce que dans l'espoir de vous appartenir par un lien, celui du danger que je braverais avec vous.

JULIE.

Vous êtes si éloquent pour me persuader, que vous ne pourriez pas manquer de l'être en me défendant.

LABRANCHE.

Il sera Démosthène et je serai Cicéron ; vous auriez quelque peine à trouver mieux.

JULIE.

Et vous me dites, monsieur, qu'il faudrait...

DORANTE.

Recevoir ce La Pommeraie, et profiter de sa passion pour le précipiter d'embarras en embarras.

LABRANCHE.

De délits en délits.

JULIE.

De crime en crime.

ACTE I, SCÈNE VII.

LABRANCHE.

Elle va plus loin que nous.

DORANTE, *qui lui baise la main avec transport.*

Ah! madame! (*En s'inclinant.*) Pardonnez l'excès d'une reconnaissance qui m'égare.

JULIE, *tendrement.*

Je sais qu'il faut passer quelque chose aux sentiments exaltés.

LABRANCHE, *à part.*

Encore si j'avais pensé à baiser l'autre!

DORANTE.

Il serait à propos de mêler à tout cela quelque tempête conjugale.

JULIE.

Hélas! elles sont si communes : quand une âme d'un ordre supérieur se trouve unie à une nature terrestre, le mariage, monsieur, n'est qu'un long jour d'orage.

DORANTE, *à Labranche.*

Mon ami, madame est poëte, ou je ne suis pas avocat.

LABRANCHE, *à part.*

Si elle pouvait se permettre pour moi quelque licence poétique!

DORANTE.

Ainsi, vous consentez?

JULIE.

Pour le triomphe des amants malheureux.

DORANTE.

La conversion des conseillers rapporteurs.

LABRANCHE.

Et la honte éternelle des marchands de drap.

JULIE.

Ah! monsieur, ne me parlez pas de ces gens-là!

LABRANCHE.

Vous les détestez? Que c'est heureux! En vérité, Dorante, on n'a pas assez de respect pour le hasard ; je veux lui bâtir un temple sur mes économies.

JULIE.

Voilà un dieu bien logé !

DORANTE.

Tandis que je vais revoir notre amoureux, afin de vous l'envoyer pieds et poings liés, soyez assez bonne, madame, pour vous consulter avec mon ami, qui a une bien belle imagination.

LABRANCHE, *modestement*.

Mon cher Dorante !

JULIE.

Mais j'espère lui prouver que la mienne n'est pas tout à fait vulgaire.

LABRANCHE.

Alors, comment prévoir ce qui peut éclore du rapprochement de deux imaginations pareilles?

DORANTE.

Je tiens La Pommeraie pour un homme confondu.

JULIE.

Perdu !

LABRANCHE.

Pendu !

DORANTE.

Ah! mon ami, l'enthousiasme t'emporte ; on ne pend pas les juges.

LABRANCHE.

Si fait bien à Vire : c'est un des priviléges de la noblesse normande.

DORANTE.

Mais je crains qu'il ne vienne.

JULIE.

Fuyons vite !

DORANTE, *à Julie.*

Plaignez-moi si je tarde à vous rejoindre.

LABRANCHE.

Acceptez mon bras, madame, et nous arrangerons ensemble le plus effroyable complot qu'on ait jamais fait en se promenant.

SCÈNE VIII.

DORANTE, *puis* LA POMMERAIE.

DORANTE.

Elle est charmante, cette Normande... qui pourrait bien être une Parisienne; et, foi de marquis, je crois que j'en tiens pour elle. (*A La Pommeraie, qui entre.*) Eh bien! que t'en semble?

LA POMMERAIE.

Tu avais raison, Dorante, il y a dans ton habit quelque chose qui vous porte au cerveau.

DORANTE.

N'est-ce pas?

LA POMMERAIE.

Qui vous pousse aux aventures.

DORANTE.

Si tu n'en as pas, ce ne sera ni sa faute ni la mienne.

LA POMMERAIE.

Mais il me revient des scrupules de magistrat qui combattent la vertu du costume.

DORANTE.

Tu ne fais rien que d'innocent; étouffe-les, tes scrupules; mais fi! comment marches-tu donc? On dirait que tu portes la défroque de ton maître; tu as l'air d'un fermier général.

LA POMMERAIE.

Que veux-tu? l'habitude me manque.

DORANTE.

Déhanche-toi un peu; renverse la tête sur les épaules, imite-moi.

LA POMMERAIE.

Comme ceci?

DORANTE.

A la bonne heure! Prends l'univers en pitié; marche comme s'il n'y avait que toi de gentilhomme dans le royaume.

LA POMMERAIE.

Je crois que m'y voilà.

DORANTE.

Jure un peu aussi, c'est du beau monde.

LA POMMERAIE.

Dieu me damne, Dorante, si je ne me sens pas tout autre!

DORANTE.

Chante si tu peux.

LA POMMERAIE.

Qu'est-ce que tu veux que je chante?

DORANTE.

Ce qui te viendra : quelques langueurs, quelques magnanimités d'opéra; que sais-je?

> Ah! si vous aviez la rigueur
> De m'ôter votre cœur,
> Vous m'ôteriez la vie!

LA POMMERAIE.

> Ah! si vous aviez la rigueur
> De m'ôter votre cœur,
> Vous m'ôteriez la vie!

DORANTE.

Diantre! tu as la voix belle. Pourquoi n'es-tu pas entré à l'Opéra? Du côté des femmes, ton éducation serait faite.

LA POMMERAIE.

Elle le sera aujourd'hui, Dorante ; Dieu me damne ! elle sera faite et parfaite. (*Se promenant à grands pas.*) Est-ce que tu ne trouves pas quelque chose de dégagé dans mes manières, de victorieux dans ma démarche?

DORANTE.

Très-bien !

LA POMMERAIE.

Ah! si vous aviez la rigueur...

DORANTE.

Tu chantes trop, maintenant.

LA POMMERAIE.

De m'ôter votre cœur...

DORANTE.

Mais, malheureux, prends donc garde! je vois venir le président.

LA POMMERAIE.

Tu veux me faire peur.

DORANTE.

Eh! non, de par le ciel, c'est bien lui. A présent, chante si le cœur t'en dit.

LA POMMERAIE.

Ouf! je le croyais à la campagne.

SCÈNE IX.

LES MÊMES, LE PRÉSIDENT.

LE PRÉSIDENT, *à part*.

Pourvu que je le trouve au logis afin de lui soumettre notre contrat. (*Haut.*) Ah! Dorante, c'est vous! Je cherche notre conseiller. Tout bien considéré, je lui donne ma fille. (*Apercevant La Pomme-*

raie.) Mais, vertubleu ! qu'est-ce que ceci ? et que veut dire cet attirail ?

LA POMMERAIE, *à part.*

Je suis perdu !

DORANTE, *à part.*

Mon habit produit plus d'effet que je ne voulais.

LE PRÉSIDENT.

Me ferez-vous le plaisir de m'expliquer ce que signifie cette mascarade ?

LA POMMERAIE.

Mais, monsieur le président... (*Bas à Dorante.*) Tire-moi de là.

DORANTE.

Monsieur le président, c'est une plaisanterie.

LE PRÉSIDENT.

Votre serviteur, monsieur l'avocat ! Je comprends les plaisanteries, je les admets pourvu qu'elles soient posées, qu'elles soient dignes, qu'elles soient sages. Enfin, je permets le vin de Champagne, mais je veux qu'on y mette de l'eau.

DORANTE, *bas à La Pommeraie.*

Que le diable m'emporte si je ne grise pas ton beau-père aujourd'hui !

LA POMMERAIE, *bas à Dorante.*

Je t'en défie.

LE PRÉSIDENT.

Celle-ci a passé les bornes, et j'entends qu'on m'explique une facétie qui n'aurait pas d'excuse dans les saturnales du mardi gras.

DORANTE, *le prenant par le bras.*

Pas de bruit, monsieur le président, pas de scandale ! La chose est grave.

LE PRÉSIDENT.

Comment ?

ACTE I, SCÈNE IX.

DORANTE.

Infiniment grave... Il agit par ordre.

LE PRÉSIDENT.

Par ordre de qui?

DORANTE.

Il a été question de La Pommeraie en très-haut lieu. Mon but avoué, en venant ici, était de plaider; mon but occulte... comprenez bien la valeur du mot.

LE PRÉSIDENT.

Je comprends.

DORANTE.

Mon but occulte était de lui confier une mission qui vient de haut, de très-haut, et qui peut le mener à tout.

LE PRÉSIDENT.

Et quelle est cette mission?

DORANTE.

C'est, monsieur le président... c'est... vous ne pouvez pas vous imaginer ce que c'est.

LA POMMERAIE, *à part.*

Ni moi non plus.

LE PRÉSIDENT.

Non, je ne me l'imagine pas.

DORANTE.

Cherchez un peu... (*A part.*) Il me donnera le temps de chercher moi-même.

LE PRÉSIDENT.

C'est...

DORANTE.

Un secret d'État. (*Bas, à La Pommeraie.*) Soutiens-moi donc!

LA POMMERAIE.

Oui, monsieur le président, un secret d'État.

DORANTE.
Il s'agit... d'un complot.

LE PRÉSIDENT.
D'un complot!

LA POMMERAIE, *à part*.
Commencer par mentir à la justice!

DORANTE.
Dont les ramifications... faites encore bien attention à ce mot-là, monsieur le président.

LE PRÉSIDENT.
Ramifications!...

DORANTE.
Dont les ramifications partant de Rouen... s'étendent jusqu'à Vire...

LE PRÉSIDENT.
Voyez-vous cela!

DORANTE.
En traversant... Falaise.

LE PRÉSIDENT.
Mais alors il faut mettre toute la maréchaussée sur pied!

DORANTE.
Ne le faites pas. Il doit remplir sa mission sous un nom et sous un habit d'emprunt; mais s'il se trouvait un tiers entre lui et la...

LE PRÉSIDENT.
La ramification.

DORANTE.
Tout manquerait. Il faut absolument qu'il paye de sa personne.

LE PRÉSIDENT.
Allons, du cœur, La Pommeraie! (*A Dorante, avec profondeur.*) Eh bien! je conviens que je ne me défiais pas de Vire : si l'habitant plaide, il ne complote

pas; mais vous me croirez si vous voulez, monsieur l'avocat, j'ai toujours eu des idées sur Falaise.

DORANTE.

Vraiment !

LE PRÉSIDENT.

Il y a des esprits bien remuants de ce côté-là.

DORANTE.

Le fait est qu'ils remuent. (*Bas, à La Pommeraie.*) Dis donc quelque chose.

LA POMMERAIE.

Oh ! ils remuent beaucoup.

DORANTE.

Du diable si je sais pourquoi ils remuent, par exemple.

LE PRÉSIDENT.

Oh ! je le sais bien, moi.

DORANTE.

Bah !

LE PRÉSIDENT.

Ils ont chez eux un méchant procureur qui m'a fait perdre un procès en cour de Rouen.

DORANTE.

Un président, perdre un procès !

LE PRÉSIDENT.

Ce malheur-là ne me serait pas arrivé si je m'étais jugé moi-même ; mais quand on est forcé de s'en rapporter aux autres...

DORANTE.

Vous avez bien raison, monsieur le président : pour avoir justice, il faut se la rendre.

LA POMMERAIE, *à part*.

Ah ! c'est trop fort !

LE PRÉSIDENT.

Je ne serais pas surpris quand ce procureur serait du complot.

DORANTE.

Comment s'appelle-t-il, ce méchant procureur-là?

LE PRÉSIDENT.

Jacques Larivière.

DORANTE.

Jacques Larivière!

(*Il regarde autour de lui.*)

LE PRÉSIDENT.

Il ne vient personne, eh bien?...

DORANTE.

Eh bien!... il n'en est pas.

LA POMMERAIE, *à part.*

La belle chute!

LE PRÉSIDENT.

Ah! (*Se rapprochant de Dorante mystérieusement.*) Mais on pourrait l'y mettre.

DORANTE.

Avec un peu de bonne volonté... en instruisant l'affaire...

LA POMMERAIE, *en s'en allant.*

C'est trop humiliant pour la robe!

LE PRÉSIDENT, *à Dorante.*

Où va-t-il donc?

DORANTE, *avec intention.*

Ne l'arrêtez pas.

LE PRÉSIDENT.

Bien au contraire! (*Serrant la main de La Pommeraie.*) Encore un coup, du cœur, mon gendre!

DORANTE.

Vous faites bien de l'encourager.

LE PRÉSIDENT.

Je remonte chez vous pour y relire notre contrat que je vous laisserai afin que vous puissiez l'examiner à votre aise; mais je vous le dis derechef: courage et discrétion! Souvenez-vous qu'un magistrat doit être muet comme la loi, et sourd comme elle à toute espèce d'influence. (*Il va pour sortir et se retourne.*) N'oubliez pas dans votre instruction le procureur de Falaise. Dorante, je reviens vous prendre pour aller dîner.

SCÈNE X.

DORANTE, LA POMMERAIE, *puis* CORNIQUET.

LA POMMERAIE.

Grâce au ciel, il est parti !

DORANTE.

Qu'as-tu donc ?

LA POMMERAIE.

Tu te moques de toute la magistrature dans la personne de mon beau-père.

DORANTE.

Laissons cela et cours chez elle.

LA POMMERAIE.

Mais mon mariage ? car j'y tiens.

DORANTE.

Raison de plus pour user de tes droits quand tu vas les perdre.

LA POMMERAIE.

Il est certain, Dorante, qu'une fois marié je ne me souffrirai pas une pensée, pas un sentiment qui ne soit à ma femme.

DORANTE.

Alors cours donc : un jour de carnaval avant le carême !

LA POMMERAIE.

Mais, mon ami, ce qui m'embarrasse, c'est le premier moment.

DORANTE.

Tu entres; tu donnes un tour de clef par derrière pour te fermer la retraite.

LA POMMERAIE.

Et après?

DORANTE.

Après... après... vaincre ou mourir!

LA POMMERAIE, *d'une voix étouffée.*

Vaincre ou mourir! (*Serrant la main de Dorante.*) Je pars. (*Revenant.*) Mais j'y songe! je crois que tu m'approuveras de rester sur le cours jusqu'à la nuit tombante.

CORNIQUET, *qui traverse la scène en se dirigeant vers la maison de La Pommeraie.*

On m'a bien dit que c'était ici.

(*Il entre dans la maison.*)

DORANTE.

La nuit te donne du cœur? elle produit l'effet contraire sur tous les poltrons; mais va pour la nuit tombante!

LA POMMERAIE.

Adieu!

DORANTE.

Enfin!

LA POMMERAIE, *revenant.*

Dis-moi donc, Dorante...

DORANTE.

Ah! par ma foi, c'en est trop.

LA POMMERAIE.

Allons! ne te fâche pas; j'y vais. Dieu! que l'amour peut faire faire de sottises à un homme grave!

SCÈNE XI.

DORANTE, *seul*.

Tu n'es pas au bout. Je me trompe fort ou notre inconnue te mènera bon train.

SCÈNE XII.

DORANTE, LE PRÉSIDENT, CORNIQUET.

CORNIQUET.

Que je suis heureux de vous avoir rencontré, monsieur le président ! j'ai passé toute la matinée à chercher le tribunal, et depuis que je l'ai trouvé il m'est impossible de trouver les juges.

LE PRÉSIDENT.

Le croiriez-vous, Dorante ? voici l'homme honnête et malheureux dont nous entendons la cause demain.

DORANTE.

Monsieur Corniquet !

CORNIQUET.

Monsieur Dorante !

DORANTE.

Ma partie adverse ?

CORNIQUET.

L'avocat qui plaide contre moi ! (*Au président.*) Ne lui permettez pas de vous quitter, il irait avertir ma femme.

LE PRÉSIDENT.

Votre femme !

DORANTE.

Elle est ici ?

CORNIQUET, *à Dorante.*

Faites donc semblant de l'ignorer! ici, monsieur le président, à l'auberge du Grand-Cerf. Elle s'y cache, j'ai de bons renseignements.

DORANTE, *à part.*

Voilà qui complique terriblement les choses!

LE PRÉSIDENT.

Mais alors il peut y avoir confrontation demain entre elle et son séducteur.

CORNIQUET.

Il ne tient qu'à vous.

LE PRÉSIDENT.

Dieu, la belle audience!

DORANTE, *à part.*

Et ce pauvre La Pommeraie! je ne peux pas les abandonner.

CORNIQUET, *montrant Dorante.*

Il s'en va, monsieur le président!

LE PRÉSIDENT.

Restez, Dorante; je ne vous rends votre liberté qu'après le dîner.

DORANTE, *à part.*

Cet enragé marchand de drap me garde à vue.

CORNIQUET.

Mettez la force publique à ma disposition, monsieur le président! un ordre! signez-moi un ordre pour que je fasse arrêter la personne que j'aime le plus au monde.

LE PRÉSIDENT.

Le plus au monde! (*A Dorante.*) Est-ce que ce pauvre cher homme ne vous touche pas jusqu'aux larmes?

DORANTE.

Il ne me touche pas du tout; prenez garde, monsieur le président, ne faites rien à la légère; vous ne connaissez pas le plaignant, peut-être n'est-il pas ce qu'il dit être.

LE PRÉSIDENT.

Regardez, Dorante : c'est écrit sur sa figure.

CORNIQUET.

Que je vous remercie, monsieur le président!

DORANTE, *à part.*

Le fait est qu'il est capable de gagner sa cause avec sa figure. (*Haut.*) Mais, monsieur le président, il est manifeste que cet homme n'a pas son bon sens.

CORNIQUET.

Je n'ai pas mon bon sens!

LE PRÉSIDENT.

Et qui donc l'aurait dans de telles conjonctures?... J'ai du bon sens, moi! vous ne pouvez pas me contester infiniment de bon sens; eh bien! si feu madame la présidente m'avait assassiné de la sorte...

DORANTE, *à part.*

Le voilà dans ses accès de jalousie!

LE PRÉSIDENT.

Je l'aurais tuée!...

CORNIQUET.

Monsieur le président, que vous êtes bon!

LE PRÉSIDENT.

Tuée!... comme j'ai l'honneur de vous le dire. Je ne l'aurais peut-être pas pu à Bourges, peut-être pas à Toulouse, mais à Vire je l'aurais fait selon la coutume de Normandie.

DORANTE.

Mais songez à l'effroyable scandale que vous allez donner.

LE PRÉSIDENT.

Heureux scandale, Dorante, scandale exemplaire pour toute la population conjugale de Vire! Savez-vous que dans la ville et les environs, sur six mille âmes, nous ne comptons qu'un bon ménage qui soit authentique? encore ce sont trois Picards.

DORANTE.

Voilà qui fait honneur aux Normands! mais comment, trois?

LE PRÉSIDENT.

Le mari, la femme et un cousin de la femme.

DORANTE.

Pardieu! monsieur le président, de bons ménages à trois, il y en a partout.

CORNIQUET.

Je languis.

LE PRÉSIDENT.

Un peu de patience!

CORNIQUET.

Prenez-moi en pitié ou je n'en crois plus que mon désespoir et ma tendresse; et, puisque la coutume l'autorise, je vais tuer ma femme!

LE PRÉSIDENT.

Un moment!

CORNIQUET.

Et le séducteur de ma femme!

LE PRÉSIDENT.

Elle a donc un nouveau séducteur?

CORNIQUET.

Je n'en sais rien; mais je le tuerai.

DORANTE, *à part*.

Il peut tuer La Pommeraie ou Labranche.

CORNIQUET.

Je tuerai l'aubergiste!

LE PRÉSIDENT.

Halte-là, monsieur Corniquet! la coutume ne dit rien des aubergistes. Au reste, venez chez moi et je signerai votre ordre; mais songez qu'il ne sera exécutoire qu'en ma présence et dans la soirée. (*A Dorante.*) Je veux vous ménager le plaisir d'une descente de justice au dessert.

DORANTE.

Ce sera un lever de table des plus divertissants. (*A part.*) Que je sois roué vif, si je sais comment les en tirer!

LE PRÉSIDENT.

Allons! deux heures sonnent, et le dîner nous attend : venez; car je m'attache à vous, Dorante.

CORNIQUET.

Et moi à vous, monsieur le président!

DORANTE.

Je vous suis. (*A part.*) Au fait, dînons d'abord; au dessert, coiffons la raison du président d'autant de vin de Champagne qu'il sera capable d'en porter; et puis, ce soir, advienne que pourra; demain je plaide pour tout le monde.

LE PRÉSIDENT.

Eh bien! monsieur l'avocat?

DORANTE.

A vos ordres, monsieur le président!

ACTE DEUXIÈME

(*Une chambre à l'auberge du Grand-Cerf. Deux portes latérales; une fenêtre au fond.*)

SCÈNE I.

JULIE, LABRANCHE.

JULIE, *après avoir tiré les verroux.*

Entrez, monsieur, entrez, mon mari ; car il est convenu que vous l'êtes pour une heure, et vous voici chez vous !

LABRANCHE.

Jamais verrous n'ont retenti plus agréablement à mon oreille, et je ne laisse pas que d'avoir eu l'occasion d'entendre ce bruit-là quelquefois malgré mon innocence.

JULIE.

Hélas ! ni moi, malgré la mienne.

LABRANCHE.

Ah ! madame, pourquoi nos deux innocences méconnues n'ont-elles pas été enfermées ensemble ? j'aurais fait vœu de captivité.

JULIE.

Vous êtes trop galant pour un mari.

LABRANCHE.

C'est que je ne le suis que par contrebande, et d'une femme qui en a probablement un autre.

JULIE.

Ne puis-je pas être veuve, monsieur ?

LABRANCHE.

J'ai cru d'abord que vous l'étiez; mais vous aviez des moments d'une tristesse si naturelle que j'ai vu tout de suite mon erreur.

JULIE.

Il est trop vrai, je suis enchaînée, et pour toujours.

LABRANCHE.

C'est bien long. Nous autres jurisconsultes, nous rangeons le mariage dans la classe des institutions où la perpétuité est une barbarie de la loi.

JULIE.

Ah! monsieur, que de femmes doivent penser comme les jurisconsultes!

LABRANCHE.

Ce qui ne m'empêcherait pas de vous engager ma liberté tout entière, ne fût-ce que pour une moitié de la vôtre.

JULIE.

Vous êtes brave.

LABRANCHE.

Vous savez que je dois l'être ce soir contre le séducteur que nous attendons. Il n'a qu'à se bien tenir; je suis ferrailleur en diable, et je veux que mes airs de mari indigné le fassent rentrer sous terre.

JULIE.

Je vous crois terrible!

LABRANCHE.

Que dites vous de l'accoutrement? N'ai-je pas avec la rapière toutes les allures d'un gentilhomme de campagne qui a passé trois jours à Versailles pour y prendre les grandes manières, et qui n'a pas laissé que d'être quelque peu dangereux dans l'amoureux commerce?

JULIE.

Je ne peux me défendre de l'idée que monsieur Dorante l'a été plus que vous.

LABRANCHE.

Je ne comprends pas pourquoi vous avez cette idée-là. Je ne sais si cela tient à l'habitude que j'ai de ma personne, mais je ne me crois pas tourné de façon à être moins bien venu auprès du sexe que monsieur l'avocat Dorante, voire même monsieur le docteur Valère, qui est autrement redoutable.

JULIE.

Le docteur Valère !

LABRANCHE.

Qu'avez-vous donc, madame ?

JULIE.

Vous le connaissez ?

LABRANCHE.

Si je le connais ! mais c'est le client qui nous met tous en peine, le prisonnier que vous avez juré de défendre avec nous contre les fureurs de monsieur de La Pommeraie.

JULIE.

Il est prisonnier ?

LABRANCHE.

Je ne vous l'ai pas dit ?

JULIE.

Non ; et comment l'aurai-je appris ? Voilà donc pourquoi je l'ai attendu si longtemps en vain. Je suis anéantie !

LABRANCHE.

Et moi, madame, je suis pétrifié. Quoi ! j'aurais devant mes yeux cette épouse tant calomniée, cet auteur illustre dont la vie privée n'est pas moins publique que les écrits.

JULIE, *vivement*.

Vous les avez lus ?

LABRANCHE.

Eh ! qui ne les a pas lus, madame ? (*A part.*) Il n'y a pas de malheur imprévu qui puisse empêcher un auteur d'entendre ce qu'on dit de ses ouvrages. (*A Julie.*) Quel est le Vandale qui ne les a pas lus? (*A part.*) Que je sois pendu si j'en connais un! (*A Julie.*) Je les ai dévorés; aussi je m'émeus d'indignation en voyant le siècle vouloir soumettre à toutes les règles ordinaires une imagination qui fait gloire de n'en reconnaître aucune...

JULIE.

N'est-ce pas, monsieur!

LABRANCHE.

Et claquemurer une femme de génie dans tous les menus soins, dans toutes les petites vertus de mère et d'épouse, comme une bourgeoise qui n'aurait rien de mieux à faire que de viser à la considération.

JULIE.

Eh bien! monsieur, voilà pourtant ce que veut le monde.

LABRANCHE.

Eh bien! madame, le monde est un sot, et c'est l'honorer beaucoup que de dire qu'il n'en est qu'un.

JULIE.

N'importe! je me sens découragée. Si mon mari venait à me surprendre une seconde fois...

LABRANCHE, *à part.*

Il paraît qu'elle convient de la première.

JULIE.

Je serais perdue!

LABRANCHE.

Il est à Vire?

JULIE.

Vous en êtes sûr?

LABRANCHE.

Je vous le demande.

JULIE.

Ah! vous m'avez fait une peur!

LABRANCHE.

Vous n'avez eu que le contre-coup de la mienne; mais, puisqu'il n'a pas quitté Paris, reprenons courage.

JULIE.

De grâce, ne me parlez plus d'un projet qui m'épouvante. J'y vois mille dangers et je l'abandonne.

LABRANCHE.

Je ne puis cependant pas être le mari et la femme à moi tout seul. L'abandonner, madame, mais c'est livrer à toutes les iniquités du tribunal de Vire un malheureux docteur dont tout le crime est d'être beau et de vous avoir trouvée charmante!

JULIE.

Que me rappelez-vous!

LABRANCHE.

Mais, à ce double titre, Dorante lui-même serait coupable.

JULIE.

Il m'aimerait!

LABRANCHE, *à part*.

Quelle faute! Mon éloquence me fait dire des sottises... (*A Julie.*) Moi, qui vous parle, je serais coupable, à la beauté près, si vous voulez, mais je serais plus coupable que lui.

JULIE.

Vous, monsieur?

LABRANCHE, *à part*.

Ma foi! je me déclare! (*Haut.*) Il est trop vrai, madame; elle éclate enfin cette passion qui se fait jour avec d'autant plus de force...

JULIE, *prêtant l'oreille*.

Écoutez!

LABRANCHE.

Je n'entends rien. Avec d'autant plus de violence...

JULIE.

On monte l'escalier.

LABRANCHE.

Non, madame. Cette passion qui se fait jour avec d'autant plus de violence...

JULIE.

Mais je vous assure qu'on vient.

LABRANCHE.

Oui, c'est bien lui! Je reconnais la marche mal assurée d'un homme qui n'a pas la conscience tranquille. Du moins, vous ne pouvez plus reculer.

JULIE.

Mais ne m'abandonnez pas.

LABRANCHE.

Je devrais me venger de vous; j'aime mieux me venger de lui. Il vient, je me sauve... du courage!

SCÈNE II.

JULIE, *seule*.

J'en ai besoin, au moment de comparaître devant mon juge. Vraiment, je ne suis pas sans émotion. (*Elle s'assied près d'une table et ouvre un livre.*) Prenons contenance! (*Écoutant.*) Il s'arrête sur le seuil!... (*La Pommeraie frappe à la porte.*) La douce petite manière de frapper en amoureux qui tremble! (*La Pommeraie frappe de nouveau.*) Il veut qu'on l'entende, mais on n'en fera rien.

SCÈNE III.

JULIE, LA POMMERAIE.

LA POMMERAIE, *qui entre et referme la porte sur lui.*

Il faut qu'elle soit bien préoccupée pour ne m'avoir pas entendu. Le tour de clef est donné.

JULIE.

Il m'enferme avec lui; les gens timides ont une audace!...

LA POMMERAIE.

Maintenant, vaincre ou mourir!... Je meurs de peur. (*A Julie.*) Madame!... (*A part.*) Elle est comme abîmée dans sa lecture.

JULIE.

Laissons-lui tout l'embarras de sa position.

LA POMMERAIE.

Si je renversais quelque meuble pour l'avertir que je suis là... (*Plus haut, à Julie.*) Madame!...

JULIE, *qui se lève poussant un cri.*

Ah! qui êtes-vous, monsieur? que voulez-vous?... et comment avez-vous pénétré chez moi?

LA POMMERAIE.

Ne vous effrayez pas, madame, je vous en supplie; je serais désespéré de vous effrayer.

JULIE.

Eh! que n'ai-je point à craindre d'un homme qui s'introduit furtivement?...

LA POMMERAIE.

J'avais frappé, madame.

JULIE.

La nuit...

ACTE II, SCÈNE III.

LA POMMERAIE.

Elle commence à peine.

JULIE.

Chez une femme seule et sans défense.

LA POMMERAIE.

Il est vrai que les apparences sont contre moi.

JULIE.

Un malfaiteur aurait-il agi d'autre sorte?

LA POMMERAIE, *à part*.

Comme magistrat, je suis forcé de convenir qu'elle a raison.

JULIE.

Et vous ne trouvez pas un mot pour vous justifier? Retirez-vous, monsieur! sortez à l'instant!

LA POMMERAIE.

De grâce, ne me réduisez pas au désespoir.

JULIE.

Que voulez-vous dire? est-ce une menace? Quel attentat méditez-vous?

LA POMMERAIE.

Moi, madame? un attentat!

JULIE.

Retirez-vous, ou j'appelle, ou je pousse des cris.

LA POMMERAIE.

Ne le faites pas, au nom du ciel! Je vais me retirer; je me retire. (*A part.*) Dieu! comme Dorante va se moquer de moi!

JULIE, *à part*.

Il n'en sera pas quitte à si bon compte... (*A La Pommeraie.*) Sortir sans m'expliquer votre conduite, monsieur! sans me dire quel motif vous amène ici! Seriez-vous poursuivi? êtes-vous malheureux?

LA POMMERAIE.

Malheureux! oui, madame, bien malheureux!... Ah! si vous me connaissiez...

JULIE.

Hélas! je ne vous connais que trop pour mon repos.

LA POMMERAIE.

Que dites-vous? serait-il possible que j'eusse un moment fixé votre attention?

JULIE.

Eh! comment me soustraire à cette obsession dont vous m'enveloppez sans cesse, à ces regards qui ne semblent m'éviter que pour mieux me poursuivre, à ces lettres que je rencontre partout sur mes pas?

LA POMMERAIE.

Mes lettres! vous les avez lues?

JULIE.

Pourquoi l'ai-je fait? j'aurais peut-être ignoré toute ma vie ce langage empoisonné de la passion.

LA POMMERAIE.

Elles vous ont touchée?

JULIE.

Passion fatale, dont elles ne sont sans doute que des interprètes infidèles.

LA POMMERAIE.

Ah! madame, n'y voyez plutôt que la peinture affaiblie, que la froide expression d'un amour qui bouleverse ma tête et mon cœur, qui me dévore, qui va jusqu'au délire.

JULIE.

Ne me le dites pas! par pitié, ne me le dites pas. J'ai besoin de ne pas le croire. Je respecte mon mari.

LA POMMERAIE.

Votre mari!

JULIE.

Je l'estime, monsieur.

ACTE II, SCÈNE III.

LA POMMERAIE.

Vous êtes mariée! (*A part.*) Mais je manque à tous mes principes.

JULIE.

Ingénieuse dans mon innocence à me tromper sur les sentiments que j'éprouvais pour lui, je prenais le calme de cette union pour du bonheur, et ce calme, vous l'avez détruit.

LA POMMERAIE.

Moi!

JULIE.

Détruit pour toujours!

LA POMMERAIE, *à part.*

J'attente à la paix d'un ménage.

JULIE.

Mon mari ne s'est que trop aperçu de cette préoccupation funeste, de ces combats entre ma raison et mon cœur, et dans sa jalousie...

LA POMMERAIE.

Il est jaloux?

JULIE.

Jusqu'à la frénésie, monsieur, par amour, par vanité de gentilhomme!

LA POMMERAIE.

C'est un gentilhomme?

JULIE.

Jaloux au point de me sacrifier à ses transports, et ce qui fait mon désespoir, c'est qu'en descendant au fond de mon âme, je sens... oui, je sens qu'il a sujet de l'être.

LA POMMERAIE.

De moi, grand Dieu! Se pourrait-il que je fusse aimé? (*A part.*) Je suis un monstre à étouffer, mais je ne me connais plus. (*A Julie.*) Aimé de vous!

JULIE.

Je ne l'ai pas dit; il n'est pas possible que je l'aie dit : je serais trop malheureuse et trop criminelle à la fois.

LA POMMERAIE.

Non, femme adorée; mais tu me l'as laissé comprendre, et c'est à genoux...

JULIE.

Relevez-vous, au nom du ciel! Si mon mari revenait...

LA POMMERAIE.

C'est à genoux que je te conjure de confirmer un bonheur dont je doute encore!

JULIE, *reculant*.

Vous me perdez! (*A part.*) Je parle pourtant assez haut pour qu'on m'entende. (*A la Pommeraie, qui la poursuit en se traînant à genoux.*) Ah! monsieur, c'est à votre raison que je m'adresse!

LA POMMERAIE.

Vous venez de me l'ôter.

JULIE.

Si vous avez quelque pitié pour moi...

LA POMMERAIE.

Je vous en demande.

JULIE.

Quelque respect pour vous-même.

LA POMMERAIE.

Je n'en ai aucun.

JULIE, *à part*.

Mais s'il n'a plus peur de rien, j'ai tout à craindre.

LA POMMERAIE.

Parle, j'attends mon sort!

JULIE.

Arrêtez! (*Avec désespoir.*) Mais encore un coup, il me tuerait!... pensez donc qu'il me tuerait!...

LA POMMERAJE.

Parle, parle, ou j'expire à tes pieds.

JULIE.

Je suis morte : c'est lui ! (*A part.*) Il était temps.

SCÈNE IV.

LES MÊMES, LABRANCHE.

LABRANCHE.

Vertu de mes ancêtres! qu'est-ce que je vois? un homme ici!... un homme à vos genoux, madame!

JULIE.

Que répondre !

LA POMMERAIE.

Monsieur, ne jugez pas sur les apparences... Je puis vous affirmer... je vous atteste...

LABRANCHE.

Eh! que m'attesterez-vous qui ne soit démenti par ce que je vois?

LA POMMERAIE.

Il est sûr qu'au premier abord... vous avez dû croire que j'étais...

LABRANCHE.

Aux genoux de ma femme.

LA POMMERAIE.

Mais dans la réalité... oui, monsieur, ce qui est réel... c'est qu'au contraire... car mes intentions... (*A part.*) Il ne me vient pas un mot qui ait le sens commun.

LABRANCHE.

Oserez-vous dire que vos intentions étaient pures quand vous apportiez ici la honte et le désespoir?

Regardez, monsieur, regardez votre complice, que le remords rend muette!

LA POMMERAIE.

N'accusez pas madame, elle est innocente.

JULIE, *avec explosion.*

Non, je cède au cri de ma conscience, et j'avouerai tout : je l'aime, monsieur; tuez-moi! je l'aime et je suis coupable!

LA POMMERAIE, *à part.*

Eh! de quoi?.. elle veut donc que le flagrant délit soit avéré.

LABRANCHE.

Elle en convient.

LA POMMERAIE, *à part.*

Quelle passion j'avais inspirée sans le savoir!

LABRANCHE.

Et votre crime resterait impuni!... Par mon honneur de gentilhomme, j'aurai une bien prompte, une bien sanglante réparation!

LA POMMERAIE.

Monsieur, veuillez m'entendre.

LABRANCHE.

Vous me devez une réparation : je l'attends, je l'exige.

LA POMMERAIE.

Où vous voudrez; mais pas ici.

LABRANCHE.

Ici même, et à l'instant.

JULIE.

Ah! prenez ma vie, mais épargnez la sienne!

LABRANCHE.

C'est son arrêt que tu prononces, femme insensée! (*Tirant son épée.*) Toi, lâche suborneur, en garde!

ACTE II, SCÈNE IV.

LA POMMERAIE, *tirant la sienne.*

Ce sera donc pour ma défense.

JULIE, *en se tordant les mains.*

Et ne pouvoir les séparer.

LABRANCHE, *à part.*

Est-ce qu'il aurait du cœur ?... (*Haut en reculant.*) Ah ! misérable !...

LA POMMERAIE, *qui fait un pas.*

Quand il vous plaira !

LABRANCHE, *reculant toujours.*

Ah, traître ! (*Bas à Julie.*) Il a l'air d'un mauvais garçon, prenez garde à moi !

JULIE.

Cet affreux duel n'aura pas lieu. (*S'élançant vers la table, et soufflant les bougies.*) Vous ne pourrez pas livrer ce combat dans l'ombre.

LABRANCHE, *à part.*

Je me sens plus à l'aise. (*Haut.*) Rien ne m'arrêtera, j'aurai ton sang !

LA POMMERAIE.

Ma foi, puisque vous le voulez !...

(*Les épées se croisent.*)

JULIE.

La force m'abandonne.

LABRANCHE, *à part.*

Il y va bon jeu, bon argent. (*Poussant un cri.*) Je suis blessé... (*Il chancelle et se renverse sur un siége près de la porte de son appartement.*) Blessé au cœur !... (*A part.*) Cet enragé-là me tuait, si je n'étais pas mort si vite.

JULIE, *qui se lève.*

Blessé ! vous, mon mari !... son sang coule... (*Tombant à genoux près de Labranche.*) Ah ! malheureuse !

LA POMMERAIE, *anéanti.*

J'ai tué un homme !

JULIE.

Monsieur!... Ah! mon ami... laissez-moi vous secourir!

LABRANCHE, *d'une voix faible.*

Il est trop tard.

LA POMMERAIE, *à lui-même.*

Violation du domicile conjugal!

JULIE.

Parlez, parlez encore; que votre voix me rassure.

LABRANCHE.

Julie... je ne te verrai plus.

LA POMMERAIE.

Homicide volontaire!

JULIE.

Oh! dites-moi, du moins, que vous ne me maudissez pas.

LA POMMERAIE.

Avec tous les caractères de la préméditation.

LABRANCHE.

Non, je ne te maudis pas, coupable trop aimée!.. ton repentir me touche... je te pardonne...

JULIE, *pleurant.*

O bonté!

LABRANCHE.

Mais toi, magistrat prévaricateur, adultère, assassin, malédiction sur toi!... A défaut de mon bras, les lois me vengeront!

JULIE.

Il se débat dans les convulsions de l'agonie!..

LABRANCHE, *qui se relève tout à coup.*

Entends le cri prophétique d'un mourant : Assassin, les lois me vengeront! (*Il tombe roide dans le fauteuil.*) C'est fait de moi.

JULIE.

Il n'est plus.

LA POMMERAIE.

Quelle scène !

JULIE, *à La Pommeraie.*

Et voilà votre ouvrage !

LA POMMERAIE.

Mes cheveux se dressent... Je crois voir son sang sur mon épée que je ne vois pas!
(*On frappe à coups redoublés à la porte par laquelle La Pommeraie est entré.*)

JULIE.

Qu'est-ce que j'entends?

LA POMMERAIE.

On vient.

LABRANCHE, *bas à Julie.*

J'ai peur.

JULIE, *à Labranche.*

Et moi, donc!

CORNIQUET, *en dehors.*

Ouvrez, madame!... Hâtez-vous d'ouvrir, par intérêt pour vous-même.

JULIE, *à Labranche.*

C'est mon mari !

LABRANCHE.

Le vrai?

LA POMMERAIE.

Où me cacher?

CORNIQUET, *toujours en dehors.*

Je suis porteur d'un ordre que l'arrivée de M. le président va rendre exécutoire dans un moment; épargnez-vous un éclat qui vous perdrait d'honneur !

LA POMMERAIE.

Le président !

JULIE.

Quel parti prendre?

LABRANCHE.

Je n'en sais rien.

CORNIQUET.

Vous refusez d'ouvrir!... Je redescends pour aller chercher assistance, et dès que le président arrivera, je viens avec la force armée jeter cette porte en dedans ; adieu !

LA POMMERAIE.

La force armée, madame !

JULIE.

Eh ! mon Dieu, oui, monsieur, la force armée !

LABRANCHE, *à part.*

Ciel, que j'avais raison de détester les marchands de drap !

JULIE, *à Labranche.*

C'est vous, monsieur, qui, malgré ma résistance, m'avez entraînée à ma perte.

LABRANCHE, *à part.*

Beau moment pour me le reprocher !

LA POMMERAIE.

Je n'ai que trop mérité les reproches qu'elle m'adresse.

JULIE, *à Labranche.*

Un conseil, au moins ! tentez quelque chose ; vous ne remuez pas.

LABRANCHE, *bas à Julie.*

Vous oubliez que je suis mort.

LA POMMERAIE.

Quand je remuerais, que faire dans la situation où me voilà ?

JULIE.

Eh bien donc ! je n'en crois plus que ma terreur ; tirez-vous comme vous pourrez de l'abîme où vous m'avez jetée ; (*S'élançant par la porte de l'apparte-*

ment de Labranche.) je n'ai de ressource que dans la fuite.

LA POMMERAIE, *qui veut la suivre.*

Et moi aussi!

LABRANCHE, *se levant.*

Et moi aussi!

LA POMMERAIE.

Dieu! elle a refermé la porte sur elle!

LABRANCHE, *retombant assis.*

Je ne crois pas que jamais un mort se soit trouvé dans une position plus désagréable.

SCÈNE V.

LA POMMERAIE, LABRANCHE.

LA POMMERAIE.

Me voilà donc seul en présence de mon forfait, seul avec un cadavre!... Où conduit une première pensée coupable? une heure ne s'est pas écoulée, et, en moins d'une heure, j'ai franchi tous les degrés du crime.

LABRANCHE.

Que je rirais, si je ne tremblais pas pour mon compte!

LA POMMERAIE.

La sueur tombe de mon front; je frissonne. (*A Labranche.*) Victime infortunée, il me semble que tu vas te ranimer, te dresser devant moi, pour m'accuser encore, pour me maudire à la face du ciel et des hommes.

LABRANCHE.

Il me prend une furieuse tentation de lui apparaître; mais je n'ose pas.

LA POMMERAIE.

Ta prédiction ne sera que trop tôt accomplie; ils vont venir, ils vont m'arrêter, me saisir en flagrant délit d'adultère et de meurtre... Non, je sortirai d'ici, je fuirai, mais comment? mais par où? point d'issue! Ah! cette fenêtre!...

LABRANCHE.

Au fait, c'est une idée qu'il me donne.

LA POMMERAIE, *regardant par la fenêtre qu'il a ouverte.*

Dieu, que c'est haut! Encore si j'avais un ami en bas pour amortir le coup!

LABRANCHE.

Quelle amitié il lui ferait là, de lui briser les os!

LA POMMERAIE.

N'importe, me laisser surprendre ici, cette épée sanglante au côté, tout couvert de son sang, car je dois en être couvert, je ne le peux pas; je ne le veux pas.

LABRANCHE, *furieux.*

Alors, va donc!

LA POMMERAIE.

Quoi?... on a parlé... Non, rien; je n'entends rien. C'est ma conscience qui bourdonne à mon oreille.

LABRANCHE.

Je ne puis pas me faire à l'idée que les morts ne parlent pas.

LA POMMERAIE.

Ma tête se perdrait, fuyons! (*En passant par la fenêtre.*) Au risque d'être moulu de ma chute, je m'échapperai.

LABRANCHE, *se soulevant.*

Il prend son parti.

LA POMMERAIE, *suspendu en dehors.*

Décidément, c'est trop haut.

LABRANCHE.

Par la corbleu! tu sauteras.

(*Il frappe à coups redoublés à la porte.*)

LA POMMERAIE.

Ce sont eux : je saute.

SCÈNE VI.

LABRANCHE, *courant à la fenêtre.*

Il est arrivé, un peu étourdi du voyage, mais sans accident. Il y a des gens qui ont le privilége de retomber toujours sur leurs pieds. Le voilà en route, et de quel train! Je me suis parfois trouvé dans cette passe-là ; je n'ai jamais fait mieux. Si son épée s'embarrasse dans ses jambes, il est perdu ; patatras... mon homme est par terre. L'envie de lui faire peur m'étouffe ; il faut que j'y cède. (*Criant.*) Au meurtre! à l'assassin !... Dieu, comme il court! arrêtez l'assassin !... Il court plus vite que moi ; on dit que la justice est boiteuse, ce n'est pas quand elle s'enfuit. (*Se disposant à passer par la fenêtre.*) A mon tour maintenant! Peste! mais c'est haut, et il y avait de quoi se faire prier. Tout autre moyen d'évasion m'irait mieux. (*Revenant vers la porte par laquelle Julie est sortie.*) Madame, c'est moi! il est parti, ne craignez rien ; c'est moi! (*Avec rage.*) Elle ne voudra pas m'entendre. Allons, il faut prendre le même chemin que la magistrature. (*Retournant vers la fenêtre.*) Bourreau, qu'ai-je fait? mes cris ont attiré là-bas tous les bourgeois de Vire, toute la basse Normandie en armes. Je ne sauterai pas sur ces gaillards-là ; ils me tueraient au vol. Mais que devenir ? Je me battrais : me voilà pris, pris comme un sot !

SCÈNE VII.

LABRANCHE, JULIE.

LABRANCHE, *à Julie, qui entre épouvantée.*
Ah ! vous me rendez la vie.

JULIE.
Je suis au désespoir.

LABRANCHE.
Pourquoi ?

JULIE, *pouvant à peine parler.*
Le président...

LABRANCHE.
Eh bien !

JULIE.
Il monte, et une partie de la maréchaussée avec lui. La première porte est fermée, mais elle ne pourra les arrêter bien longtemps.

LABRANCHE, *montrant sa chambre.*
Il vient de ce côté ?

JULIE.
Sans doute.

LABRANCHE.
Votre mari vient de l'autre ; nous sommes entre deux feux ; c'est pour en mourir.

JULIE.
Trouvez donc un moyen de me sauver, monsieur.

LABRANCHE.
Je le voudrais d'autant plus que, personnellement, j'en profiterais.

JULIE.

Vous me sauverez!

LABRANCHE.

Eh! comment!

JULIE, *hors d'elle-même, en s'avançant vers Labranche, qui recule.*

Monsieur, je veux que vous me sauviez.

LABRANCHE.

Mais c'est un lion qu'une femme en colère.

CRISPIN, *du côté où vient de frapper Corniquet.*

Ouvrez, de par le roi.

LABRANCHE.

C'est la voix de Crispin! (*A Julie.*) Ne vous déconcertez pas.

JULIE.

Comptez sur moi.

CRISPIN.

Encore un coup, de par le roi, ouvrez!

LABRANCHE.

Évanouissez-vous!

JULIE.

Je l'aurais fait de moi-même.

LABRANCHE, *allant ouvrir.*

Je brave la tempête.

SCÈNE VIII.

LES MÊMES, CRISPIN, CORNIQUET, CAVALIERS DE MARÉCHAUSSÉE.

LABRANCHE.

Qu'est-ce que ceci, messieurs? Un esclandre! la force armée chez moi! Ne suis-je plus gentilhomme, par hasard?

CRISPIN, *à part.*

Ah! mon Dieu, c'est Labranche!

CORNIQUET, *montrant Labranche.*

Arrêtez, monsieur.

LABRANCHE, *bas, à Crispin.*

Tire-moi d'affaire.

CORNIQUET, *montrant Julie.*

Et madame.

CRISPIN.

Bride en main, monsieur Corniquet! La chose n'est pas claire.

LABRANCHE.

Monsieur Corniquet de Paris?

CORNIQUET.

Oui, monsieur, et je m'en fais honneur.

LABRANCHE.

Il n'y a, palsambleu, pas de quoi, monsieur! Il vous va bien, petit marchand de drap que vous êtes, de vous frotter à un homme de ma sorte. Voyez dans quel état vous avez mis la vicomtesse!... (*A Julie.*) Rassure-toi, ma bonne amie.

CORNIQUET.

Ma bonne amie! (*A Crispin.*) Vous n'avez donc pas entendu qu'il a dit ma bonne amie?

CRISPIN.

Et pourquoi voulez-vous qu'un gentilhomme parle autrement à sa femme?

CORNIQUET.

Mais c'est la mienne.

LABRANCHE.

Pour le coup, voilà qui me fait tomber du ciel. (*Bas, à Crispin.*) Débarrasse-moi de lui. (*A Julie.*) Rassure-toi, je t'en conjure : évidemment, il y a erreur.

JULIE, *d'une voix éteinte.*

Ah! mon ami, quelle peur ces messieurs m'ont faite! j'ai peine à me remettre de mon émotion.

CORNIQUET.

La traîtresse!

CRISPIN.

Jetez un regard sur lui, madame, et veuillez nous dire si vous l'avez jamais vu?

LABRANCHE, *à Julie.*

Parle franchement. (*A Crispin.*) Voulez-vous que je sorte, pour qu'elle s'explique en mon absence? (*A part.*) Une fois libre!...

JULIE, *vivement, en le retenant.*

Pas du tout! de grâce, ne m'abandonnez point. (*A Corniquet.*) Qui êtes-vous, monsieur, et que demandez-vous?

LABRANCHE.

Il est clair qu'elle ne le connaît pas.

CRISPIN, *à Corniquet.*

Alors, monsieur, de quoi diable vous plaignez-vous donc?

CORNIQUET.

Mais je vous répète que la vicomtesse est ma femme, monsieur Crispin, et qu'il n'est pas plus vicomte que moi.

LABRANCHE.

Crispin!... vous seriez M. Crispin? Aussi je me disais : J'ai vu ce galant homme-là quelque part dans mes guerres de Hollande.

CRISPIN.

C'est bien possible.

LABRANCHE.

Comment, vous n'avez plus mémoire du lieutenant qui vous conduisait à cette affaire où vous vous êtes si gaillardement montré?

CRISPIN.

Ah! pardon, mon gentilhomme!

LABRANCHE.

Ce jour-là vous faisiez en homme de cœur; de par Dieu, vous faisiez en homme de cœur!

CRISPIN.

Monsieur le vicomte, cela vous plaît à dire.

CORNIQUET, *à Crispin.*

C'est donc un vrai vicomte? (*A part.*) Si ma femme s'est jetée dans la noblesse, je suis un homme perdu.

LABRANCHE, *bas.*

Hâte-toi, Crispin.

CRISPIN, *à Corniquet.*

Et vous comprenez bien que je n'irai pas brouiller la maréchaussée avec la noblesse pour le bon plaisir d'un bourgeois de Paris. Monsieur le vicomte, recevez mes excuses.

LABRANCHE.

Je les reçois, monsieur Crispin.

CRISPIN, *à Corniquet.*

Venez, monsieur.

CORNIQUET.

Vous les laissez ensemble, je reste.

CRISPIN.

Je ne souffrirai pas que votre présence trouble ici la paix d'un ménage.

CORNIQUET.

Le ménage d'un homme qui m'a pris ma femme!

LABRANCHE, *bas, à Crispin.*

Agis vivement, mon garçon.

CRISPIN.

Vous sortirez à l'instant même.

CORNIQUET.

Il le faut bien, puisque je ne puis faire autrement; mais lui et vous je vous prends à partie.

CRISPIN.

Comme vous voudrez; en attendant, marchez devant moi.

LABRANCHE, *bas, à Julie.*

Nous sommes sauvés!

LE PRÉSIDENT, *en dehors.*

Non, vous avez beau dire; j'entrerai.

CRISPIN, *avec effroi, à Labranche.*

Le président!

LABRANCHE.

Le président!

JULIE.

Nous sommes perdus.

CORNIQUET.

J'aurai justice.

SCÈNE IX.

LES MÊMES, LE PRÉSIDENT, DORANTE, *entrant par l'appartement de Labranche;* CAVALIERS DE MARÉCHAUSSÉE, *qui restent sur le seuil de la porte.*

LE PRÉSIDENT, *ivre.*

Non, mon cher avocat, non; vous avez vu si une porte m'arrêtait dans l'exercice de mes fonctions.

CORNIQUET.

De grâce, monsieur le président, faites exécuter l'ordre que vous avez signé.

LE PRÉSIDENT.

Est-ce que je viens pour autre chose!

CRISPIN, *bas, à Labranche.*

Dieu me pardonne, le président est gris.

LABRANCHE, *bas, à Crispin.*

C'est un coup d'inspiration de mon maître.

DORANTE, *à Labranche.*

Comment?... serait-ce... (*Courant à lui les bras ouverts.*) Mais, oui, c'est bien toi, mon cher de La Thibaudière! que je t'embrasse donc! (*A Julie.*) Vous ici, madame, et par quel hasard?

JULIE.

Ah! monsieur, je n'ai d'espoir qu'en vous.

LE PRÉSIDENT, *à Dorante.*

Vous les connaissez?

CORNIQUET.

Ils se connaissent tous.

LABRANCHE.

C'est toi, Dorante? Qui te savait en basse Normandie, mon enfant? Tu arrives bien, et l'on vient de me faire ici une belle scène.

JULIE.

J'en suis restée toute tremblante.

LE PRÉSIDENT.

Une belle scène!

LABRANCHE.

Figure-toi que je ne sais quel bourgeois, venu de je ne sais où, oui, mon cher, oui, respectable président, (*En montrant Corniquet*) monsieur, qui cherche sa femme partout, s'est mis dans la tête de me prendre la mienne.

(*Labranche et Dorante rient aux éclats, et le président finit par faire comme eux.*)

CORNIQUET.

Mais, monsieur le président, c'est tout le contraire.

LABRANCHE.

C'est la vérité, monsieur le président.

LE PRÉSIDENT.

Expliquez-moi donc ce qu'ils me disent, Dorante; car je n'y comprends rien.

DORANTE.

La chose est pourtant simple.

LE PRÉSIDENT.

Pas si simple : ou j'y vois double, ou il y a ici un mari de plus qu'il ne faut.

DORANTE.

Et une femme de moins.

LABRANCHE.

Mais quel est le mari?

CORNIQUET.

Et à qui la femme?

CRISPIN.

C'est là toute la question.

LE PRÉSIDENT.

Assurément... Mais c'en est une question.

DORANTE.

Prononcez, et il n'y en aura plus.

LE PRÉSIDENT.

Prononcez! prononcez!... je le ferais dans tout autre moment; mais je cherche cette traîtresse de chanson que je n'ai pu retrouver au dessert.

DORANTE.

N'y songez plus, et prononcez pour mon ami.

CORNIQUET.

Contre lui, monsieur le président.

JULIE.

Hâtez-vous, de grâce, et que cet affreux débat finisse.

LABRANCHE, *d'un air dégagé.*

S'il se prolongeait, je serais forcé, au retour, d'en dire deux mots à M. le chancelier, mon parent.

LE PRÉSIDENT, *à Dorante.*

Peste! il paraît qu'il tient à la robe par le haut bout.

DORANTE.

C'est le gentilhomme le mieux apparenté de la Touraine. Jugez, maintenant.

LE PRÉSIDENT.

Patience, Dorante, patience... (*Après avoir cherché dans sa tête.*) M'y voici.

DORANTE.

Ah!

LE PRÉSIDENT, *cherchant de nouveau.*

Si vous me rappeliez seulement l'air et les paroles, je me souviendrais du reste.

DORANTE.

Je le crois bien, avec une mémoire comme la vôtre. Mais laissez là votre chanson, et jugez.

TOUT LE MONDE.

Par pitié! jugez.

LE PRÉSIDENT.

Eh bien! j'ai une idée... C'est que cet homme-là n'est pas marchand de drap.

DORANTE.

Qu'importe?

LE PRÉSIDENT.

Je veux dire qu'il n'est pas marié.

DORANTE.

Il ne l'est pas.

LABRANCHE.

Il ne l'est pas.

CRISPIN.

Il ne l'est pas.

CORNIQUET.

Je ne suis pas marié!... Faut-il, pour mon malheur, que j'ai laissé mon contrat de mariage à Paris? Je vous confondrais, cette preuve à la main.

DORANTE.

Monsieur le président, c'est moi qui prends sa défense contre vous : il a parlé de son contrat de mariage; qu'il le montre, et vous êtes dans votre tort,

LE PRÉSIDENT.

Sa partie adverse!... Voyez-vous l'impartialité? (*A Corniquet.*) Exhibez votre contrat de mariage.

CRISPIN.

Exhibez donc votre contrat de mariage.

LABRANCHE.

Qu'il l'exhibe.

CORNIQUET.

Mais je viens de vous déclarer qu'il est resté à Paris.

DORANTE.

Il n'est pas marié.

LABRANCHE.

Il ne l'est pas.

CRISPIN.

Il ne l'est pas.

LE PRÉSIDENT.

Et, par conséquent, il ne peut pas être...

DORANTE.

C'est impossible, ou il n'y aurait plus de logique au monde.

LE PRÉSIDENT.

Il ne peut pas être marchand de drap.

DORANTE.

Si je m'attendais à cette conclusion-là!

CORNIQUET.

Comment, je ne suis ni marié, ni...

TOUT LE MONDE, *excepté Julie.*

Non, non, non.

CORNIQUET, *à Labranche.*

Et si je vous le demandais, à vous, monsieur, votre contrat de mariage?...

LABRANCHE.

Eh bien, monsieur, vous me feriez infiniment de plaisir en m'adressant cette demande. (*A Julie.*) Ma bonne amie, la clef de ton secrétaire?

JULIE.

La clef! Je ne sais... Dans le trouble où j'étais... M. Crispin ne me l'a-t-il pas demandée en entrant?

LABRANCHE, *vivement*.

Qu'en avez-vous fait, monsieur Crispin?

CRISPIN.

Je... mais... mais je...

DORANTE.

Il ne peut que l'avoir remise au président.

CRISPIN.

Oui, je l'ai remise à M. le président.

LE PRÉSIDENT.

A moi!

TOUT LE MONDE.

Il vous l'a remise.

CORNIQUET.

Quand donc? Je n'ai rien vu de tout cela.

LABRANCHE.

Monsieur le président, cherchez-la, je vous en supplie.

LE PRÉSIDENT.

J'ai beau chercher!

LABRANCHE, *s'avançant vers Corniquet*.

Ah! vous me demandez mon contrat de mariage!...

DORANTE, *qui veut le calmer*.

Non, mon cher, non. Puisque le président est en faute, il ne souffrira pas qu'il s'élève un doute sur la parole de M. de La Thibaudière.

LABRANCHE.

Laissez-moi faire, Dorante. (*A Corniquet.*) Ah! vous me demandez...

LE PRÉSIDENT, *prenant Labranche à bras le corps pour l'arrêter*.

Non, puisque je suis en faute, je ne le souffrirai

pas. Je me résume. (*Montrant Corniquet.*) Mettez la main sur le collet de cet homme.

CORNIQUET.

Il n'y a donc pas de justice à Vire!

CRISPIN, *à Corniquet.*

Marchez.

CORNIQUET, *hors de lui.*

Voilà ce que c'est que d'être jugé par un magistrat qui n'a plus sa tête.

CRISPIN.

Vous insultez le président.

LABRANCHE.

Il vous insulte.

LE PRÉSIDENT, *furieux.*

Il m'insulte! mettez-lui les fers aux pieds et aux mains.

JULIE.

Ah! monsieur le président, grâce pour un malheureux!

LE PRÉSIDENT.

Puisque madame demande sa grâce, je l'accorde. Bornez-vous à la prison. Qu'on l'emmène.

CRISPIN.

Point de rébellion! marchez.

LABRANCHE, *à Julie.*

Le champ de bataille nous reste.

LE PRÉSIDENT.

Arrêtez!

JULIE.

Ah, mon Dieu!

LABRANCHE.

Qu'est-ce qui lui prend?

LE PRÉSIDENT, *pleurant de joie.*

Dorante, mon cher Dorante, je crois que je l'ai retrouvée!

LABRANCHE.

La clef?

LE PRÉSIDENT.

Non; ma chanson.

DORANTE.

Il en est possédé.

CRISPIN, *entrainant Corniquet.*

Marchez, monsieur.

SCÈNE X.

LES MÊMES, *excepté* CRISPIN *et* CORNIQUET.

LE PRÉSIDENT.

Je l'ai retrouvée!

DORANTE, *qui le reconduit.*

Ne l'oubliez pas, nous la chanterons à table.

LE PRÉSIDENT.

Je vais la répéter toute la nuit, pour m'en souvenir à déjeuner.

DORANTE.

A déjeuner!

LE PRÉSIDENT, *revenant et saluant Labranche et Julie.*

Entre monsieur et madame de La Thibaudière.

LABRANCHE, *en riant.*

Grand merci de l'invitation!

JULIE, *de même.*

A déjeuner, monsieur le président!

DORANTE, *riant aux éclats.*

A déjeuner! (*A Julie, tandis que Labranche sort avec le président.*) Ah! madame, j'ai gagné votre cause; permettez-moi de plaider la mienne.

(*La toile tombe.*)

ACTE TROISIÈME

(Le cabinet de M. de La Pommeraie. — Deux portes latérales. — Une porte au fond. — Un bureau où sont des papiers.)

SCÈNE I.

CRISPIN, *sous son costume de valet, assis dans son fauteuil;* LABRANCHE, *entr'ouvrant la porte du fond.*

LABRANCHE.

Puis-je entrer ?

CRISPIN.

Entre, Labranche ; je suis seul et furieux.

LABRANCHE.

Quand on est seul, cela occupe : et contre qui ?

CRISPIN.

Contre mon maître : il m'a traité comme on ne traite pas un honnête homme.

LABRANCHE.

Pourquoi ?

CRISPIN.

Il ne me l'a pas dit ; mais j'en suis à regretter le temps où j'étais valet de chiens chez un gentilhomme de campagne.

LABRANCHE.

Tu n'es pas dégoûté : valet de chiens ! peste, la jolie condition ! tu avais le privilége de battre tes maîtres et de dîner avant eux.

CRISPIN.

Ne plaisante pas, Labranche; figure-toi que j'ai retrouvé ici M. de La Pommeraie...

LABRANCHE.

Essoufflé.

CRISPIN.

Comment le sais-tu?

LABRANCHE.

Je le suppose, parce que je l'ai vu courir; il court bien.

CRISPIN.

Essoufflé, et, qui pis est, égaré; les yeux lui sortaient de la tête, il marchait, il gesticulait. Quand je me suis présenté à lui, il a fait un bond!...

LABRANCHE.

Tu étais en uniforme?

CRISPIN.

Sans doute.

LABRANCHE.

Voilà ton tort : un cavalier de maréchaussée ne devrait se présenter nulle part sans se faire annoncer; votre uniforme fait impression.

CRISPIN.

Je loge au-dessus de sa chambre; cette nuit, il ne m'a pas laissé un moment de repos. Vers le jour, je l'ai entendu m'appeler d'une voix lugubre; et tout défait, il m'a dit d'aller chercher M. Dorante, qui était apparemment sorti de très-bonne heure, car je ne l'ai pas trouvé.

LABRANCHE.

Tu es donc sûr qu'il a passé la nuit ici?

CRISPIN.

Je ne l'affirmerais pas, parce que son logement a une entrée particulière.

LABRANCHE.

Je ne l'affirmerais pas non plus.

CRISPIN.

Quoi qu'il en soit, quand mon maître a su que le tien était absent, il m'a commandé de le lui amener, en quelque lieu que je pusse le joindre, ajoutant que lui-même resterait enfermé tout le jour, ne recevrait que M. Dorante, et n'ouvrirait qu'à sa voix.

LABRANCHE.

Ainsi nous voilà les maîtres de la maison !

CRISPIN.

Comme j'allais me permettre une objection, il m'a chassé, outrageusement chassé de sa chambre en tirant les verrous sur lui. Il ne se possédait plus. Je lui crois le cerveau blessé... Qu'est-ce que tu ferais à ma place ?

LABRANCHE.

L'aimes-tu, ton maître ?

CRISPIN.

Ma foi, non !

LABRANCHE.

A ta place, j'irais chercher un médecin.

CRISPIN.

J'ai tant d'autres affaires en tête !... D'abord il faut que j'avertisse M. Dorante.

LABRANCHE.

Je m'en charge.

CRISPIN.

Et que je me mette aux trousses de ce damné Corniquet.

LABRANCHE.

Il s'est échappé ?

CRISPIN.

Hier, au coin de la grande place.

LABRANCHE.

Je comprends que cette évasion te donne à penser, vu la coïncidence qu'elle semblerait avoir avec le meurtre...

CRISPIN.

Quel meurtre?

LABRANCHE.

Le meurtre qui s'est commis au Grand-Cerf.

CRISPIN.

Au Grand-Cerf?... un meurtre!... Il faut absolument que j'en prévienne M. de La Pommeraie. Mais, non; j'aime mieux aller trouver le président.

LABRANCHE.

Tu as raison, c'est un homme de tête, et, à vous deux, vous ferez quelque chef-d'œuvre.

CRISPIN.

Mais le moyen de rattraper ce Corniquet?

LABRANCHE.

Il est vraisemblable que la jalousie qui lui porte à la tête le ramènera dans les environs du Grand-Cerf. (*A part.*) Je l'ai vu rôder de ce côté-là.

CRISPIN.

Cependant, si, comme tu l'assures, il est complice...

LABRANCHE.

Halte-là! je n'ai rien assuré; Dieu me préserve d'accuser à la légère, même un marchand de drap! Cet homme peut être innocent... comme il est possible qu'il soit le seul auteur du crime.

CRISPIN.

Tu crois qu'il est le seul auteur du crime?

LABRANCHE.

Je ne crois rien; mais ses menaces dans la matinée, ses transports le soir, et son évasion pourraient être regardés comme des probabilités.

CRISPIN.

Comme des preuves : c'est l'assassin! Je pars; pense à prévenir ton maître.

LABRANCHE.

Est-ce que j'oublie quelque chose ?

CRISPIN.

Maintenant je déposerais en justice qu'il est l'assassin, et, si je puis mettre la main sur lui, c'est un homme roué vif : adieu !

SCÈNE II.

LABRANCHE, ensuite DORANTE.

LABRANCHE.

Roué vif, avant de savoir s'il est coupable! ils sont féroces, les protecteurs de l'innocence.

DORANTE, *qui entre par une porte latérale.*

Quoi de nouveau, Labranche ?

LABRANCHE.

Vous avez l'air radieux, monsieur.

DORANTE.

Tu trouves?... c'est que j'ai l'espoir de rendre ce pauvre Valère à ses malades.

LABRANCHE.

Pourvu que ses confrères n'en aient pas disposé pendant son absence.

DORANTE.

Eh bien! l'as-tu vu, ce mari qui les a si injustement soupçonnés tous les deux, et l'as-tu péroré de façon à lui arracher un désistement !

LABRANCHE.

Je suis en bonne voie, si on peut l'atteindre.

DORANTE.

Est-ce qu'il s'est enfui ?

LABRANCHE.

Enfui, monsieur.

DORANTE.

Ah, le misérable, Labranche!

LABRANCHE.

C'est ce que j'ai dit; il n'y a pas de mauvais procédé dont cet homme-là ne soit capable. Mais j'ai lancé Crispin sur ses traces, et j'espère qu'on le reprendra.

DORANTE.

Va les aider dans cette bonne œuvre, tandis que je me rends chez le président, qui m'a fait avertir de l'aller trouver à l'instant même. Mais que fait, que dit La Pommeraie?

LABRANCHE.

Il est le prisonnier de sa conscience, et sa peur nous laisse le champ libre.

DORANTE.

Ah! s'il pouvait, en le prenant pour son compte, signer ce rapport, qui est de moi!...

LABRANCHE.

Ce serait le meilleur ouvrage d'un autre qu'il aurait jamais fait.

DORANTE.

Sa jolie complice est ici, dans le salon voisin, d'où elle pourra nous seconder au besoin.

LABRANCHE.

Se réfugier chez son juge!

DORANTE.

Elle ne pouvait pas choisir un meilleur asile contre une descente de justice. Qui viendra l'y chercher?

LABRANCHE.

Personne; mais si monsieur de La Pommeraie l'y découvre?

DORANTE.

Il sera foudroyé de sa présence. Quand même il saurait tout, le pauvre homme ne cessera de se croire coupable que pour se trouver ridicule.

LABRANCHE.

Ce qui est bien pis.

DORANTE.

Aussi l'a-t-elle compris à merveille. Elle a un sentiment si exquis des choses! c'est une personne si remarquable, si aimable, si respectable!... Je veux la sauver. Quelle que soit l'issue du procès, je veux lui assurer les moyens d'aller s'ensevelir en Italie.

LABRANCHE.

Un exil éternel.

DORANTE.

De deux mois, afin de laisser tomber le scandale que cette affaire a soulevé et de la soustraire au despotisme d'un sauvage qui ne la comprend pas. La vois-tu sur les ruines de Rome? nous vois-tu tous deux?

LABRANCHE.

Vous l'accompagnerez, monsieur?

DORANTE.

Pour la protéger, Labranche.

LABRANCHE.

Au fait, voici les vacances qui approchent.

DORANTE.

Pour la défendre : c'est un sacrifice; mais je dois cela à Valère.

LABRANCHE.

Vous aimez bien votre ami.

DORANTE.

Quel voyage! Ce beau ciel, le Tibre et le Capitole, quel spectacle inspirateur pour le génie! et elle en a, cette incomparable personne.

LABRANCHE.

Vous en avez aussi, monsieur.

DORANTE.

Tu me flattes, Labranche ; mais elle en a et je me sacrifie. J'aurai du moins la consolation de me dire que j'ai guéri Valère d'une passion qui aurait fait le malheur de sa carrière.

LABRANCHE.

Tudieu, monsieur, que vous aimez votre ami !

DORANTE.

Cours de ton côté, je cours du mien, et à l'œuvre ici dans un moment.

LABRANCHE.

Un mot encore ! Serai-je du voyage d'Italie ?

DORANTE.

Pourquoi pas, Labranche ? Bien volontiers : je prendrai par Milan, tu prendras par Turin, et si je te rencontre à Rome, j'en serai bien aise. Je cours chez le président.

SCÈNE III.

LABRANCHE, *puis* LA POMMERAIE.

LABRANCHE.

On ne peut pas bafouer une passion sérieuse avec plus d'ignominie. Quand je pense que j'ai toujours eu comme une rage de voir le Capitole ! Si je n'étais pas dans la maison de son juge j'irais reprocher à cette ingrate... Mais ne m'a-t-il pas dit qu'elle était ici pour m'empêcher d'aller l'entretenir au Grand-Cerf ? Assurons-nous du fait. (*Il va regarder par le trou de la serrure.*) Non, c'est elle ; la voilà qui rêve ! Peut-être bien qu'elle compose.

LA POMMERAIE, *avec terreur, en entrant.*

Je ne puis tenir chez moi ; je l'y vois partout.

LABRANCHE, *après avoir regardé de nouveau.*

Son aspect m'irrite, et, dans ma fureur, je vais me venger... (*En se retournant pour s'en aller.*) sur le marchand de drap.

LA POMMERAIE, *apercevant Labranche et poussant un cri.*

Ah !

LABRANCHE.

Oh !

LA POMMERAIE, *à part.*

Ou je rêve encore, ou c'est lui !

LABRANCHE, *de même.*

Fiez-vous donc aux paroles de ce Crispin !

LA POMMERAIE, *de même.*

Si je croyais aux spectres, je penserais que j'en vois un face à face.

LABRANCHE, *de même.*

Il n'y a pas de figure contre laquelle je ne voulusse changer la mienne dans ce moment-ci.

LA POMMERAIE, *à Labranche, qui fait un pas pour sortir.*

Qui êtes-vous, monsieur ?

LABRANCHE.

J'ai l'avantage d'être le secrétaire de M. Dorante ; mais je crains d'importuner...

LA POMMERAIE.

Restez. Je vous ai vu quelque part.

LABRANCHE.

Monsieur le conseiller aura daigné m'apercevoir hier sur la grande place, dans la compagnie d'un cavalier de maréchaussée, mon ami intime. (*A part.*) Je me retranche derrière son uniforme.

LA POMMERAIE.

Non, monsieur; je vous ai vu ailleurs...

LABRANCHE, *à part.*

S'il ne me vient pas un expédient, je suis perdu.

LA POMMERAIE.

Dans des circonstances graves, monsieur, dans des circonstances terribles.

LABRANCHE.

Graves, monsieur le conseiller; terribles, dites-vous?... Il est arrivé quelque chose à La Thibaudière?

LA POMMERAIE.

La Thibaudière?

LABRANCHE.

C'est lui que vous aurez vu dans ces circonstances terribles. Ah! parlez, dites-moi, de grâce, s'il est arrivé à mon frère quelque chose de fâcheux.

LA POMMERAIE.

Vous avez un frère?

LABRANCHE.

Un gentilhomme, qui est descendu tout récemment au Grand-Cerf... Et, tenez, monsieur le conseiller, c'est vous justement qu'il venait solliciter en faveur du docteur Valère, le parent de sa femme.

LA POMMERAIE.

Il n'aurait rien obtenu, monsieur; Valère est coupable.

LABRANCHE.

Pardon!... Je cède à mes affreux pressentiments... Ah! j'aurais dû les croire, ce matin quand j'ai reçu de ma belle-sœur cette lettre qui m'inquiétait. (*Voulant s'en aller.*) Pardon!

LA POMMERAIE.

Arrêtez, monsieur! Vous, le secrétaire d'un avocat, vous êtes le frère d'un gentilhomme?

LABRANCHE, *à part.*

Ah, diable! (*A La Pommeraie.*) Il a été pour moi plus qu'un frère, monsieur le conseiller; oui, plus qu'un frère. Fils légitime, lui... nous pouvions avoir ce bonheur-là tous deux, et il l'a eu tout seul; héritier d'un grand nom, il n'a pas repoussé son frère naturel. Il a aimé en moi jusqu'à l'erreur de son père; il m'a élevé, monsieur, il m'a couvert de sa protection, et quand quelques succès de barreau couronnaient ma jeune éloquence, il disait, en pleurant de joie : C'est mon ouvrage! Ah! s'il lui était arrivé un malheur, je ne m'en consolerais jamais.

LA POMMERAIE, *à part.*

Sa douleur va faire un fracas épouvantable.

LABRANCHE.

S'il avait un ennemi, je le poursuivrais jusqu'au bout du monde.

LA POMMERAIE, *à part.*

Il faut attendrir ou gagner cet homme-là.

LABRANCHE.

Jusqu'au fond des enfers!

LA POMMERAIE.

Eh bien! oui, monsieur, il n'est que trop vrai; un de mes amis... dans un duel...

LABRANCHE.

Mon frère, la première épée de France, succomber dans un duel! Il a été victime d'un assassinat.

LA POMMERAIE.

Ne le croyez pas.

LABRANCHE.

Justice, monsieur le conseiller! Mon infortuné frère a été assassiné.

LA POMMERAIE.

Je vous affirme que non.

LABRANCHE.

J'irai, s'il le faut, moi, le dernier d'une grande famille en deuil, j'irai avec elle me jeter aux pieds du roi, pour avoir justice.

LA POMMERAIE.

Calmez-vous. J'ai dit un duel, et ce n'est qu'une rencontre, une simple rencontre, un malheur que mon ami déplore, et il serait prêt à tous les sacrifices...

LABRANCHE.

Des sacrifices, monsieur! (*A part.*) Ah! Labranche, mon ami, la tentation te prend au collet. (*A La Pommeraie.*) Et de quelle nature seraient ces sacrifices?

LA POMMERAIE.

Vous n'êtes pas heureux, monsieur?

LABRANCHE.

Non, monsieur, je ne suis pas heureux; mais je porte là un cœur d'honnête homme...

LA POMMERAIE.

Vous ne voudrez pas m'entendre.

LABRANCHE.

Un cœur sensible, pourtant, et je vous écoute.

LA POMMERAIE.

Je n'ose...

LABRANCHE.

Osez, monsieur, osez : deux hommes honnêtes peuvent tout se dire.

LA POMMERAIE.

Voudrait-il de l'argent? (*A Labranche.*) Si deux cents louis...

LABRANCHE.

Quand l'ombre du fils de mon père se lève devant moi, monsieur!

ACTE III, SCÈNE III.

LA POMMERAIE.

Trois cents?

LABRANCHE.

Quand ses mânes demandent vengeance, monsieur!

LA POMMERAIE.

Cinq cents, monsieur, cinq cents louis?

LABRANCHE.

Quand je les entends me crier... (*A part.*) C'est pourtant une jolie somme!

LA POMMERAIE, *à part.*

Je m'étais trompé. (*A Labranche.*) Pardonnez-moi, monsieur; je vous faisais injure. Mais si l'intérêt ne peut rien sur vous, qu'une considération plus élevée vous touche. Je vous parle au nom de l'honneur de votre sœur.

LABRANCHE.

Qu'est-ce à dire?

LA POMMERAIE.

Il est perdu, monsieur, perdu, je vous le jure sur le mien, si cette affaire éclate. Il faut que votre sœur s'éloigne; emmenez-la à l'étranger, en Suisse, en Allemagne...

LABRANCHE, *vivement.*

En Italie!

LA POMMERAIE.

Où vous voudrez. Je mets ma voiture à votre disposition. Avant une heure, procurez-vous des chevaux de poste; mais par tout ce que vous avez de plus sacré, emmenez-la et sauvez son honneur.

LABRANCHE, *à part, en marchant à grands pas.*

Oh! la piquante aventure, que de faire le voyage à la place de Dorante!

LA POMMERAIE, *qui le suit.*

Vous hésitez, monsieur?

LABRANCHE, *de même.*

Consentira-t-elle? Une bonne peur peut la décider, pendant que Dorante plaidera.

LA POMMERAIE, *le suivant toujours.*

Je suis sur les épines.

LABRANCHE, *à part.*

Je prendrai par Turin, avec elle; et, si le cœur lui en dit, il prendra tout seul par Milan.

LA POMMERAIE.

Eh bien!

LABRANCHE.

Eh bien! monsieur, je le ferai pour l'honneur de ma sœur.

LA POMMERAIE.

Que mon ami vous en remercie!

LABRANCHE.

Ne parlez de ce départ à personne!

LA POMMERAIE.

Mon intérêt m'en fait la loi.

LABRANCHE.

Mais, comme vous le disiez, je ne suis pas heureux et... frappé à l'improviste... je n'avais pas pris d'arrangements pour ce voyage.

LA POMMERAIE.

Je vous comprends, monsieur; les cinq cents louis seront dans ma voiture.

LABRANCHE.

Qu'entendez-vous par là? croyez-vous que je puisse les accepter!...

LA POMMERAIE.

Admettez que je n'ai rien dit.

LABRANCHE.

Autrement que comme un prêt.

LA POMMERAIE.

Comme un prêt, monsieur.

LABRANCHE.

Une fois à Rome, je ne dormirai pas, monsieur, que je ne vous aie remboursé sur le premier banquier du monde chrétien, qui est un juif de mes amis.

LA POMMERAIE.

Ici donc, dans une heure?

LABRANCHE.

Pendant l'audience.

LA POMMERAIE.

Pensez aux chevaux de poste.

LABRANCHE.

Et vous, monsieur, à tout ce qui est convenu pour la voiture.

LA POMMERAIE.

Pour Dieu! hâtez-vous, si vous aimez la veuve de votre malheureux frère.

LABRANCHE.

Je l'aime plus que si elle était ma propre sœur : comptez sur moi! (*A part, en s'en allant.*) Je verrai le Capitole!

SCÈNE IV.

LA POMMERAIE.

J'ai eu un rude moment, mais j'en suis quitte. C'est étrange : j'étais de feu pour cette femme, et je ne sais quelle révolution s'est opérée en moi; mais depuis mon crime, je ne l'aime plus du tout. Enfin, me voilà délivré de lui et d'elle. Ah! respirons : personne ne pourra plus m'accuser.

SCÈNE V.

LA POMMERAIE, JULIE.

JULIE.

Si je consens à partir, monsieur.

LA POMMERAIE.

Vous, madame, chez moi !

JULIE.

J'ai voulu vous revoir, et M. Dorante n'a pas pu résister à mes instances.

LA POMMERAIE, *à part.*

Il faut que ce Dorante soit fou.

JULIE.

J'ai pensé qu'il vous serait doux de recevoir mes adieux.

LA POMMERAIE.

Oh ! bien doux, madame !... Ainsi, vous partirez ?

JULIE.

Oui, monsieur ; j'ai tout entendu, et je me résigne à partir, mais seulement avec mon frère.

LA POMMERAIE.

C'est votre protecteur naturel.

JULIE.

Vous me comprenez bien : avec mon frère seulement.

LA POMMERAIE.

Pouvais-je confier à un autre une existence qui m'est si chère ?

JULIE.

Oui, le danger que je cours a été votre seule pensée.

ACTE III, SCÈNE V.

LA POMMERAIE.

Assurément, si je pensais à moi, je vous supplierais de rester.

JULIE, *avec passion.*

Vous n'auriez qu'un mot à dire.

LA POMMERAIE, *vivement.*

Mais je ne pense qu'à vous, madame, qu'à vous seule.

JULIE.

Et moi, je ne mets qu'une condition à mon départ.

LA POMMERAIE.

Laquelle, madame? commandez, mais hâtez-vous; je tremble qu'on ne vienne.

JULIE.

C'est que vous, l'auteur de tous mes maux... car vous êtes l'auteur de tous mes maux.

LA POMMERAIE.

Je le suis. (*A part.*) Il ne faut pas la contrarier.

JULIE.

Vous, qui m'avez conduite à ma ruine... car c'est bien vous, monsieur.

LA POMMERAIE.

Il est vrai. (*A part.*) Je conviendrai de tout ce qu'elle voudra.

JULIE.

Vous ne repousserez pas ma dernière demande.

LA POMMERAIE.

Au nom du ciel, parlez: on peut venir à chaque instant.

JULIE.

Promettez-moi d'être favorable à mon parent.

LA POMMERAIE.

Le docteur Valère? Mais, madame, l'heure de l'audience approche; et, dans le trouble où je suis, puis-je écrire un nouveau rapport?

JULIE.

Et s'il suffisait d'en signer un?

LA POMMERAIE.

Celui de Dorante? Je ne le peux pas, madame; comme magistrat, je ne le dois pas. J'ai ma conviction; jamais!

JULIE.

Alors, je reste.

LA POMMERAIE.

Ah! mon Dieu!

JULIE, *allant s'asseoir.*

Je ne sors pas d'ici.

LA POMMERAIE.

Que faites-vous?

JULIE.

Je ne quitte pas ce fauteuil.

LA POMMERAIE.

Mais on peut vous surprendre chez moi.

JULIE.

On nous surprendra ensemble.

LA POMMERAIE.

Vous arrêter.

JULIE.

On nous arrêtera tous deux.

LA POMMERAIE.

Mais vous vous perdez.

JULIE.

Nous aurons le même sort.

LA POMMERAIE, *à part.*

Oh! les femmes! les femmes! Je ne me suis tiré d'un abîme que pour tomber dans un autre. (*A Julie.*) Allons, je cède, je promets tout ce que vous exigez; je signerai ce qui vous plaira.

JULIE.

Faites-le donc.

LA POMMERAIE.

Je vais le faire... mais on vient, madame, on vient : ah! fuyez, cachez-vous...

JULIE, *qui se lève précipitamment*.

J'ai votre parole.

LA POMMERAIE, *qui la pousse vers l'appartement de Dorante*.

Je vous la donne, mais, je vous en conjure, fuyez!... (*Revenant.*) Si cela dure, je mourrai à la peine.

SCÈNE VI.

LA POMMERAIE, DORANTE, *qui entre par le fond*.

LA POMMERAIE.

Ah! Dorante, c'est toi! quelle frayeur tu m'as causée!

DORANTE.

Je venais te rassurer.

LA POMMERAIE.

Et comment a-t-il pu te passer par la cervelle de conduire cette femme dans ma maison?

DORANTE.

On pouvait se saisir d'elle au Grand-Cerf, et son témoignage te perdait; mais j'espère te délivrer de toute crainte à cet égard.

LA POMMERAIE.

Je te remercie de ta bonne intention; je n'ai plus rien à craindre. J'ai promis de ne m'en ouvrir à personne; mais, à toi, Dorante, je peux te le dire.

DORANTE.

Quoi donc?

LA POMMERAIE.

Son frère l'emmène.

DORANTE.

Comment, son frère?

LA POMMERAIE.

Je veux dire le frère de son mari, de ma victime, ton secrétaire.

DORANTE, *à part.*

Labranche! mais ceci n'était pas convenu.

LA POMMERAIE.

Il est allé se procurer des chevaux de poste, et ils partent tous deux dans une heure; je leur donne ma voiture pour aller en Italie.

DORANTE.

En Italie! (*A part.*) Est-ce que M. Labranche se permettrait de marcher sur mes brisées?

LA POMMERAIE.

C'est peut-être cinq cents louis qu'il m'en coûtera; mais je ne pouvais pas balancer.

DORANTE, *à part.*

Ah! le traître! (*A La Pommeraie.*) Et tu ne t'es pas opposé à ce voyage?

LA POMMERAIE.

Au contraire.

DORANTE.

Mais, moi, je n'y consentirai pas.

LA POMMERAIE.

A l'autre!

DORANTE.

Jamais je ne le souffrirai.

LA POMMERAIE.

Tu veux donc ma ruine?

DORANTE.

Toi, magistrat, tu t'es rendu coupable d'une telle prévarication!

ACTE III, SCÈNE VI.

LA POMMERAIE.

Peux-tu me faire de la morale dans un pareil moment!

DORANTE.

D'un rapt!

LA POMMERAIE.

Mais elle y consent.

DORANTE.

Enlever une femme à...

LA POMMERAIE.

A qui?

DORANTE.

A qui?... à qui?... à son mari.

LA POMMERAIE.

Mais puisque je l'ai tué, son mari, qu'est-ce que tu veux que cela lui fasse?

DORANTE.

N'importe, je ne la laisserai pas partir.

LA POMMERAIE, *hors de lui*.

Eh bien, si tu ne veux pas qu'elle parte avec son frère, c'est moi qui partirai avec elle.

DORANTE.

Toi!

LA POMMERAIE.

J'aime mieux aller avec elle en Italie, que de me livrer tête baissée à l'inévitable scandale qui va m'écraser si elle reste... Je l'aime mieux.

DORANTE, *à part*.

Mais la rage d'aller en Italie prend donc à tout le monde!

LA POMMERAIE.

Oui, j'irai!

DORANTE.

Tais-toi, voici le président.

SCÈNE VII.

LES MÊMES, LE PRÉSIDENT.

LA POMMERAIE, *à part.*

Quel air solennel!

LE PRÉSIDENT, *à La Pommeraie.*

Fermez cette porte, monsieur le conseiller; il est important que nous ne soyons pas entendus.

DORANTE, *à part.*

Je cours surveiller Labranche.

LE PRÉSIDENT, *l'arrêtant.*

Vous n'êtes pas de trop, Dorante.

LA POMMERAIE, *d'une voix altérée, en revenant.*

Parlez, mon cher beau-père.

LE PRÉSIDENT.

Il n'y a ici ni beau-père ni gendre.

LA POMMERAIE, *à part.*

Est-ce qu'il me renie déjà!

LE PRÉSIDENT.

Si jamais j'ai dû être président, c'est aujourd'hui. (*S'avançant gravement vers La Pommeraie.*) Monsieur le conseiller, j'ai découvert le coupable.

LA POMMERAIE.

Vous?

LE PRÉSIDENT.

Et j'ai immédiatement intimé au maître de poste l'ordre de refuser des chevaux à tout le monde.

LA POMMERAIE, *à part.*

J'étouffe.

DORANTE, *à part.*

Me voilà tranquille.

LE PRÉSIDENT.

Je le tiens, monsieur le conseiller. (*Prenant avec force le bras de La Pommeraie.*) Je le tiens.

LA POMMERAIE.

Qui?

LE PRÉSIDENT.

L'assassin.

LA POMMERAIE.

Vous le tenez?

DORANTE, *bas à La Pommeraie.*

Ne va pas te trahir.

LE PRÉSIDENT.

Au moment même où je donnais cet ordre, Crispin le surprenait blotti derrière une porte cochère, vis-à-vis l'auberge du Grand-Cerf.

DORANTE.

Il est arrêté?

LE PRÉSIDENT.

Arrêté, et on nous l'amène.

DORANTE, *bas, à La Pommeraie.*

Cette méprise te sauve.

LA POMMERAIE, *bas, à Dorante.*

Moi, laisser soupçonner un innocent!

DORANTE, *bas, à La Pommeraie.*

Qu'en sais-tu? il n'est peut-être pas plus innocent que toi.

LE PRÉSIDENT.

Et ne croyez pas qu'hier ma justice se fût endormie. Il paraît que je l'avais fait incarcérer; je ne m'en souvenais pas, mais on me l'a rappelé. Car, chose bien étrange, Dorante! il y a comme une lacune dans ma mémoire depuis mon dîner jusqu'à ce matin.

DORANTE.

C'est un effet que j'ai souvent éprouvé après un excès... de travail.

LE PRÉSIDENT.

Je l'avais fait incarcérer avant le crime.

LA POMMERAIE.

Alors, comment peut-il l'avoir commis?

LE PRÉSIDENT.

Mais il s'est échappé.

DORANTE.

Voilà ce qui prouve la préméditation.

LA POMMERAIE, *bas*.

Dorante!...

LE PRÉSIDENT.

Enfin, monsieur le conseiller, il y a eu meurtre... (*A Dorante.*) Et tout ceci pourrait bien se rattacher au complot de Falaise.

DORANTE.

C'est une idée!

LE PRÉSIDENT.

Il y a eu meurtre, le coupable est saisi, et nous allons avoir à juger une affaire capitale. Ah! la Providence me devait ce crime-là à la fin de ma carrière! Vous allez voir, Dorante, comme j'interroge un coupable...

DORANTE.

L'excellente leçon que je vais prendre!

LA POMMERAIE.

Mais ce n'est encore qu'un accusé.

LE PRÉSIDENT.

Comme je l'enveloppe, comme je le secoue sans miséricorde...

DORANTE.

Poussez-le ferme, monsieur le président!

LA POMMERAIE, *bas, à Dorante.*

Ne l'anime donc pas.

LE PRÉSIDENT.

Et de façon, vertubleu! qu'il n'y ait pas pour lui de justification possible.

LA POMMERAIE.

Mais rien n'est certain, et votre impartialité vous impose la loi de le ménager.

LE PRÉSIDENT.

Aussi le ferai-je, monsieur le conseiller; ce n'est pas après cinquante ans d'exercice que vous m'apprendrez mon métier; aussi le ferai-je, et je ne m'écarterai pas une minute des ménagements que la justice doit à un homme dont le crime n'est pas prouvé. (*A Corniquet, qui entre.*) Approche, scélérat!

SCÈNE VIII.

LES MÊMES, CORNIQUET, CAVALIERS DE MARÉCHAUSSÉE, *qui restent au fond.*

CORNIQUET.

Moi, un scélérat, monsieur le président!

DORANTE, *à part.*

Si je le laisse parler, je veux rester muet toute ma vie.

LE PRÉSIDENT.

Approche, et réponds.

LA POMMERAIE.

Modérez-vous!

LE PRÉSIDENT.

Laissez-moi, mon gendre. (*A Corniquet.*) N'as-tu pas proféré, hier matin, des menaces de meurtre contre un gentilhomme et son épouse, logés à l'auberge du Grand-Cerf?

CORNIQUET.

Oui; mais...

DORANTE.

Taisez-vous!

LE PRÉSIDENT.

Tais-toi! N'as-tu pas dit que tu voulais tuer jusqu'à l'aubergiste?

CORNIQUET.

Oui, si...

DORANTE.

Taisez-vous!

LE PRÉSIDENT.

Tais-toi!

LA POMMERAIE, *à part*.

Mais l'accusation devient vraisemblable.

LE PRÉSIDENT.

Ne m'as-tu pas surpris un ordre pour appréhender au corps ladite épouse dudit gentilhomme?

CORNIQUET.

Oui, parce que...

DORANTE.

Taisez-vous!

LE PRÉSIDENT, *montrant Dorante à La Pommeraie*.

Il interroge vraiment bien. (*A Corniquet.*) Quand je t'ai fait arrêter, hier, sous la prévention de mensonge envers la justice, ne t'es-tu pas évadé dans l'intention manifeste d'exécuter tes menaces du matin?

CORNIQUET.

Je n'avais d'autre intention...

DORANTE.

Taisez-vous!

LA POMMERAIE.

Monsieur le président, je ne dois pas souffrir...

LE PRÉSIDENT.

Laissez-moi, mon gendre, je suis sous l'inspiration. (*A Corniquet.*) Tais-toi !

CORNIQUET.

Cette fois je ne disais rien.

DORANTE.

Alors, puisque vous n'aviez rien à dire, taisez-vous !

LE PRÉSIDENT.

N'as-tu pas rôdé autour de l'auberge, comme un témoin l'assure ?

LA POMMERAIE.

Où est-il, ce témoin ?

LE PRÉSIDENT.

Je ne le connais pas, mais il l'affirme.

DORANTE.

Et cela suffit.

LE PRÉSIDENT.

N'as-tu pas rôdé autour de l'auberge, et ne t'y es-tu pas introduit furtivement à l'heure probable où le crime a été commis ?

CORNIQUET.

Je l'avoue; mais je ne savais même pas...

DORANTE.

Taisez-vous !

LE PRÉSIDENT.

Tout cela est donc avéré, prouvé, avoué par toi, et tu n'as pas pu trouver un mot pour te justifier.

CORNIQUET.

Mais vous ne m'avez pas laissé parler.

DORANTE.

Les charges sont accablantes.

LA POMMERAIE, *à part.*

Je me fais horreur à moi-même.

LE PRÉSIDENT, *à Corniquet.*

Ainsi, malheureux, tu as assassiné une femme.

CORNIQUET.

Moi !

LA POMMERAIE, *vivement.*

La victime est une femme ?

LE PRÉSIDENT.

Est-ce que vous croyez que c'est un homme ?

DORANTE.

Tout le monde dit que c'est un homme.

LA POMMERAIE, *à part.*

Il n'est que trop vrai.

LE PRÉSIDENT.

Ainsi, malheureux, tu as assassiné un homme.

CORNIQUET.

Mais je n'ai assassiné ni homme ni femme.

LE PRÉSIDENT.

Il faut cependant bien que ce soit l'un ou l'autre.

CORNIQUET.

A moins que ce ne soit personne !

LE PRÉSIDENT.

C'est impossible, car il n'y aurait pas eu de meurtre, alors.

CORNIQUET.

Eh bien ! il n'y a peut-être pas eu de meurtre.

DORANTE.

C'est plus impossible encore ; est-ce que Crispin ne s'est pas assuré de l'existence du crime ?

LE PRÉSIDENT.

Crispin ! il s'est seulement assuré de la personne du criminel.

CORNIQUET.

Donc, monsieur le président...

ACTE III, SCÈNE VIII.

DORANTE.

Donc vous êtes le criminel, puisque c'est vous qu'il a pris.

LE PRÉSIDENT, *tirant à part La Pommeraie et Dorante.*

Que diable l'accusé veut-il me dire, mon gendre? voilà une objection qui me prend à l'imprévu. Qu'est-ce que vous y répondriez à ma place?

LA POMMERAIE.

Je... je ne sais que répondre.

DORANTE.

Si monsieur le président me permettait d'avoir un avis, je lui conseillerais, afin d'éclaircir le fait, de se transporter, séance tenante, sur le lieu même où l'homicide a été consommé.

LE PRÉSIDENT.

Pour l'y confronter avec ses deux victimes.

CORNIQUET.

Comment, deux?

LE PRÉSIDENT.

J'entends la femme... c'est-à-dire l'homme... enfin, l'une ou l'autre des deux victimes présumées.

LA POMMERAIE, *bas, à Dorante.*

Tout va se découvrir.

DORANTE, *bas, à La Pommeraie.*

Signe mon rapport, et je te tire d'affaire.

LA POMMERAIE, *de même.*

Tu me le jures?

DORANTE.

Sur l'honneur.

LA POMMERAIE, *allant à son bureau, où il signe.*

Au fait, je l'ai promis.

LE PRÉSIDENT, *au fond.*

Attention, messieurs de la maréchaussée! veillez

bien sur l'homme dangereux que vous allez conduire.

CORNIQUET.

Je donnerais deux des plus belles maisons que j'ai au soleil, pour n'avoir jamais intenté de procès à ma femme.

DORANTE, *bas, à Corniquet*.

Retirez votre plainte, et j'arrange tout.

CORNIQUET.

Monsieur le président, je mets au néant la plainte que j'ai portée, je me condamne aux dépens, je me désiste.

DORANTE.

Je prends acte qu'il s'est désisté.

LE PRÉSIDENT.

Il est bien question de ta plainte! suis-moi, scélérat!... Allons, Dorante; venez, La Pommeraie!

SCÈNE IX.

LES MÊMES, CRISPIN, LABRANCHE.

CRISPIN, *qui entre précipitamment en uniforme, à La Pommeraie*.

Arrêtez, monsieur!

LA POMMERAIE, *anéanti*.

Tout est fini!

CRISPIN.

Vous n'avez pas besoin de vous déranger, il ne s'est rien passé au Grand-Cerf.

LA POMMERAIE.

Rien?

LE PRÉSIDENT.

Rien?

ACTE III, SCÈNE IX.

DORANTE.

Rien ?

LABRANCHE.

Absolument rien, monsieur le conseiller; il paraît que ce n'était qu'un faux bruit.

LA POMMERAIE, *à Dorante.*

Et c'est son frère qui...

DORANTE.

J'aurai comme toi une explication à demander au frère de certain gentilhomme.

LABRANCHE.

Monsieur, le coupable s'était repenti avant l'exécution. (*A part.*) Je n'ai pas pu me procurer les chevaux de poste.

LA POMMERAIE, *bas, à Dorante.*

Ah! tu m'as joué!

CORNIQUET.

J'en suis quitte pour la peur; mais je tiens plus que jamais à m'en aller et à me désister, si toutefois monsieur le conseiller ne trouve pas qu'il y ait lieu à suivre le docteur Valère.

LA POMMERAIE, *à Dorante, en voulant déchirer le rapport qu'il vient de signer.*

Je me vengerai.

DORANTE, *bas, à La Pommeraie.*

Arrête, ou je parle!

LE PRÉSIDENT.

Mais qu'est-ce que tout cela prouve en faveur du docteur Valère?

DORANTE.

Une immense vérité; et La Pommeraie ne la niera pas plus que M. Corniquet : c'est que les apparences sont souvent bien trompeuses, et que les circonstances peuvent faire un grand criminel du plus innocent de tous les hommes.

LA POMMERAIE, *à Dorante.*

Ah! traître!...

DORANTE, *à La Pommeraie.*

Allons, un bon mouvement... dans ton intérêt.

LA POMMERAIE, *donnant le rapport à Corniquet.*

Lisez, monsieur.

LE PRÉSIDENT.

Encore une affaire qui s'arrange! En vérité, nous ne sommes pas heureux, mon gendre.

DORANTE.

Oui, lisez cela, monsieur Corniquet; ce ne serait pas mieux, quand je l'aurais écrit moi-même.

CORNIQUET, *après avoir parcouru le rapport.*

De quel poids vous m'avez soulagé! Mais ma femme, monsieur le président, pour Dieu, faites-moi rendre ma femme!

LE PRÉSIDENT.

Est-ce que je la connais, mon brave homme?

LA POMMERAIE, *qui est allé chercher Julie.*

Venez, madame, et recevez les excuses d'un criminel qui se repent.

SCÈNE X.

LES MÊMES, JULIE.

CORNIQUET.

Ma femme ici?

LA POMMERAIE.

Quelle preuve plus forte madame pouvait-elle vous donner de son innocence que de se réfugier dans la maison de son juge?

ACTE III, SCÈNE X.

JULIE, *bas, à La Pommeraie.*

Monsieur, c'est vous venger noblement.

CORNIQUET.

Ah! je suis un grand misérable!

LE PRÉSIDENT, *montrant Julie.*

Dites-moi donc, Dorante, il me semble que j'ai vu quelque part cette personne-là?

DORANTE.

A Falaise?

LE PRÉSIDENT.

Cela pourrait être... Mais non, pourtant : je n'y suis jamais allé.

DORANTE.

Alors, c'est autre part.

CORNIQUET.

Je n'ai donc plus qu'à demander grâce. (*Tombant à genoux.*) Me pardonnes-tu, Julie?

JULIE.

Je n'ai jamais eu qu'un tort avec vous, monsieur : celui de vous rendre trop heureux.

CORNIQUET.

Mais vous ne me forcerez pas à conserver M. Valère comme docteur?

JULIE.

Tyran que vous êtes, je ne devrais pas céder.

LABRANCHE.

Faites-le, madame, à la condition qu'il prendra M. Dorante pour avocat.

CORNIQUET.

De grand cœur!

JULIE, *à son mari, en lui abandonnant sa main.*

Suis-je assez bonne?

CRISPIN, *bas, à Labranche.*

Tu crois pourtant qu'il est.....

LABRANCHE, *de même, à Crispin.*

Et battu, par-dessus le marché.

CORNIQUET, *avec effusion, après avoir baisé la main de sa femme.*

Je suis content!

FIN DU CONSEILLER RAPPORTEUR.

CHARLES VI

OPÉRA EN CINQ ACTES,

EN SOCIÉTÉ AVEC M. G. DELAVIGNE,

REPRÉSENTÉE SUR LE THÉATRE DE L'ACADÉMIE ROYALE DE MUSIQUE,
LE 15 MARS 1843.

PERSONNAGES.

CHARLES VI.	MARCEL.
LE DAUPHIN.	UN ÉTUDIANT.
LE DUC DE BEDFORT.	UN SOLDAT.
RAYMOND.	LIONEL, officier anglais.
L'HOMME DE LA FORÊT DU MANS.	LOUIS D'ORLÉANS,) personnages JEAN-SANS-PEUR, } fantastiques.
TANGUY DUCHATEL.	CLISSON,
DUNOIS.	ISABELLE DE BAVIÈRE.
LAHIRE.	ODETTE, fille de Raymond.
SAINTRAILLES.	LE JEUNE LANCASTRE, personnage muet.

CHEVALIERS FRANÇAIS ET ANGLAIS. — SEIGNEURS ET DAMES DE LA COUR. — SOLDATS FRANÇAIS ET ANGLAIS, PAGES, BOURGEOIS, ÉTUDIANTS, PEUPLE, etc., etc., etc.

ACTE PREMIER

Le théâtre représente l'intérieur d'une métairie. Une porte au fond, deux fenêtres et deux portes latérales.

SCÈNE I.

RAYMOND, ODETTE, MARCEL, LUDGER,
BATELIERS, PAYSANS ET PAYSANNES.

Un groupe de jeunes filles entourent Odette, qui rêve tristement ; des parures, des corbeilles de fleurs sont déposées près d'elle.

CHŒUR DE JEUNES FILLES, *à Odette.*

Tu pars, adieu, te voilà grande dame :
Tu manqueras sous l'orme où nous dansons,

Sur la rivière où le bruit de la rame
  Se mêle à nos chansons.
Du bon vieux roi consolant la folie,
Ne rêve plus aux chants du batelier ;
Pour être heureux, que ton cœur les oublie,
  Mais sans nous oublier.

ODETTE.

Une si chère souvenance
Ne reviendra que trop m'attrister à la cour ;
C'est le mal du pays, et je le sens d'avance.

RAYMOND.

Moins, j'imagine, que l'absence
De certain écuyer qui te parlait d'amour,
Plus de tristesse, enfant ; la noce à ton retour !
  N'as-tu pas foi dans sa constance ?

ODETTE.

Pauvre Charles.

RAYMOND.

Ce nom ne porte plus bonheur.

MARCEL.

C'est celui du Dauphin !

LUDGER.

Du roi !

RAYMOND.

L'antique honneur
De ce beau nom qu'en pleurant on révère
  Pour tous les deux s'est éclipsé.
Cri de joie et d'orgueil, amis, au temps passé.
Il ne rappelle plus que souffrance et misère.

ODETTE.

Malheureux fils, malheureux père !
L'un est proscrit, l'autre insensé.

RAYMOND.

Qu'un beau jour le tocsin vienne à se faire entendre,

ACTE I, SCÈNE I.

Et de leurs ennemis le règne sera court,
(En regardant une épée pendue à la muraille.)
    Ma bonne lame d'Azincourt,
    Quand donc pourrai-je te reprendre?

ODETTE, *bas, à Raymond*.

Agissez, et ne parlez pas.

RAYMOND.

Eh bien! je me tairai; mais tandis que mon bras
    Attend le jour de la vengeance,
  Va consoler ton maître, ton parrain,
Ce pauvre fou royal tant aimé de la France.
(Aux paysans.)
Quand de son corps chez nous il traînait la souffrance,
    Odette seule égayait son chagrin;
N'y pouvant plus venir, il l'attend, il l'appelle,
La veut comme un enfant.

MARCEL.
                  Vous nous quittez aussi?

RAYMOND.

  Les jours me durent tant loin d'elle!
    D'ailleurs mon bras se rouille ici.
Devant l'hôtel Saint-Paul je roule ma futaille,
Pour vendre à tout venant mon vin et mes chansons,
    En donnant gratis mes leçons
A qui veut s'escrimer et d'estoc et de taille,
Surtout contre l'Anglais.

ODETTE, *à Raymond*.
         Encor!

RAYMOND.
               J'y perds ma peine;
C'est malgré moi.
(On entend le son du cor.)
    Quel bruit?

LUDGER.

La reine
Et ce damné Bedfort parcourent nos forêts.
La nuit, ils donnent bal ; le jour, ils sont en chasse ;
Entendez-vous le cor ? Tous deux ils font main basse
Sur le gibier du roi.

RAYMOND.

Comme sur ses sujets.
Que ne puis-je, en chantant d'une voix de tonnerre,
    A la face leur jeter
    Ce vieux refrain de guerre
Que Charle au temps jadis aimait à répéter !

ODETTE, *qui l'arrête.*

Toujours !

RAYMOND.

Allons, allons, va te parer, Odette,
    Et ma langue sera muette
    Si saint Denis veut m'assister.

CHOEUR DE JEUNES FILLES.

Tu pars, adieu ! te voilà grande dame, etc., etc.

(Odette sort avec les jeunes filles.)

SCÈNE II.

RAYMOND, LES PAYSANS.

RAYMOND.

Je suis seul, partant libre, et sans que je déplaise
    Au plus grand saint du Paradis,
    Contre ces étrangers maudits
    Je puis m'en donner à mon aise.
    Honte et malheur sur eux !

CHOEUR DES PAYSANS.

Oui, malheur !

MARCEL.
Chantez-nous
Cette vieille chanson française ;
Raymond, vous nous connaissez tous.
RAYMOND.
Va pour notre chanson française ;
Au refrain je compte sur vous.
LE CHOEUR.
Chantez donc et comptez sur nous.
RAYMOND.
La France a l'horreur du servage,
Et, si grand que soit le danger,
Plus grand encore est son courage,
Quand il faut chasser l'étranger.
Vienne le jour de délivrance,
Des cœurs ce vieux cri sortira :
Guerre à l'Anglais ! Jamais en France,
Jamais l'Anglais ne régnera.
LE CHOEUR.
Guerre à l'Anglais ! Jamais en France, etc., etc.,

SCÈNE III.

LES PRÉCÉDENTS, LE DAUPHIN, *sous l'habit d'un écuyer*, puis LIONEL *et les* ANGLAIS.

LE DAUPHIN.
Courage, amis !
LE CHOEUR.
C'est Charle !
LE DAUPHIN.
Oui, moi-même, et je viens
Entonner avec vous votre chanson guerrière.
RAYMOND.
Quoi, Charles, tu la sais ! qui te l'apprit ?

LE DAUPHIN.

Mon père;
Voyez tous si je m'en souviens.
Réveille-toi, France opprimée,
On te crut morte et tu dormais;
Un jour voit mourir une armée,
Mais un peuple ne meurt jamais.
Pousse le cri de délivrance,
Et la victoire y répondra :
Guerre à l'Anglais! Jamais en France,
Jamais l'Anglais ne régnera.

RAYMOND *et* LES PAYSANS.

Guerre à l'Anglais! Jamais en France,
Jamais l'Anglais ne régnera.

LIONEL, *qui est entré avec des soldats anglais
à la fin du chant.*

Taisez-vous, insolents!

CHŒUR DE PAYSANS.

Ce sont eux!

LIONEL, *au Dauphin.*

Par saint George!
Silence! ou tu meurs de ma main,
Et ce fer, dans ta gorge,
Fait rentrer ton refrain;
Qui l'ose répéter tombe à mes pieds.

LE DAUPHIN.

Je l'ose.

LIONEL.

Toi!

RAYMOND, *s'élançant vers son épée, qu'il saisit
et qu'il tire.*

Lui. Ma bonne épée, à moi!
Sors du fourreau pour notre cause.

LIONEL, *au Dauphin.*

Qui, toi! tu l'oserais?

ACTE I, SCÈNE III.

LE DAUPHIN.

Je l'ose.

RAYMOND.

Chante, et mort au premier qui fait un pas vers toi!

LE DAUPHIN.

En France jamais l'Angleterre
N'aura vaincu pour conquérir.
Ses soldats y couvrent la terre,
La terre doit les y couvrir.

ENSEMBLE.

(Les paysans se sont fait une arme de tout ce qu'ils ont trouvé sous leur main.)

CHOEUR DES ANGLAIS.	CHOEUR DES PAYSANS.
Arrête, arrête;	Non, chante, chante;
Crains pour ta tête,	Leur épouvante
Qui tombera!	Les contiendra.

LE DAUPHIN.

Poussons le cri de délivrance,
Et la victoire y répondra :

(Tirant son épée pour s'élancer dans la mêlée.)

Guerre à l'Anglais! Jamais en France,
Jamais l'Anglais ne régnera!

RAYMOND ET LES PAYSANS.

Guerre à l'Anglais! Jamais en France,
Jamais l'Anglais ne régnera!

LIONEL ET LES ANGLAIS.

L'Anglais est maître de la France,
L'Anglais en maître y régnera.

ENSEMBLE.

CHOEUR DES ANGLAIS.	CHOEUR DES PAYSANS.
Il savait d'avance	Ils savaient d'avance
Son sort;	Leur sort :
Pour tant d'arrogance	Celui qui s'avance
La mort.	Est mort.

CHOEUR GÉNÉRAL *des deux partis prêts à se jeter l'un sur l'autre.*

Mort et vengeance!
Vengeance et mort!

CHŒUR, *en dehors.*
La fanfare de chasse
Retentit dans les bois ;
La meute est sur la trace ;
Le cerf est aux abois.

(Les deux partis s'arrêtent tout à coup, en posant les armes.)

LIONEL, *qui a couru vers la fenêtre.*
Bedfort !

RAYMOND.
La reine !

LE DAUPHIN, *à Raymond.*
A ses yeux cachez-moi ;
Sans danger je n'y puis paraître.

RAYMOND, *au Dauphin, en lui montrant la chambre qui fait face à celle d'Odette.*
Là, là, cache-toi là.

(A part, quand le Dauphin est sorti.)
D'où vient donc son effroi ?
Comment la reine et lui peuvent-ils se connaître ?

SCÈNE IV.

LA REINE, BEDFORT, ODETTE, RAYMOND, LIONEL, CHEVALIERS ANGLAIS, PAGES, PIQUEURS.

CHŒUR.
La fanfare de chasse
Retentit dans les bois ;
La meute est sur la trace.
Le cerf est aux abois.
Vainement par sa fuite
Il a cru te tromper ;
Chasseur, à ta poursuite
Il ne peut échapper.

LA REINE, *à Bedfort.*

Vous approuvez le soin qui sous ce toit m'amène;
Laissez-moi le remplir en me quittant, mylord;
Je vous rends au plaisir.

BEDFORT.

Un désir de la reine
Est un ordre pour Bedford;
Mais au moins de votre présence
Ce soin ne peut longtemps nous dérober l'honneur.
Fixez un rendez-vous à notre impatience.

LA REINE.

Sous le chêne du grand veneur,
Au rendez-vous où le plaisir m'appelle,
Je vous suis dans une heure.

BEDFORT.

Et j'y serai fidèle.

(Aux gens de sa suite.)

A cheval, à cheval, chasseur,
Qu'à notre voix le bruit du cor réponde;
De nos limiers que le cri s'y confonde,
A cheval, à cheval, chasseur,
Et rendez-vous pour tout le monde
Sous le chêne du grand veneur!

CHŒUR.

La fanfare de chasse, etc., etc.

(Ils sortent.)

SCÈNE V.

LA REINE, ODETTE, RAYMOND, JEUNES FILLES, PAYSANS.

LA REINE, *à Raymond, en montrant Odette.*

C'est votre fille?

RAYMOND.

Oui, reine.

LA REINE, *à Odette.*
Approchez-vous.
(A Raymond et aux paysans.)
Sortez.

ENSEMBLE.

RAYMOND, *bas, aux paysans.*	LES PAYSANS.
Évitez	Évitons
Sa présence,	Sa présence,
Et sortez	Et sortons
En silence.	En silence.

SCÈNE VI.

LA REINE, ODETTE.

LA REINE, *à Odette qui s'agenouille devant elle.*
Votre âge?

ODETTE.
Dix-huit ans.

LA REINE.
Si jeune!

ODETTE.
Dieu parfois
Pour son œuvre ici-bas d'un enfant a fait choix.

LA REINE.
Pourvu qu'aux volontés de ce souverain maître
Il soit docile, cet enfant.

ODETTE.
Je le suis.

LA REINE.
Levez-vous, et vous allez connaître
Ce que Dieu vous prescrit et ce qu'il vous défend.

DUO.
Respect à ce roi qui succombe!
L'infortune ajoute à ses droits;

ACTE I, SCÈNE VI.

Elle est, sur le bord de leur tombe,
Un second sacre pour les rois.

ODETTE.

Ma vie à ce roi qui succombe!
Dans mon cœur sont gravés ses droits;
Puissé-je arracher à la tombe
Le plus infortuné des rois!

LA REINE.

D'un être aimé tout inquiète :
Ce qu'il fait je veux le savoir;
Chaque mot qu'il prononce, Odette,
Me le redire est un devoir.
Dieu le prescrit.

ODETTE.

Je ferai mon devoir.

LA REINE.

Ne permettez pas qu'un fantôme
Se consume en graves projets;
Parlez-lui peu de son royaume,
Et moins encor de ses sujets.
Dieu le défend.

ODETTE.

Reine, je me soumets.

LA REINE.

Un vain reste d'intelligence
De ses maux aigrit le poison;
Égayez plutôt sa démence
Que de rappeler sa raison.
Dieu le prescrit.

ODETTE.

Et j'obéis d'avance.

LA REINE.

Qu'il oublie enfin quand je veux;
Et quand je veux qu'il se souvienne,
En esclave qu'il m'appartienne;

Plus libre, il serait malheureux.
Dieu le défend.

ODETTE.

Reine, qu'il soit heureux.

ENSEMBLE.

LA REINE.	ODETTE.
Respect à ce roi qui succombe, etc.	Ma vie à ce roi qui succombe, etc.

LA REINE.

Mais que vois-je? ô ciel! cette chaîne,
Ces fleurs de lis d'azur et d'or,
De qui les tenez-vous?

ODETTE.

Moi, reine?

LA REINE.

Qui vous fit don de ce trésor?
Le roi?

ODETTE.

Non.

LA REINE.

Qui donc?

ODETTE.

Un jeune homme.

LA REINE.

Un amant?

ODETTE.

Bientôt un époux.

LA REINE.

Son âge?

ODETTE.

Le mien.

LA REINE.

Il se nomme?

ODETTE.

Charle.

ACTE I, SCÈNE VI.

LA REINE.
En quel lieu le voyez-vous?
ODETTE.
Ici.

LA REINE.
Vient-il ce soir?
ODETTE.
Peut-être.

LA REINE.
Il faut l'y retenir.
ODETTE.
Pourquoi?
LA REINE.
Pour le livrer.

ODETTE.
Lui!
LA REINE.
C'est un traître.
ODETTE.
Lui!

LA REINE.
C'est un ennemi du roi.

ENSEMBLE.

LA REINE.	ODETTE.
Le sort me l'abandonne,	Moi, que je l'abandonne
Ce proscrit détesté;	A son bras irrité!
Aux Anglais la couronne,	Quel devoir me l'ordonne?
A moi la royauté!	L'a-t-il donc mérité?

ODETTE.
Et sans mourir j'ai pu l'entendre!
LA REINE, *à part.*
Courons où Bedfort doit m'attendre.
(A Odette.)
Adieu, je pars, adieu;
Obéissez, et Dieu
Le livre en ma puissance.

ODETTE.

Le livrer à vos coups!
De mon obéissance,
Reine, qu'exigez-vous?

LA REINE.

Obéissez! Dieu vous l'ordonne.

ENSEMBLE.

LA REINE.	ODETTE.
Le sort me l'abandonne,	Eh bien! je l'abandonne
Ce proscrit détesté;	A ce bras irrité;
Aux Anglais la couronne,	Traître envers la couronne,
A moi la royauté!	Il l'a trop mérité.

(La reine sort.)

SCÈNE VII.

ODETTE, *seule*.

Quoi! lui que j'aimais, lui que j'aime!
Il trahit son roi! S'il l'a fait,
Au glaive il s'est livré lui-même;
Point de pitié pour son forfait.

(En tombant assise.)

Ah! qu'il ne vienne pas!

SCÈNE VIII.

ODETTE, LE DAUPHIN.

LE DAUPHIN, *à part*.

Approchons; qu'elle est belle!
Ou ce soir, ou jamais.

(Haut.)

Odette!

ODETTE.

Qui m'appelle?

ACTE I, SCÈNE VIII.

LE DAUPHIN.

Moi.

ODETTE.

C'est vous, grand Dieu!

LE DAUPHIN, *lui prenant la main.*

Quel effroi
Vous inspire un amant fidèle?
Que pouvez-vous craindre de moi?

ODETTE, *qui s'éloigne en retirant sa main.*

Laissez-moi, Charles, laissez-moi.

DUO.

LE DAUPHIN.

Gentille Odette, eh quoi! la peur t'agite!
D'où vient ce trouble à mon retour?
Que sur le mien ton cœur tremblant palpite,
Il ne battra plus que d'amour.

ODETTE.

Vous causez seul le trouble qui l'agite;
Ce cœur maudit votre retour.
Pourquoi faut-il que de crainte il palpite,
Quand il devrait battre d'amour?
Je vous connais!

LE DAUPHIN.

Est-il possible?

ODETTE.

C'est donc vrai?

LE DAUPHIN.

Pardonne-moi!

ODETTE.

Non.

LE DAUPHIN.

A mon repentir sois sensible.

ODETTE.

Pour un traître point de pardon!

LE DAUPHIN, *la poursuivant.*
Viens dans mes bras, toi que j'adore.
ODETTE, *qui l'arrête.*
Non.
LE DAUPHIN.
Je t'arracherai le pardon que j'implore.
ODETTE.
Je veux vous fuir; je pars.
LE DAUPHIN.
Toi, partir!
ODETTE.
Je le doi...
Il m'attend.
LE DAUPHIN.
Qui?
ODETTE.
Celui que je révère,
Que je vais consoler dans sa noble misère.
LE DAUPHIN.
Pour t'arracher à moi quel est-il donc?
ODETTE.
Le roi!
LE DAUPHIN, *qui recule et tombe un genou en terre.*
En respect mon amour se change :
Reste pure, Odette, et sois l'ange
De tes rois et de ton pays!
Pour eux c'est en toi que j'espère;
L'ange qui va sauver le père
Sera respecté par le fils.
ODETTE.
Son fils, que dites-vous? son fils!
LE DAUPHIN, *en se relevant.*
Je le sais.

ACTE I, SCÈNE VIII.

ODETTE.
Le dauphin de France!

LE DAUPHIN.
C'est moi.

ODETTE.
Vous, mon maître et seigneur,
C'est vous!... Ah! pauvre fille, et dans mon ignorance
J'aimais... Pour mon amour il n'est plus d'espérance.
(Elle cache sa tête dans ses mains pour étouffer ses sanglots.)

LE DAUPHIN.
En renonçant à mon bonheur,
Je t'aimerai sans espérance.

ODETTE.
Non, je n'ai rien dit : oubliez
Un transport douloureux que je n'ai pu contraindre;
Le dernier cri d'un cœur où l'amour doit s'éteindre
Vient de s'exhaler à vos pieds.
(Elle s'incline.)
En respect cet amour se change,
O mon Dieu, fais que je sois l'ange
De mes rois et de mon pays,
Fais, Dieu puissant en qui j'espère,
Que par les bras mourants du père
Je voie un jour bénir le fils.

ENSEMBLE.

LE DAUPHIN.
Dieu, mets un terme à tant de maux;
Fais que cet ange en qui j'espère
Rende la vie à mon vieux père,
Et la victoire à nos drapeaux!

ODETTE.
Dieu, mets un terme à tant de maux;
Que ton pouvoir en qui j'espère
Rende la vie à son vieux père,
Et la victoire à nos drapeaux!

ODETTE.
Mais l'étranger chante victoire;
Prince, à quoi perdez-vous vos jours?

LE DAUPHIN.
Ta voix me réveille, et la gloire
Avec toi sera mes amours.
ODETTE.
N'aimez qu'elle, ô mon maître !
LE DAUPHIN.
On m'a dit qu'une femme
A mes côtés lèverait l'oriflamme,
Et qu'alors je vaincrais toujours.
ODETTE.
Hé bien ! je serai cette femme !
LE DAUPHIN.
Quel qu'en soit le danger pour moi,
Je veux revoir mon père.
ODETTE.
A Paris ?
LE DAUPHIN.
L'entreprise
Réussira.
ODETTE.
Comment ?
LE DAUPHIN.
Par toi.
ODETTE.
C'est mon vœu.
LE DAUPHIN.
Si je puis reconquérir le roi,
La France est reconquise.

ENSEMBLE.

LE DAUPHIN.
Dieu, mets un terme à tant de maux ;
Fais que cet ange en qui j'espère
Rende la vie à mon vieux père,
Et la victoire à nos drapeaux.
ODETTE.
Dieu, mets un terme à tant de maux ;
Que ton pouvoir en qui j'espère
Rende la vie à son vieux père,
Et la victoire à nos drapeaux.

ODETTE.
Écoutez... malheureuse! ah! c'est moi qui vous livre.
LE DAUPHIN.
A qui donc?
ODETTE.
Aux Anglais.
LE DAUPHIN.
Que dis-tu?
ODETTE.
Les voici.
LE DAUPHIN.
Plutôt cesser de vivre
Que dans leurs mains tomber ici.
ODETTE.
Ne sortez pas.
LE DAUPHIN.
La nuit est sombre,
Et ces bois pourront me cacher.
ODETTE.
Non, j'entends des chevaux le galop s'approcher :
Et le cor de plus près a retenti dans l'ombre.
LE DAUPHIN, *s'élançant vers la porte.*
Je veux...
ODETTE, *qui se jette au-devant de lui.*
Si vous sortez, croyez-en ma terreur,
Vous êtes mort...
LE DAUPHIN.
Qu'importe?
ODETTE.
Ou captif.
LE DAUPHIN.
O fureur!
Quoi, plus d'espoir!
ODETTE.
Un seul peut-être.

LE DAUPHIN.

Lequel?

ODETTE.

Oui, par cette fenêtre
Qui domine les eaux, vous leur échapperez.

LE DAUPHIN.

Mon salut sera ton ouvrage.

ODETTE.

Fixez bien cette écharpe où vous vous suspendrez.

LE DAUPHIN.

Ne crains rien.

ODETTE.

Pour vos jours sacrés
Je crains tout.

LE DAUPHIN.

Votre barque?...

ODETTE.

Attend près du rivage.

LE DAUPHIN.

Que Dieu
Veille sur ton innocence,
Ma seconde providence,
Adieu!

ODETTE.

Il fuit, l'onde l'emporte.

LE DAUPHIN, *en dehors*.

Adieu!

ODETTE, *à genoux, et avec un transport de joie*.

Que Dieu
Vous dérobe à leur vengeance,
Du trône auguste espérance,
Adieu!

(La porte du fond s'ouvre, Bedfort et les Anglais se précipitent sur la scène. La toile tombe.)

ACTE DEUXIÉME

(Un salon éblouissant de lumières à l'hôtel Saint-Paul. Isabelle de Bavière, Bedfort et la cour sont assis. Un orchestre est disposé sur un des côtés du théâtre. Des chanteurs et des chanteuses, leur papier à la main, viennent d'exécuter un morceau que l'orchestre achève. On se lève pour les féliciter.)

SCÈNE I.

ISABELLE DE BAVIÈRE, LE DUC DE BEDFORT, SEIGNEURS ANGLAIS ET FRANÇAIS, DAMES DE LA COUR, CHANTEURS, CHANTEUSES, ETC., ETC.

CHOEUR.
Gloire au maître, gloire aux chanteurs !
Art divin, céleste harmonie !
A des accords plus enchanteurs
Jamais la voix ne s'est unie.

ISABELLE, *bas, à Bedfort.*
Mylord, lisez cet acte entre nous arrêté.
A votre jeune maître il transmet la couronne
D'un fils ingrat, pour lui déshérité.

BEDFORT, *de même, à Isabelle.*
Les droits qu'il nous transmet, c'est à vous qu'il les donne :
A vous le pouvoir tout entier !

ISABELLE, *aux musiciens.*
Vous vous taisez, on vous écoute encore ;
Chantez la villanelle où notre Alain Chartier
Compare l'enfance à l'aurore.

LE CHOEUR.
Silence ! ils vont chanter encore.

VILLANELLE.

Quand le soleil
Montre en riant
Son front vermeil
A l'orient,

Les champs, les cieux
Lui font accueil,
Et tout joyeux
Quittent leur deuil;

Tiède frisson
Passe dans l'air;
Chaque buisson
Chante son air;

Et jour qui luit
Rit sur les fleurs,
Où de la nuit
Brillent les pleurs.

La joie ainsi
Va triomphant
Du noir souci
Chez un enfant.

Aube d'été
Moins a d'attrait
Que sa gaité
Qui reparaît;

Du mal passé
Ne se souvient;
Ombre a cessé
Et jour revient;

Comme les fleurs
L'enfant joyeux
Rit, quand les pleurs
Sont dans ses yeux.

ISABELLE.

Les doux sons! l'aimable peinture!
Vos accents m'ont ravie.

(Bas à Bedfort.)

Hé bien?

BEDFORT.

A cet acte il ne manque rien
Qu'une royale signature.

ISABELLE.

Il signera ce soir.

BEDFORT.

Acte équitable, humain!
Le royaume par vous redeviendra tranquille!
Et, la couronne au front, le prince anglais, demain,
Entrera dans sa bonne ville.

ISABELLE.

Oui, dès demain.

BEDFORT, *haut*.

Cédez, reine, au désir de tous :
Daignez aussi vous faire entendre.

ISABELLE.

Vous le voulez? Comment nous en défendre?
Nos hôtes bien-aimés ont tout pouvoir sur nous.

(Elle prend un papier de musique et chante.)

L'aube de notre jeune âge
Ressemble à celle du jour;
Chagrin d'enfance et d'amour
Se ressemblent davantage.

L'amant, loin de son doux bien,
Tombe en tristesse profonde :
Pour lui rien n'est plus au monde,
Plus n'est rien.

Sa peine est si douloureuse
Que mourir on le verrait,
Si d'une peine amoureuse
    On mourait.

L'aube de notre jeune âge, etc., etc.

Mais de son mal il guérit
Sitôt que revient sa reine;
Il la voit sourire à peine
    Qu'il sourit.

Un si doux transport l'oppresse
Que mourir on le verrait,
Si d'une amoureuse ivresse
    On mourait.

L'aube de notre jeune âge, etc., etc.

CHOEUR.

Pour charmer les sens et les cœurs
Par une céleste harmonie,
Jamais à des sons enchanteurs,
Voix plus pure ne s'est unie.

ISABELLE.

Au concert succède le bal;
Entre mille beautés choisissez la plus belle,
    Chevaliers, cet heureux signal
Ouvre aux plaisirs une lice nouvelle.

BALLET.

(On exécute plusieurs danses du temps; les trois portes du fond s'ouvrent, et l'on voit une table servie avec une splendeur royale. Un maître de cérémonies s'avance; la reine se lève, présente la main à Bedfort, et s'adressant aux seigneurs qui l'environnent.)

Mylords, messieurs, le banquet nous attend.

CHOEUR.

Nuit charmante, où d'ivresse
On change à chaque instant!

ACTE II, SCÈNE II.

Sitôt qu'un plaisir cesse
Un autre nous attend.

(Tous les convives entrent dans la salle du banquet; les trois portes se referment, et le salon de bal reste désert.)

SCÈNE II.

CHARLES. *Il s'avance à pas lents, les cheveux et les vêtements en désordre.*

J'ai faim !...Que font-ils donc? tout le monde m'oublie?
Odette aussi! D'où vient que le bruit a cessé?
Ils ont craint ma raison; mais plus je suis sensé,
    Plus j'ai pitié de la folie.
    J'ai chanté comme eux, j'ai dansé,
(Regardant autour de lui.)
Ici, dans ce salon, ici même...

(S'arrêtant devant un portrait de la reine.)
                            avec elle,
Qui belle et tendre alors...

(Détournant la tête tristement.)
            Elle n'est plus que belle,
Je ris, car, ce soir-là, je me faisais un jeu
    D'intriguer mainte damoiselle
    Que mon masque effrayait un peu...
(Avec épouvante, en s'enfuyant.)
Au feu! sauvez le roi! le roi se meurt; au feu!
    Un réseau de feu l'environne!
(Il s'arrête.)
Rien, non, rien! quel danger cause donc votre effroi?
    Pourquoi ce cri : Sauvez le roi?
    Ici qui donc est roi? personne...
Aujourd'hui, mais alors... je cherche et je ne puis
Me rappeler celui qui portait la couronne.
Je l'ai connu pourtant... il sera mort depuis.

C'est grand'pitié que ce roi, que leur père,
Leur bien-aimé, soit mort si promptement.
Les malheureux riaient en le nommant,
Car sa bonté consolait leur misère.
Ah! s'il vivait, j'irais dire à ce roi :
Je souffre aussi ; prenez pitié de moi.

CHOEUR, *en dehors*.

Plus de haine! plus de guerre!
Rivaux pour toujours amis,
Buvons, buvons, à plein verre,
Au bonheur des deux pays.

CHARLES.

Quel bruit!

(Il se dirige vers la salle du banquet, et s'arrête.)

Mais non, je n'ose : elle est là, cette reine.
Son regard tue: un jour que fixé sur le mien
Il me perçait le cœur, je suis mort de ma peine;
Ce roi, c'était moi-même, oui, moi, je m'en souviens.

Quand vous verrez la tombe où je sommeille,
Priez, passants, priez et parlez bas!
On dit toujours : Les morts ne souffrent pas.
Je souffre, moi, sitôt qu'un bruit m'éveille.
Vous qui m'aimiez au temps où j'étais roi;
Je souffre encor : passants, priez pour moi.

(Il tombe assis, et, les coudes appuyés sur la table, il se met à pleurer
en cachant sa tête dans ses mains.)

CHŒUR, *en dehors*.

Plus de haine! plus de guerre!
Rivaux, pour toujours amis,
Buvons, buvons, à plein verre,
Au bonheur des deux pays!

SCÈNE III.

CHARLES, ODETTE.

ODETTE, *à part*.

C'est lui !... toujours pleurant !... mais sa douleur amère
  En m'écoutant s'adoucira,
S'il comprend que demain, au jardin de mon père,
Le Dauphin, que je quitte, en secret l'attendra.
  (Au roi.)
Sire !... Il ne m'entend point !... Sire, c'est votre Odette,
  Parlez-lui.

CHARLES.

  La tombe est muette.
Les morts ne parlent pas.

ODETTE, *qui s'approche et place sa main sur le cœur du roi.*

  Ce cœur bat, il regrette
Quelqu'un que vous aimez.

CHARLES.

  Non, les morts n'aiment rien.

ODETTE.

Votre jeune et vaillant soutien,
Qui vous chérit plus que lui-même.

CHARLES.

Les morts, personne ne les aime.
Quelques larmes sur eux ! et puis dormez en paix !
Et puis l'oubli.

ODETTE.

  Ne pourrai-je jamais
Écarter cette idée !
  (A Charles.)
  Ah ! qu'un ciel sans nuage

Pour les regards est doux! et quelle volupté
    De se ranimer sous l'ombrage
    A l'air pur de la liberté!

L'automne s'envole si vite!
Demain nous irons, au réveil,
Voir sa dernière marguerite
Fleurir sous son dernier soleil.

        CHARLES, *en souriant.*
L'automne s'envole si vite!
Demain nous irons, au réveil,
Voir sa dernière marguerite
Fleurir...
        (Retombant dans sa tristesse.)
    Mais pour les morts il n'est fleur ni soleil.
        ODETTE, *à part.*
Comment donc l'arracher à ce morne sommeil?
        (Apercevant des cartes sur la table.)
O bonheur!
        (A Charles.)
Regardez.
        CHARLES, *se levant.*
        Des cartes! ce sont elles,
Les miennes...
        ODETTE.
    Il renaît.
        CHARLES.
        Que de ses mains cruelles
La reine vint m'ôter quand je désobéis.
        ODETTE.
Le Dauphin, s'il l'eût vu, ne l'aurait pas permis.
        CHARLES, *en s'adressant aux cartes.*
Hector, Ogier! mes féaux, mes fidèles,
    Votre roi vous retrouve enfin:
Aux armes pour sa cause!

ODETTE.

Imitez le Dauphin.

CHARLES.

Frappez et d'estoc et de taille!
(Divisant les cartes en deux parties.)
Pour nos soldats le rouge, et le noir pour les leurs.
(A Odette.)
Joue avec moi.

ODETTE, *à part*.

D'abord il faut sécher ses pleurs;
Plus tard il m'entendra.

CHARLES, *qui présente à Odette la moitié
des cartes.*

Bataille!

ODETTE.

Eh bien, bataille!

DUO.

ODETTE.

A la victoire, où nous courons,
Je guide à travers la poussière
Des Anglais les noirs escadrons :
Sonnez, clairons!

CHARLES.

Moi, les Français, comme aux beaux jours
Où de leur sanglante bannière
Les couleurs triomphaient toujours.
Battez, tambours!

ODETTE, *posant une carte sur la table.*

Ogier!

CHARLES, *qui prend.*

Judith est la plus forte.

ODETTE.

Un dix!

CHARLES.

Un as!

ODETTE.
J'ai du malheur.
CHARLES, *radieux*.
Un contre dix, et je l'emporte!
ODETTE.
Le nombre cède à la valeur.
CHARLES.
Jette un guerrier dans la carrière.
ODETTE.
David!
CHARLES.
Il a le sort d'Ogier :
Pris!
ODETTE.
Votre fureur meurtrière
Aux miens ne fait aucun quartier.
CHARLES
Il faut qu'en pièces je les taille.
ODETTE.
Encore à vous!
CHARLES.
Toujours à moi!
ODETTE.
Non pas!
CHARLES.
C'est vrai : roi contre roi!
ODETTE
Bataille, sire!
CHARLES.
Eh bien, bataille!
Voici le plus beau de mes jours :
Encore un effort héroïque,
Ils sont écrasés pour toujours.
Battez, tambours!

ACTE II, SCÈNE III.

ODETTE, *montrant la dernière carte qui lui reste.*

Voici, de mes noirs escadrons,
Contre vous l'espérance unique;
Mais un effort, et nous vaincrons.
  Sonnez, clairons!
 (Elle abat sa carte.)
Argine.

   CHARLES, *reculant.*

 J'ai peur!

   ODETTE.

  Vous? jamais!

   CHARLES, *à voix basse.*

De la reine Argine est l'image :
Je l'ai mise avec les Anglais.

   ODETTE

Eh bien!

   CHARLES.

 Son aspect me présage
Qu'un malheur va fondre sur moi.

   ODETTE.

Jouez.

   CHARLES.

 Je n'ose plus.

   ODETTE.

  Courage!

   CHARLES.

Pour vaincre il me faudrait un roi.

   ODETTE.

De votre peur l'Anglais se raille.

CHARLES, *lui montrant sa carte qu'il ne voit
   que par derrière.*

Je crains de regarder : mais toi,
Regarde.

ODETTE.

Charlemagne!

CHARLES, *qui se lève triomphant.*

A moi!
A moi! j'ai gagné la bataille!

ENSEMBLE.

CHARLES.	ODETTE.
Loin de nous l'étranger !	Il voit fuir l'étranger :
Vieillards, séchez vos larmes :	Si ce n'est qu'un mensonge,
D'Azincourt, par mes armes,	Heureux, du moins en songe
Je viens de vous venger.	Il a cru nous venger.
Victoire à nous ! victoire !	Puisse une autre victoire
Couronnons notre gloire	Couvrir son front de gloire
En chassant l'étranger !	En chassant l'étranger !

SCÈNE IV.

LES PRÉCÉDENTS. ISABELLE DE BAVIÈRE,
LE DUC DE BEDFORT.

(Ils entrent et s'arrêtent au fond.)

ISABELLE.

Le roi !

BEDFORT.

Lui-même !

ODETTE, *les apercevant.*

O Ciel !

CHARLES, *parcourant la scène à grands pas.*

Vieillards, séchez vos larmes,
D'Azincourt, par mes armes,
Je viens de vous venger.

ISABELLE.

Sur qui donc? Qu'avez-vous, et que voulez-vous dire?
En face regardez-moi, sire.

CHARLES, *dont la voix baisse par degrés et s'éteint sous le regard de la reine.*
Loin de nous l'étranger !
Victoire à nous, victoire !
Couronnons notre gloire
En chassant...

ISABELLE, *à Odette.*
Laissez-nous.

BEDFORT, *bas, à Isabelle.*
N'hésitez plus, qu'il signe et la France est à vous.

(Le roi s'avance pour aller prendre le bras d'Odette ; Isabelle l'arrête, et d'un geste elle ordonne à Odette de s'éloigner.)

SCÈNE V.

ISABELLE, CHARLES, BEDFORT.

CHARLES.
Odette !

ISABELLE.
Il faut m'entendre au nom de votre gloire :
Vous êtes roi

BEDFORT.
Vainqueur.

ISABELLE.
Eh bien ! signez la paix
Qui délivre la France.

BEDFORT.
Et la sauve à jamais.

CHARLES *prend la plume que lui présente la reine et la laisse échapper.*
Odette !

ISABELLE, *lui saisissant le bras avec un mouvement d'impatience.*
Signez donc.

CHARLES, *qui relève fièrement la tête.*
Madame.
BEDFORT, *à Isabelle.*
Prenez garde!
Je vois dans son œil irrité
Luire un éclair de royauté,
Et c'est en roi qu'il vous regarde.
ISABELLE.
Ne pourrai-je donc pas vaincre sa volonté?
(Bas, à Bedfort.)
Sa colère se calme.
CHARLES.
Ah! qu'un ciel sans nuage
Pour les regards est doux, et quelle volupté
De se ranimer sous l'ombrage
A l'air pur de la liberté!
ISABELLE.
Vous le pourrez demain.
CHARLES.
Je veux revoir Odette,
Je veux... je veux jouer. D'où vient qu'elle m'a fui?
(Il se lève en écartant la reine, qui l'arrête.)
Laissez-moi.
ISABELLE.
C'est à tort que le roi s'inquiète.
Son Odette, on la lui rendra,
(Passant rapidement près de la table et s'emparant des cartes.)
Et ses cartes aussi.
CHARLES, *vivement.*
Quand?
ISABELLE.
Quand il signera.
CHARLES.
Ne faut-il que mon nom? Eh bien, sans résistance
Je vous le donne; à ce traité,

Quel qu'il soit, je souscris d'avance;
Tout pour Odette et pour la liberté!
(Il signe; Isabelle fait un geste, toute la cour rentre par les trois portes du fond, et Odette par une porte latérale.)

SCÈNE VI.

LES PRÉCÉDENTS, ODETTE, TOUTE LA COUR.

(Charles, à qui on a rendu ses cartes, joue sur une table.

ISABELLE.

La paix, messieurs, la paix! ce grand jour vous l'assure;
Le roi, que désormais deux peuples vont bénir,
  Vient de donner sa signature
  A l'acte qui doit les unir.

ODETTE.

Est-il possible?

ISABELLE.

  Écoutez tous.

LE CHŒUR.

     Silence!

BEDFORT, *lisant*.

« Est à jamais déchu des droits de sa naissance,
« Charle, autrefois Dauphin, contre nous révolté,
« Et le jeune Lancastre est par nous adopté...

ODETTE, *à part*.

O ciel!

BEDFORT.

« Pour successeur, pour fils, pour roi de France! »

LE CHŒUR.

Paix durable! sainte alliance!

BEDFORT *et* ISABELLE, *à Odette*.

Déshérité!

CHARLES, *qui vient d'arranger le jeu et le présente
en riant à Odette.*
Je coupe... à toi!...

ODETTE, *avec désespoir, en laissant tomber les
cartes.*
Déshérité!

ACTE TROISIÈME

(Une tente devant la maison de Raymond.)

SCÈNE 1.

LE DAUPHIN, RAYMOND.

CHŒUR D'ÉTUDIANTS, *hors de la scène, dans la maison
de Raymond.*
Chantons, verre en main, chantons,
  Camarades ;
C'est à lui que nous portons
  Nos rasades !
A lui, que nous chérissons,
Notre sang dans les batailles,
Comme à lui sur ces futailles
  Nos chansons !

LE DAUPHIN.
L'espoir de l'embrasser remplit mes yeux de larmes.

RAYMOND.
Il va venir.

LES ÉTUDIANTS, *en dehors.*
Du vin ! du vin !

RAYMOND.

Ces jeunes fous,
Ils vous aiment; pour eux les dangers ont des charmes;
Je veux, sans vous nommer, vous les amener tous,
En m'assurant d'abord que, sur un mot de vous,
  Nous les verrons courir aux armes.
           (Il rentre dans sa maison.)

SCÈNE II.

LE DAUPHIN, *seul*.

Les joyeux écoliers!... Pourtant combien d'entre eux
Tomberont avant l'âge, abattus par la guerre,
Sans que leur mère en deuil vienne fouler la terre
  Où dormiront leurs restes généreux!
    Leur mère!... Hélas! ils en ont une;
La mienne aux oppresseurs vend mes droits et mon sang;
Mais un être adoré qui protége l'absent,
Odette, auprès du roi veille sur ma fortune.
    Conduit par elle, il va venir.
Au-devant de ses pas en espoir je m'élance,
      Et sens mon front d'avance
Se courber sous ses bras levés pour me bénir.

    A mon cœur que le sien réponde,
    Dans ses bras qu'il me presse enfin;
    Il ne sera plus seul au monde,
    Je ne serai plus orphelin.

Mais s'il le méconnaît, ce proscrit qu'il opprime!...
Ah! je veux sur les siens lever des yeux si doux,
Qu'au feu de leurs regards sa raison se ranime
    Quand j'embrasserai ses genoux.
    Ce cœur flétri par la tristesse,
A l'amour paternel s'il a pu se fermer,
    Je veux, à force de tendresse,
    Lui rendre le pouvoir d'aimer.

A mon cœur je veux qu'il réponde.
Il s'ouvre, il me comprend enfin ;
Mon père n'est pas seul au monde ;
Et je ne suis plus orphelin.

SCÈNE III.

LE DAUPHIN, RAYMOND, LES ÉTUDIANTS.

PLUSIEURS ÉTUDIANTS.

Un ami du Dauphin ! Sois notre chef, mon brave ;
C'est le désir de tous.

LE DAUPHIN.

Pour tous, même destin !
Plutôt mourir que d'être esclave.

TOUS LES ÉTUDIANTS.

Vive le parti du Dauphin !

UN DES ÉTUDIANTS, *frappant sur l'épaule du prince.*

Tu n'en changeras pas.

RAYMOND.

Vrai Dieu ! dès l'origine
Il en était, et j'imagine
Qu'il en sera jusqu'à la fin.

TOUS LES ÉTUDIANTS.

Une rasade encore au succès du Dauphin.

LE DAUPHIN, *élevant son verre.*

A toi, France chérie !
Mourir pour la patrie,
C'est changer notre vie
En immortalité.

TOUS LES ÉTUDIANTS AINSI QUE LE DAUPHIN.

A toi, France chérie !
France, ta voix nous crie :
Sauvez votre patrie
Et votre liberté.

ACTE III, SCÈNE IV.   471

RAYMOND.

Le roi!

LES ÉTUDIANTS.

Le roi !

(Le Dauphin se perd dans la foule et entre dans la maison de Raymond.)

SCÈNE IV.

LES PRÉCÉDENTS, *excepté* LE DAUPHIN, CHARLES VI, ODETTE, BOURGEOIS, PEUPLE.

(Le roi arrive, appuyé sur les bras d'Odette ; des bourgeois l'environnent ; il est précédé par des jeunes filles qui jettent des fleurs sur son passage ; tout le monde s'incline.)

CHOEUR.

Grand Dieu, qui rends à la nature
Ses fleurs, ses fruits et sa verdure,
  Que ta bonté,
Sur ce front pâle de souffrance,
Fasse refleurir l'espérance,
  Et la santé.

CHARLES.

Grand merci, mes enfants!

(A Odette, qui le conduit près d'une table, et le fait asseoir.)

Un repas préparé !

ODETTE.

Pour vous.

UN DES BOURGEOIS. *Il vient se mettre à genoux et pose un plat sur la table.*

Sire, acceptez, c'est offert par ma fille.

UN AUTRE.

Sire, touchez ce vase ; il nous sera sacré
Dans tous nos grands jours de famille.

CHARLES.
Odette, chez le pauvre il me fallait venir
Pour qu'on eût de moi souvenir.
Où suis-je ici?

ODETTE.
Chez mon père.

CHARLES.
Il s'appelle?

ODETTE.
Raymond.

CHARLES, *qui cherche dans sa mémoire.*
Raymond !

RAYMOND.
Oui, sire, un vieux soldat...

ODETTE.
Qui fut blessé dans un combat,
En vous sauvant la vie.

CHARLES.
Et pour prix de ton zèle,
Tu n'as rien obtenu?

RAYMOND.
Si fait; un bel emploi,
Grâce à votre bonté.

CHARLES.
Qu'ai-je donc fait pour toi?

ODETTE.
Hier, il fut nommé par le meilleur des maîtres,
Par vous...

CHARLES.
Et par la reine?

ODETTE.
Oui; gardien des caveaux
Où dorment les rois vos ancêtres:
Il veillera sur leurs tombeaux.

CHARLES, *avec tristesse.*
Et sur le mien aussi.

ODETTE.
Vous régnez.

CHARLES.
Qu'il y veille :
Je souffre, hélas! sitôt qu'un bruit m'éveille;
Tu leur diras, en gardant ton vieux roi,
De parler bas, et de prier pour moi!

(Sa tête retombe sur sa poitrine, et il reste absorbé dans une mélancolie profonde. Odette fait signe aux bourgeois et au peuple de respecter la rêverie du roi et de se retirer.)

CHOEUR, *à voix basse.*
Grand Dieu, qui rends à la nature
Ses fleurs, ses fruits et sa verdure,
Que ta bonté
Sur ce front pâle de souffrance,
Fasse refleurir l'espérance
Et la santé.

ODETTE, *bas, à Raymond, pendant qu'ils se retirent.*
Qu'il vienne !

RAYMOND.
Que peut sa présence
Sur ce fantôme inanimé?

ODETTE.
Laissons faire le ciel!

(Raymond sort.)

SCÈNE V.

CHARLES, ODETTE.

CHARLES.
Où sont-ils?... Quel silence!
De personne un roi n'est aimé :
Regarde comme on m'abandonne!

ODETTE.

Pensez à cet enfant qui dans vos bras jadis
    Jouait avec votre couronne;
Et vous ne direz plus en pensant à ce fils :
    Je ne suis aimé de personne.

CHARLES.

Un fils! un fils! doux nom qui charme les douleurs!

ODETTE.

Non, vous ne direz plus, inondé de ses pleurs,
    Je ne suis aimé de personne.

SCÈNE VI.

LES PRÉCÉDENTS, LE DAUPHIN.

TRIO.

ODETTE, *en montrant le Dauphin.*

Un infortuné, qu'à vingt ans
    Poursuit une injuste colère,
Tend vers vous ses bras suppliants;
    Prenez pitié de sa misère.

LE DAUPHIN.

Courbé devant vos cheveux blancs,
    C'est un fils qui, dans sa misère,
Tend vers vous ses bras suppliants;
    Me reconnaissez-vous, mon père?

CHARLES.

Je suis roi, j'ai des cheveux blancs,
Il a raison de me nommer son père :
    Tous mes sujets sont mes enfants.

ODETTE.

Mais, lui, c'est le Dauphin!

LE DAUPHIN.

                Je suis Charles de France.

ACTE III, SCÈNE VI.

CHARLES.
Pauvre jeune homme, avec cet air si doux,
Se peut-il qu'il soit en démence?
C'est moi qui suis Charles de France.

ODETTE.
Hélas!

CHARLES.
De moi que voulez-vous!

LE DAUPHIN.
Je n'ai plus d'espoir.

CHARLES.
A votre âge!
Contez-moi vos malheurs.

LE DAUPHIN.
Ma mère m'a chassé.

CHARLES.
La cruelle.

ODETTE.
Et son héritage,
Aux étrangers, il a passé.

CHARLES.
Votre père est donc mort?

LE DAUPHIN.
Non.

CHARLES.
Il vous abandonne!
Plus coupable qu'elle...

LE DAUPHIN.
Arrêtez!
On le trompe, et je lui pardonne.

CHARLES.
Son cœur vous reviendra, car vous le méritez.
(A Odette.)
Ah! que n'est-il mon fils!

ODETTE.

Mais il l'est.

CHARLES, *avec émotion.*

Lui!

ODETTE, *à part.*

J'espère.

CHARLES.

Lui!

LE DAUPHIN.

Votre fils vers vous tend ses bras suppliants.

CHARLES.

Il a dit vrai, je suis son père!...

ODETTE *et* LE DAUPHIN.

Sois béni, Dieu puissant!

CHARLES.

Oui, je suis votre père...
Tous mes sujets sont mes enfants.

ENSEMBLE.

LE DAUPHIN.

O douleur! mon courage expire;
Sans perdre sur moi tout empire,
Puis-je encor l'entendre et le voir?
Puis-je, quand le bonheur m'oppresse,
Passer de ce comble d'ivresse
A cet excès de désespoir?

CHARLES.

O bonheur! je cède à l'empire
Des doux sentiments qu'il m'inspire;
Sur mon cœur d'où vient son pouvoir?
Je m'attendris à sa tristesse,
Et le charme de ma vieillesse
Serait de lui rendre l'espoir.

ODETTE.

O douleur! son courage expire;
Sans perdre sur lui tout empire,
Peut-il et l'entendre et le voir?
Peut-il, quand le bonheur l'oppresse,
Passer de ce comble d'ivresse
A cet excès de désespoir!

LE DAUPHIN, *avec découragement, à Odette.*

Adieu!

ACTE III, SCÈNE VI.

ODETTE.

Restez.

CHARLES, à Odette.

Je ne veux pas qu'il pleure.

ODETTE.

Loin de vous il va s'exiler.

CHARLES.

Que puis-je pour le consoler?

ODETTE.

L'embrasser.

LE DAUPHIN.

Me bénir; et lorsque viendra l'heure
Où pour vous je dois m'immoler,
Qu'au moins par vous béni je meure.
(Tombant à genoux.)
Je sens mes genoux défaillir.

ODETTE.

Abaissez sur son front votre main paternelle.
(Le Dauphin saisit la main du roi, qu'il baise avec transport.)

CHARLES.

Où suis-je?... doux baiser!... il me fait tressaillir;
Et mon âme se renouvelle.

ODETTE, *qui passe les bras du roi autour du cou du prince.*

Ah! regardez-le bien!

CHARLES.

Attends... je me rappelle...
J'avais un fils que j'ai perdu;
(Écartant les cheveux du Dauphin.)
Ces traits étaient les siens.

ODETTE.

Oui, les siens.

CHARLES.

Qu'il me parle.

Dieu, si c'était sa voix !

LE DAUPHIN.

Mon père !

CHARLES.

Encore, ah ! parle !

LE DAUPHIN.

Mon père !

CHARLES.

C'est bien lui ! sa voix m'a répondu...

LE DAUPHIN.

Mon père !

CHARLES.

C'est mon fils, mon bien-aimé, mon Charle ;
O mon Charles, tu m'es rendu !

ENSEMBLE.

CHARLES.	LE DAUPHIN.
Quel jour nouveau m'éclaire !	De vos yeux, qu'elle éclaire,
Une main tutélaire	Une main tutélaire
M'arrache mon bandeau.	Déchire le bandeau.
O réveil plein de charmes !	O réveil plein de charmes !
Je renais sous tes larmes,	Mon père sous mes larmes
Et sors de mon tombeau.	Est sorti du tombeau.

ODETTE.

De vos yeux, qu'elle éclaire,
Une main tutélaire
Déchire le bandeau.
O réveil plein de charmes !
Renaissant sous nos larmes,
Vous sortez du tombeau.

SCÈNE VII.

LES PRÉCÉDENTS, RAYMOND.

(On entend un appel de trompette.)

CHARLES.

Quel est ce bruit ?

ACTE III, SCÈNE VII.

RAYMOND.
On vient de la part de la reine.
CHARLES.
Que veut-elle donc?
RAYMOND.
Qu'à l'instant,
Sire, à l'hôtel Saint-Paul Odette vous ramène
Pour la fête qui vous attend.
CHARLES.
Une fête, aujourd'hui! je ne puis te comprendre.
RAYMOND.
Fête maudite, et qui fera répandre
Des pleurs de rage à ceux qui la verront!
En roi de France au palais va descendre
Le prince anglais; votre couronne au front,
Sur les degrés vous le recevrez, sire,
En l'embrassant, aux yeux du peuple entier,
Et votre voix s'élèvera pour dire :
Respect à lui! voici mon héritier.

CHARLES, *se jetant dans les bras du Dauphin.*
Mon héritier, mon fils, c'est toi, Charles!

ODETTE.
Silence!
De leur triomphe passager
Il faut supporter l'insolence.
CHARLES.
Et pourquoi?
LE DAUPHIN.
Pour vous en venger,

QUATUOR.

ENSEMBLE.
Dieu puissant, favorise
Notre sainte entreprise,
Inspire-nous, et brise

Les fers du prisonnier ;
Si la France t'est chère,
Aux enfants rends leur père,
Et que de leur misère
Ce jour soit le dernier.

LE DAUPHIN.

Oui, sire, un jour encore!
Et, trompant les Anglais,
Je puis avant l'aurore
M'introduire au palais.

ODETTE.

Un chevalier fidèle,
Qui veille cette nuit,
Ouvrira la tourelle
Quand sonnera minuit.

LE DAUPHIN.

Au pied des murs j'arrive,
Et trois fois sur la rive
Du cor la voix plaintive
Retentit jusqu'à vous ;
Que dans la nuit profonde
Odette me seconde,
Qu'un signal me réponde,
Je suis à vos genoux.

ODETTE.

S'il peut tout entreprendre,
Ma voix lui fait entendre
Cet air naïf et tendre
Que souvent j'ai chanté ;
Dans vos bras en silence,
Palpitant d'espérance,
Il vole, et sa présence
Vous rend la liberté.

RAYMOND.

D'une course rapide
Vers Dunois je vous guide,

ACTE III, SCÈNE VIII.

Son armée intrépide
Enfin vous voit unis.

CHARLES.

Alors que l'Anglais tremble.

LE DAUPHIN.

C'est Dieu qui nous rassemble.

ODETTE.

Et nous crions ensemble...

TOUS.

Montjoie et Saint-Denis !

ENSEMBLE.

Oui, la patrie est fière
De marcher tout entière
Sous la noble bannière

Qui $^{\text{nous}}_{\text{vous}}$ voit réunis.

Alors que l'Anglais tremble !
C'est Dieu qui nous rassemble,
Et nous crions ensemble :
Montjoie et Saint Denis !

(Ils sortent.)

(Le théâtre change et représente le vieux Paris éclairé par un brillant soleil d'automne. On voit sur un des côtés l'hôtel Saint-Paul, dont le péristyle est élevé de quelques degrés.)

SCÈNE VIII.

PEUPLE, SOLDATS ANGLAIS (*plus tard*), *sur les marches de l'hôtel Saint-Paul;* ISABELLE DE BAVIÈRE, CHARLES VI, ODETTE.

CHŒUR DES ANGLAIS.

Jour d'allégresse ! auguste fête !
Gloire à notre maître et seigneur,
Qui, sa double couronne en tête,
De deux peuples fait le bonheur !

CHANT DU PEUPLE.

Pompe de deuil, lugubre fête,
Qui mêle leur joie à nos pleurs !
La couronne de France en tête,
Leur maître insulte à nos malheurs !

HOMMES ET FEMMES DU PEUPLE, *accourant.*

Les voici ! les voici !

(Le cortége qui précède Bedfort commence à se déployer au fond dans tout son appareil.)

ISABELLE, *à Charles.*

Regardez ce cortége.

ODETTE, *bas.*

Souriez en le regardant.

CHARLES, *bas, à Odette.*

Il s'accomplira donc, cet acte sacrilége,
Sans qu'un seul bras...

ODETTE.

Soyez prudent,
Au nom du ciel, qui nous protége.

ISABELLE, *à Charles.*

Voyez le soleil éclairer
Le léopard qui marche sans colère
Près des lis.

CHARLES, *bas, à Odette.*

Pour les dévorer.

ODETTE, *de même, à Charles.*

Calmez votre juste colère.

CHARLES.

Passe, mais passe donc, insolente bannière,
Ou mes mains vont te déchirer !

CHOEUR DES ANGLAIS.

Jour d'allégresse ! auguste fête ! etc., etc.

CHOEUR DU PEUPLE.

Pompe de deuil, lugubre fête, etc., etc.

(Le jeune Lancastre et Bedfort paraissent à cheval, précédés de leurs pages et de leurs écuyers.)

ISABELLE, *à Charles.*
Qu'il est beau, cet enfant!
CHARLES, *à Odette.*
C'est un Anglais.
ODETTE.
Silence!
ISABELLE, *à Charles.*
En lui tendant les bras, vers son père il s'avance.
BEDFORT, *présentant à Charles le jeune Lancastre.*
Donnez-lui le baiser de paix ;
Vous avez sur son front placé ce diadème.
CHARLES.
Moi! moi!
BEDFORT.
C'est l'héritier, préféré par vous-même,
Qui doit régner un jour...
CHARLES, *hors de lui.*
Jamais!
(A Bedfort.)
Ma couronne en votre puissance...
Mon pied plutôt l'écrasera.
ISABELLE.
O surprise!
BEDFORT.
O fureur!
ODETTE, *entourant le roi de ses bras.*
Sire!...
CHARLES, *qui la repousse, arrache la couronne du front de l'enfant, et la foule aux pieds.*
Jamais en France,
Jamais l'Anglais ne régnera.
ENSEMBLE.
CHOEUR DU PEUPLE.
Vive Charle! au roi la puissance!
C'est à lui d'imposer sa loi.

Vive le roi! vive la France!
Noël! noël! vive le roi!

ENSEMBLE.

CHARLES, *à Isabelle.*
Tout doit fléchir sous ma puissance!
Superbes, tremblez devant moi;
Seul encor je commande en France,
Et seul en France je suis roi.

ISABELLE, *à Charles.*
Vous insultez à leur puissance
En pensant ne braver que moi;
Vous avez cru sauver la France,
Que vous perdez avec son roi.

ODETTE
Qu'a-t-il fait? Contre leur vengeance
Il n'a plus d'autre appui que moi;
Mais je veux mourir pour la France,
Ou sauver la France et son roi.

BEDFORT *et les* ANGLAIS.
Vengeance! on nous trompait! vengeance!
De nous ils recevront la loi;
(En montrant l'enfant.)
Voici pour nous le roi de France;
Ils n'auront jamais d'autre roi.

(La foule se précipite vers Charles. Sur un signe de Bedfort, les soldats anglais se forment en bataille; ils abaissent leurs piques, et s'élancent pour repousser le peuple.)

ACTE QUATRIÈME

(La chambre à coucher du roi.)

SCÈNE I.

ODETTE.

Sous leur sceptre de fer ils ont tout comprimé;
Leurs armes ont fait fuir un peuple désarmé,

ACTE IV, SCÈNE I.

Dont le sang coulait sans vengeance.
Dans ce palais, où veille le soupçon,
N'as-tu, roi prisonnier, recouvré ta raison
    Que pour mieux sentir ta souffrance?
Non, ton fils brisera tes fers en t'embrassant;
Tout est prêt; contre toi leurs fureurs seront vaines,
Tant que mon cœur battra de l'amour qu'il ressent;
      Tant qu'un reste de sang
      Coulera dans mes veines.

    Mais, hélas! que m'ont révélé,
    Cette nuit, mes songes funèbres,
    Et que m'a dit dans les ténèbres
    La voix sainte qui m'a parlé?

(Elle se courbe comme si elle entendait la parole de Dieu, et finit par tomber à genoux.)

« Humble fille des champs, ton heure vient; commence
    « L'œuvre qu'une autre accomplira;
  « Sauve-le, cet amant qui de l'indifférence
    « A l'oubli pour toi passera,
    « Cette destinée est la tienne :
    « Mourir après l'avoir sauvé,
« Sans laisser une tombe où ton nom soit gravé
    « Un cœur qui de toi se souvienne. »

      (Se relevant avec exaltation.)

    Eh bien! patrie, adieu!
    Sur moi, pour que ta flamme
    Régénère mon âme,
    Descends, souffle de Dieu!
    Ta volonté remplie,
    Dieu, frappe! et d'ici-bas
    Viens, avant qu'il m'oublie,
    M'enlever dans tes bras.

      (Apercevant Isabelle qui entre.)

La reine!

SCÈNE II.

ODETTE, ISABELLE et BEDFORT, *qui restent d'abord au fond.*

BEDFORT, *avec colère, à la reine.*

Pensez-y, madame, qu'il consente
A réparer l'affront
Dont sa rage impuissante
Osa flétrir ce jeune front.

ISABELLE.

Il va rentrer sous mon empire ;
De sa fureur il est honteux :
Mais s'il faut aujourd'hui que mon pouvoir expire,
Ou sa raison, mon choix n'est pas douteux.

BEDFORT.

Sa raison, dites-vous !

ISABELLE.

Je sais ce que je peux.

(A Odette.)

Votre reine, ce soir, vous attendra chez elle
Quand Charle aura fermé les yeux ;
A cet ordre soyez fidèle.

ODETTE.

J'obéirai, madame.

ISABELLE.

Allez chercher le roi ;
Qu'il vienne.

ODETTE.

S'il refuse ?

ISABELLE.

Hé quoi,
Quand c'est la reine qui l'appelle !

ODETTE.

Mais je crains...

ISABELLE.
Dites-lui que je l'attends ici.
Faire attendre Isabelle !
Il n'oserait ; allez, qu'il vienne.

SCÈNE II.

LES PRÉCÉDENTS, CHARLES, *qui est entré à la fin de la scène précédente.*

CHARLES.
Le voici !
BEDFORT.
De l'outrage public dont j'ai subi la honte,
Au roi je demande raison.
CHARLES.
Du sang de mes sujets, qu'on répand en mon nom,
A Bedfort je demande compte.
ISABELLE.
Mylord exécutait l'ordre par vous signé.
CHARLES.
Si vous me disiez vrai, je serais trop coupable ;
Non, jamais cette main...
ISABELLE, *lui présentant un papier.*
Lisez donc.
CHARLES, *après y avoir jeté les yeux.*
Indigné
Qu'on m'ait surpris cet acte abominable,
Je le déchire.
ISABELLE.
Vous !
BEDFORT, *qui fait un mouvement vers lui.*
Sire !...
CHARLES, *l'arrêtant du geste.*
N'avancez pas,
Si vous faisiez un pas,

(Brûlant le papier à la flammes de la lampe.)
Au feu vengeur qui les réduit en cendre,
Si vous osiez disputer ces lambeaux,
Tous mes aïeux pour me défendre
S'élanceraient de leurs tombeaux.

BEDFORT.

Vous préférez la guerre à la paix !

ISABELLE.

Quel delire !
En poussant la France aux combats,
Votre raison, l'avez-vous, sire ?

CHARLES.

Ma raison ! je ne l'avais pas
Quand jadis, vous croyant sincère,
Bedfort, je vous tendis les bras ;
(A Isabelle.)
Quand je vous crus, à vous, des entrailles de mère,
Ma raison, je ne l'avais pas.
Je n'étais roi ni père, et je suis l'un et l'autre :
(A Bedfort.) (A Isabelle.)
Je maudis votre nom, et je maudis le vôtre ;
Je n'attends plus de toi, traître, que trahison ;
Toi, marâtre, à mes yeux tu n'es que sa complice ;
J'appelle sur vous deux l'éternelle justice :
Vous voyez que j'ai ma raison.

ISABELLE, *à part*.

Tu la perdras bientôt.

BEDFORT.

Que le roi réfléchisse !...

CHARLES.

Sortez !

BEDFORT.

Ou dès demain...

CHARLES.

Sortez !

(S'avançant sur eux, le doigt levé, et les faisant reculer devant lui.)

Pour punir l'insolence,
Dieu marche à mes côtés :
Sortez de ma présence,
Sortez tous deux, sortez!

SCÈNE IV.

CHARLES, ODETTE.

CHARLES.

Mon fils, quand viendra-t-il?

ODETTE.

Qu'avez-vous fait?

CHARLES.

Qu'importe?

Parle-moi de mon fils.

ODETTE.

Il viendra, mais plus tard.

CHARLES.

J'aspire au moment du départ,
L'espoir dans ses bras me transporte;
Je pourrai donc le suivre et toujours et partout.

ODETTE.

Ah! calmez une ardeur qui vous serait funeste.

CHARLES.

Je suis fort, je le sens, ma mémoire l'atteste :
Vois si je me souviens de tout?
Trois sons de cor.

ODETTE.

Après?

CHARLES.

Toi, de cette fenêtre,

Tu chantes...

ODETTE.

Bien!

CHARLES.
Cet air simple et champêtre...
ODETTE.
Que vous aimez.
CHARLES.
Il vient; je cours sous ses drapeaux.
ODETTE.
A la fatigue du voyage
Préparez-vous par le repos,
Et pour que le sommeil ferme votre paupière,
Votre air chéri, je vais vous le chanter.
CHARLES.
Au ciel, j'ai pour mon peuple adressé ma prière,
Plus calme je peux l'écouter.

(Il va s'étendre sur son lit.)

Avec la douce chansonnette
Qu'il aime tant,
Berce, berce, gentille Odette,
Ton vieil enfant.

ODETTE.
Chaque soir, Jeanne sur la plage
Donnait rendez-vous au beau page
Qu'elle adorait.
En l'attendant, Jeanne la blonde
Mêlait sa voix au bruit de l'onde
Et murmurait :
« Viens me rejoindre sur la rive,
« Si du rendez-vous où j'arrive
« Tu te souviens. »
Et dans la nuit l'écho fidèle,
Qui semblait l'appeler comme elle,
Disait : Viens, viens!

CHARLES, *comme en rêvant.*
Avec ta douce chansonnette
Qu'il aime tant,

Berce encore, gentille Odette,
Ton vieil enfant.

ODETTE.

Mais bientôt Jeanne sur la plage
Attendit en vain le beau page
Qu'elle adorait.
Au bord des flots, Jeanne la blonde
Mêlait ses larmes à leur onde,
Et murmurait :
« Ne viens plus, toi qui m'as trahie,
« Ne viens plus, de ta perfidie
« Je me souviens. »
Au fond du cœur que disait-elle?
Je ne sais; mais l'écho fidèle
Disait : Viens! viens!

(A part, après s'être assurée que le roi dort.)

Hâtons-nous d'obéir à la reine Isabelle;
Je cours et je reviens.

(Elle s'approche encore du lit et sort sur la pointe du pied en chantant à voix basse.)

Au fond du cœur que disait-elle?
Je ne sais; mais l'écho fidèle
Disait : Viens! viens!

SCÈNE V.

CHARLES, *d'abord seul, puis l'homme de la forêt du Mans;* JEAN-SANS-PEUR, LOUIS D'ORLÉANS, CLISSON.

CHARLES, *qui se soulève doucement pour voir si Odette est partie.*

Pauvre Odette! en pensant qu'au repos je me livre,
Elle reposera; va, dors : tu peux dormir.
Dieu, quand on a passé tant de nuits à gémir,
Affranchi de ses maux, qu'il est doux de revivre!
Oh! de notre immortalité
Divin garant, raison sublime,

A tes rayons je me ranime
Pour sentir ma félicité.
Sur moi tu brilles sans nuage;
Ton éclat m'inonde, et je nage
Dans un torrent de volupté.

Qu'ai-je entendu?... Quels lugubres murmures!...
Mes sens m'avaient trompé... Non, des gémissements
    Se mêlent par moments
  Au sourd cliquetis des armures.

(Un des panneaux de la boiserie a glissé sur lui-même et laisse voir une immense galerie, où des formes hideuses, et des spectres traînant des chaînes, sont à peine éclairés par une lumière fantastique.)

CHARLES.

O funèbres lueurs! que vois-je à leur clarté?...
    D'effrayantes figures
  Se meuvent dans l'obscurité!

CHOEUR.

  Tremble, la tombe s'ouvre:
  La mort qu'elle découvre
  A tes regards en sort;
  Et les pâles fantômes
  Désertent ses royaumes
  Pour t'annoncer ton sort.

CHARLES, *qui s'est élancé de son lit.*

Où suis-je?

L'HOMME DE LA FORÊT DU MANS, *s'avançant tout à coup vers lui.*

  Ose un instant me regarder en face?
Eh bien! me reconnais-tu, roi?

CHARLES.

Non, non; mais ton aspect me glace.

L'HOMME DE LA FORÊT.

De la forêt du Mans te souviens-tu?

CHARLES.

                C'est toi!

C'est bien toi!... Que ma tête alors était brûlante!
Elle brûle...
L'HOMME DE LA FORÊT.
J'ai dit que le fer, le poison,
Sèmeraient sur tes pas le deuil et l'épouvante.
CHARLES.
Fuis, spectre!
L'HOMME DE LA FORÊT.
Je l'ai dit.
CHARLES, *avec égarement*.
Ma raison! ma raison!
L'HOMME DE LA FORÊT.
Roi, j'ai dit vrai.
(Montrant trois fantômes qui s'approchent de Charles à pas lents.)
Regarde, c'est Clisson,
Qui tend vers toi sa main sanglante;
Louis, ton oncle, et Jean-sans-Peur.
CHARLES.
Mes cheveux sur mon front se dressent de stupeur!
CHOEUR.
Tremble, la tombe s'ouvre :
La mort, qu'elle découvre,
A tes regards en sort,
Et les pâles fantômes
Désertent ses royaumes
Pour t'annoncer ton sort!
CHARLES.
Quel est-il donc?... Je touche à mon heure suprême?...
L'HOMME DE LA FORÊT.
Ils tombèrent tous trois assassinés jadis.
CHARLES.
Eh bien!
L'HOMME DE LA FORÊT.
Tu périras de même.
CHARLES.
Grâce!

LES TROIS FANTÔMES.

Tu périras de même.

CHARLES.

Qui doit m'assassiner?

LES TROIS FANTÔMES, *l'un après l'autre, en étendant les bras vers lui.*

Ton fils! ton fils! ton fils!

CHARLES.

Mon fils! ô fureur! quoi, mon fils!

LE CHOEUR.

Maudis ce perfide
Qui veut t'immoler :
Mort au parricide!

CHARLES, *agité d'une démence furieuse.*

Frappez ce perfide
Qui veut m'immoler :
Mort au parricide!

LE CHOEUR.

Mort au parricide!

CHARLES.

Son sang doit couler.

LE CHOEUR, *en s'enfuyant.*

Mort au parricide!
Son sang doit couler.

(Tout disparaît, et la boiserie se referme.)

SCÈNE VI.

CHARLES, *puis* ODETTE, ISABELLE, BEDFORT,
SEIGNEURS ET CHEVALIERS.

CHARLES.

A moi! sauvez mes jours... accourez tous... des armes!
Ces spectres, chassez-les! ils sont là tous les trois...
Là! là! les voyez-vous?

ACTE IV, SCÈNE VI.

ODETTE.
Ah! calmez vos alarmes.
ISABELLE, *bas, à Bedfort.*
Que vous avais-je dit?
CHARLES.
Chassez-les donc! des armes!
Frappez.
ODETTE.
Reconnaissez ma voix;
Ils n'y sont plus.
CHARLES.
Mais lui, c'est lui que je redoute :
Il veut m'assassiner.
ISABELLE.
Qui?
CHARLES.
Mon fils. Je les crois;
Ils l'ont dit.
ODETTE.
Votre fils !
ISABELLE, *à Charles.*
Que faites-vous?
CHARLES.
J'écoute :
Le cor, pour l'annoncer, doit retentir trois fois.
ODETTE, *à part.*
Ciel!
BEDFORT.
Que dit-il?
ODETTE, *à Charles.*
Quittez ce lieu funeste;
Venez.
(Un premier signal se fait entendre.)
CHARLES.
Hé bien, l'avez-vous entendu?

ODETTE, *qui cherche à l'entraîner avec une sorte de violence.*

Venez, sire.

ISABELLE.

Je veux qu'il reste.

CHARLES.

Encore! encore!

ODETTE.

Il est perdu.

BEDFORT, *à Isabelle.*

Dirait-il vrai?

CHARLES.

Que du traître on s'empare.

ODETTE.

De votre Charle!

ISABELLE.

Et comment?

CHARLES.

Il viendra
Lorsqu'au signal Odette répondra.
(A Odette.)
Chante.

ODETTE.

La terreur vous égare.
(A Isabelle.)
Madame, il n'a plus sa raison.

ISABELLE.

N'importe, chantez.

ODETTE.

Non.

CHARLES.

Tu m'obéiras.

ODETTE.

Non.

De ce palais qu'on me bannisse;
Qu'on me foule aux pieds; que ce bras

ACTE / SCÈNE VI.

Sous son courroux m'anéantisse;
Non, non, je n'obéirai pas.
CHARLES.
Eh bien! donc, je te fais justice:
Je te chasse.
ODETTE.
      Vous me chassez!
Vous!
ISABELLE.
   Mais quel est ce chant?
CHARLES, *qui rappelle ses souvenirs.*
Viens!... viens!...
ISABELLE, *vivement.*
      Ah! je le sais.
(Elle s'élance vers la fenêtre.)
Viens me rejoindre sur la rive,
Si du rendez-vous où j'arrive
   Tu te souviens.
Et dans la nuit l'écho fidèle
Qui semblait l'appeler, comme elle
   Disait : Viens, viens.

ODETTE, *à voix basse, pendant qu'Isabelle chante.*
Son fils sera donc sa victime?
CHARLES.
Il viendra; c'est l'heure du crime;
   Il s'en souvient.
LE CHOEUR, *aussi à voix basse.*
Écoutons!...
ODETTE.
   Attente mortelle!
CHARLES.
A son affreux dessein fidèle,
   Il vient, il vient.

28.

ODETTE, BEDFORT ET LE CHOEUR.
Trompé par la voix qui l'appelle,
Il vient, il vient!

SCÈNE VII.

LES PRÉCÉDENTS, LE DAUPHIN.

LE DAUPHIN, *qui s'élance vers le roi les bras ouverts.*

Mon père!

ISABELLE ET BEDFORT, *avec un cri de triomphe.*

Le Dauphin!

ODETTE, *douloureusement.*

Son fils!

CHARLES, *furieux.*

Je vous le livre.

(Sur un signe d'Isabelle, les chevaliers entourent le Dauphin, et le désarment.

LE DAUPHIN.

J'étais trahi!

CHARLES.

Frappez mon assassin.

LE DAUPHIN.

Moi, vouloir vous percer le sein!
Pour vous sauver, je cesserais de vivre.

CHARLES.

Frappez, frappez mon assassin.

LE DAUPHIN.

Dans l'ombre il s'est passé quelque horrible mystère:

(Montrant la reine et Bedfort.)

O toi, qui sais ce qu'ils ont fait,
Un jour, vengeur divin des crimes de la terre,
Écrase-les sous leur forfait.

ACTE V, SCÈNE I.

ODETTE.
Tonne, vengeur divin des crimes de la terre,
Écrase-les sous leur forfait.

ENSEMBLE.

CHARLES.
Frappez ce perfide
Qui veut m'immoler;
Mort au parricide!
Son sang doit couler.

ENSEMBLE.

ODETTE ET LE DAUPHIN.	ISABELLE, BEDFORT, LE CHOEUR.
O complot perfide !	Leur complot perfide
O roi malheureux !	Les perd tous les deux ;
Que leur parricide	Que leur parricide
Retombe sur eux.	Retombe sur eux.

ACTE CINQUIÈME

(Un site agreste au bord de la Seine. Des feux sont allumés; il fait nuit.)

SCÈNE I.

DUNOIS, TANGUY DUCHATEL, *puis* LAHIRE *et* SAINTRAILLES; *des chevaliers et des hommes d'armes forment différents groupes; les uns marchent, les autres se tiennent debout ou assis autour des feux.*

UN SOLDAT, *à ses camarades qui l'entourent.*

A minuit,
Le seigneur de Nivelle
Me mit en sentinelle,

Et s'en alla sans bruit
Souper avec la belle
Qui m'attendait chez elle,
A minuit.

LE CHOEUR.

A minuit?

LE SOLDAT.

A minuit.

Si ta belle
Est sans foi,
Sentinelle,
Garde à toi!

LES RONDES DE NUIT, *dont les cris se répondent et se perdent dans le lointain.*

Sentinelle,
Garde à toi,
Garde à toi!...

TANGUY DUCHATEL.

Dunois, personne encor?

DUNOIS.

Personne.

TANGUY DUCHATEL.

L'entreprise
Pour le Dauphin m'alarme.

DUNOIS.

Il sauvera le roi,
Cher Tanguy, Dieu le favorise.

LE SOLDAT.

A minuit,
Fut-elle ou non fidèle?
Demandez à la belle;
Quant à moi, chaque nuit
Le seigneur de Nivelle
Me mit en sentinelle
A minuit.

ACTE V, SCÈNE I.

LE CHOEUR.

A minuit?

LE SOLDAT.

A minuit.

Si ta belle
Est sans foi,
Sentinelle,
Garde à toi !

LE CHOEUR.

Si ta belle
Est sans foi,
Sentinelle,
Garde à toi !

LES RONDES DE NUIT.

Sentinelle,
Garde à toi !
Garde à toi !

TANGUY DUCHATEL, *à Dunois*.

N'ai-je rien entendu ?

UNE VOIX, *en dehors de la scène*.

Qui vive ?

UNE AUTRE VOIX, *de même*.

Lahire !

LAHIRE, *à Dunois*.

Avant le jour j'arrive.

DUNOIS, *lui serrant la main*.

En chevalier fidèle au rendez-vous.

LAHIRE, *montrant ceux qui l'accompagnent*.

Ces braves m'ont suivi, les autres dans la plaine
Attendent le signal.

DUNOIS.

Comme ceux que j'amène.

TANGUY DUCHATEL.

Et ceux que je conduis.

DUNOIS.

La fortune est pour nous.
Espérons !
UNE VOIX, *de l'autre côté de la scène.*
Qui vive !
UNE AUTRE VOIX.
Saintrailles !

SAINTRAILLES, *en présentant à Dunois et à Tanguy Duchâtel les bourgeois et les étudiants qui suivent.*

Non pas seul : de Paris ces enfants généreux,
Désertant leurs murailles,
Ont rejoint dans la nuit mes escadrons nombreux
Pour tenter avec nous le hasard des batailles.

DUNOIS.
Que nos rangs s'ouvrent donc pour eux.

TANGUY DUCHATEL.
Viens, commande, ô mon roi ! que ne peut cette armée,
Par ta présence auguste à combattre animée ?
(Tirant son épée.)
Sur ce fer, devant Dieu, jurons
De n'avoir plus l'Anglais pour maître !
Le jurez-vous ?

LE CHOEUR.
Nous le jurons.

TANGUY DUCHATEL.
D'être libres !

LE CHOEUR.
Nous le jurons.

TANGUY DUCHATEL.
Il ne faut que du cœur pour l'être :
Vainqueurs ou morts, nous le serons.

LE CHOEUR.
Devant Dieu, nous jurons de l'être :
Vainqueurs ou morts, nous le serons.

TANGUY DUCHATEL.

Quel bruit? est-ce une erreur?...
(Faisant quelques pas vers le fond.)
Non, dans la nuit profonde
Je vois par intervalle, à la lueur des feux,
Une barque glisser sur l'onde.
Elle aborde. O bonheur! courons au-devant d'eux.

TOUS LES CHEVALIERS.

Courons, courons au-devant d'eux.

SCÈNE II.

LES PRÉCÉDENTS, RAYMOND, ODETTE, *sous un costume plus simple que dans les premiers actes; elle va tristement s'asseoir à l'écart.*

TANGUY DUCHATEL.

Raymond!

RAYMOND.

Tout est perdu.

DUNOIS.

Parlez.

RAYMOND.

Dans sa démence
Charle est retombé pour jamais.

TANGUY DUCHATEL.

Et le Dauphin?

RAYMOND.

Prisonnier des Anglais...

TOUS LES CHEVALIERS.

Prisonnier!

RAYMOND.

Dans leurs fers il attend sa sentence;
A Saint-Denis, demain, l'arrêt sera porté;
On y traîne le roi, pour que sa voix proclame
Que son fils par le ciel du trône est rejeté;

Pour qu'à Bedfort il donne l'oriflamme
 Avec la royauté

LE CHOEUR.

O noble France,
Plus d'étendard pour te guider !
Plus de chef pour te commander !
 Plus d'espérance !

ODETTE, *qui se lève et s'avance vers les chevaliers.*

Il en est une encor, Dieu m'inspire : courez
 Vers l'abbaye où la sainte bannière
  Flotte sur la poussière
 Des héros que vous révérez.
Mon père est le gardien de ces demeures sombres
Où tant de morts fameux sont venus s'engloutir ;
Elles peuvent cacher des vivants dans leurs ombres,
 Et la victoire en peut sortir.

 C'est elle
Qui s'adresse à vous par ma voix,
Et sur les cendres de vos rois
L'oriflamme aussi vous appelle :
Partez, courez la conquérir :
L'oriflamme à qui sait mourir
 Pour elle !

LE CHOEUR.

Partons, courons la conquérir ;
L'oriflamme à qui sait mourir
 Pour elle !

(Tous les chevaliers, l'épée à la main, sortent sur les pas
 d'Odette.)

Le théâtre change et représente l'intérieur de l'église de Saint-Denis. Les trophées, les bannières de la croisade, les drapeaux ennemis pris dans les différentes guerres de la France sont suspendus aux piliers qui soutiennent la voûte. Au milieu de la nef, un portique élevé de quelques marches, et au bas des marches, de chaque côté, les portes des caveaux de Saint-Denis ; çà et là, sur le devant du théâtre, plusieurs tombeaux. La longue suite de ces monuments va se perdre jusqu'au fond de l'édifice.

SCÈNE III.

CHARLES, LE DAUPHIN, ISABELLE, BEDFORT,
CHEVALIERS ET SOLDATS ANGLAIS, PEUPLE.

(L'oriflamme est placée sous le portique.)

CHOEUR DU PEUPLE, *tandis que Charles s'avance soutenu par Isabelle.*

Voici ton heure, ô Providence !
Accomplis sur nous tes desseins !
Il vient, ce vieillard en démence,
Plus pâle que ces marbres saints ;
Sois-nous propice, ô Providence !

CHARLES.

Où suis-je ?

ISABELLE.

Devant vos aïeux.

CHARLES.

Que veulent-ils de moi ?

ISABELLE.

Le châtiment d'un traître.

BEDFORT.

D'un meurtrier !

CHARLES, *regardant le Dauphin.*

Qu'il tremble !

LE DAUPHIN.

Innocent à leurs yeux,
Devant eux, sans rougir, leur fils peut comparaître.

CHARLES.

Meurtrier, renonce à tes droits.

LE DAUPHIN.

Sire, je ne le puis, par respect pour vous-même.

CHARLES.

Obéis, ou ces rois,
Dont ton front souillerait le sacré diadème,
Sur ce front avec moi vont lancer l'anathème.

LE DAUPHIN, *aux pieds de Charles.*

Eh bien! je l'attends à genoux :
Quand je devrais, maudit, mourir sur cette terre,
Ou loin du ciel de France, hélas, et loin de tous,
Au fond des prisons d'Angleterre,
J'y veux mourir digne de vous!

CHARLES, *à Bedfort.*

Prends donc cet étendard céleste,
Qui leur fut apporté par l'ange des combats,
Et qu'en le déployant ton bras
De son parti rebelle extermine le reste.
Peuple, ton roi le veut!

ODETTE, *s'élançant tout à coup à la tête des chevaliers qui entrent par les deux portes du fond.*

Roi, Dieu ne le veut pas.

SCÈNE IV[1].

LES PRÉCÉDENTS, ODETTE, TANGUY DUCHATEL, DUNOIS, LAHIRE, SAINTRAILLES, RAYMOND, CHEVALIERS, HOMMES D'ARMES.

(Odette franchit les degrés du portique pour s'emparer de l'oriflamme, et disparaît un moment enveloppée par un groupe de soldats ; le peuple effrayé recule ; Bedfort et les Anglais, l'épée à la main, se sont retirés sur un des côtés de la scène.)

CHARLES.

Que vois-je?

BEDFORT ET LES ANGLAIS.

Trahison!

---

[1] Cette scène a particulierement subi des changements pour la représentation.

ACTE V, SCÈNE IV.

LES CHEVALIERS FRANÇAIS.

Victoire à nous!

(Odette descend les degrés en tenant l'oriflamme qu'elle vient remettre au Dauphin.)

LE DAUPHIN.

C'est elle!

CHARLES.

Odette!

ODETTE.

Aux mains dignes de la porter
Je rends de mon pays la bannière immortelle.

LE DAUPHIN.

Qui viendra me la disputer?

BEDFORT.

A moi, braves Anglais!

LE DAUPHIN.

France, à moi!

CHARLES.

Sacriléges!
N'insultez pas aux divins priviléges
De ces murs par vous profanés:
Voyez se soulever les pierres sépulcrales,
D'où sortent ces morts couronnés!
Tout ce peuple d'ombres royales,
Qui par ma voix vous parle en m'entourant,
Vient de votre avenir dérouler les annales
Aux derniers regards d'un mourant.

CHOEUR.

Respect à ces ombres royales,
A la voix sainte d'un mourant.

CHARLES.

Bedfort, Bedfort, je succombe, et toi-même
Bientôt tu me suivras; je t'ouvre le chemin,
Mais pour te traîner par la main
Au pied du tribunal suprême.

Prêtres, où portez-vous, sans pompe et sans flambeaux,
    Le cadavre de cette femme?
Au peuple dont les mains la mettraient en lambeaux
Cachez son corps : à Dieu cacherez-vous son âme?
De la justice humaine on peut la préserver,
En dérobant, la nuit, une tombe pour elle;
    La justice éternelle
  Saura toujours l'y retrouver.

####### ISABELLE.

Je tremble, et me soutiens à peine.
A-t-il prononcé mon arrêt?

####### LE CHOEUR.

La reine! il regardait la reine;
Son œil vengeur la dévorait.

####### CHARLES.

A l'assaut, chevaliers, suivez la noble fille
Qui brise en les touchant casques et boucliers!
Leurs soldats sous ses coups sont tombés par milliers,
    Comme l'épi sous la faucille.
Des fleurs à pleines mains! Chantez, jetez des fleurs.
La couronne du sacre enfin sur l'autel brille.
    Chantez... mais non, versez des pleurs.
    Cette vierge, elle est désarmée;
    Elle disparaît à mes yeux
  Dans des torrents de flamme et de fumée...
    Anges, pour elle ouvrez les cieux!

(Dans ce moment la clarté devient plus vive, et le soleil semble
    briller d'une splendeur nouvelle.)

####### LE CHOEUR.

  Quel jour pur l'environne
  De son éclat sacré,
  Et quel espoir rayonne
  Sur son front inspiré!

(On entend le canon retentir dans le lointain.)

ACTE V, SCÈNE VI.

CHARLES.

France, réjouis-toi : de ta gloire prochaine
Le premier signal est donné.

LE DAUPHIN.

Deux partis sont aux mains.

BEDFORT.

               On combat dans la plaine ;
Sous ces murs le bronze a tonné.

CHARLES.

Oui, de Charles l'infortuné
Il annonce les funérailles
Et l'avénement glorieux,
Qui doit à Reims couronner les batailles
De Charles le victorieux !

TOUS LES CHEVALIERS FRANÇAIS.

Tout notre sang dans les batailles
Pour Charles le victorieux.

CHARLES.

Ouvrez vos rangs... O mes aïeux !...
En bénissant mon fils, je vous rejoins... J'expire.

(Il tombe dans les bras de ceux qui l'entourent ; le Dauphin se jette sur son corps, qu'il couvre de pleurs.)

DUNOIS.

Le roi n'est plus !

TANGUY DUCHATEL, LES CHEVALIERS ET LE PEUPLE.

Vive le roi !

BEDFORT, *en montrant le Dauphin.*

Qu'il ose donc, ce roi, me disputer l'empire !

LE DAUPHIN, *qui se relève et saisit l'épée d'un des siens.*

Montjoie et saint Denis ! Chevaliers, avec moi
Jetez le cri de délivrance,

Et la victoire y répondra.
Guerre à l'Anglais! Jamais en France,
Jamais l'Anglais ne régnera.

CHOEUR GÉNÉRAL DES CHEVALIERS ET DU PEUPLE,
qui prêtent serment au Dauphin.

Jetons le cri de délivrance,
Et la victoire y répondra.
Vive le roi! Jamais en France,
Jamais l'Anglais ne régnera.

TABLE

Une Famille au temps de Luther.   1
Examen critique d'une Famille au temps de Luther. . . 74
La Popularité. 79
A mon fils. 79
La Fille du Cid 236
A l'Espagne. 236
Le Conseiller Rapporteur. 325
Charles VI. 433

FIN DE LA TABLE.

Typographie Firmin Didot. — Mesnil (Eure).

www.ingramcontent.com/pod-product-compliance
Lightning Source LLC
Chambersburg PA
CBHW051137230426
43670CB00007B/841